KB209346

팀으로서의 학교,
팀리더십을 고민하는 교사를 위한
최고의 활동 프로토콜

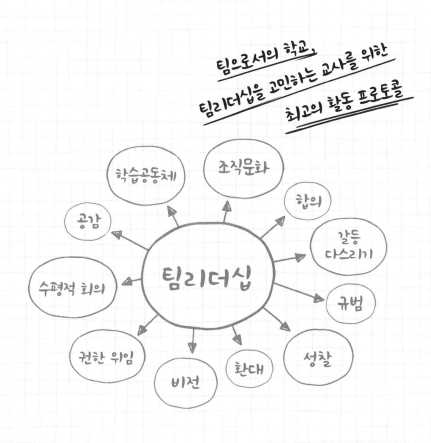

훌륭한 학교는 어떻게 팀이 되는가

팀리더십으로 탄생하는 새로운학교

새로운학교네트워크

김명희 김미영 문숙정 박연주 박혜진 양재욱 오윤주 이수희 허승대

에듀니티

4

마음을 연결하는 학교

박종훈 경상남도교육감

　교육혁신은 연결과 협력의 공동체를 만드는 것이 목표입니다. '훌륭한 학교는 어떻게 팀이 되는가'에서 말하는 학교는 모든 교사가 리더십을 가지고 주도적으로 교육의 변화를 만들어가는, 마치 살아있는 유기체와 같은 공동체입니다. 여기에서 제시하는 혁신학교의 이상적인 모습은 오랫동안 교육 현장에서 꿈꿔왔던 바로 그 모습일 것입니다.

　학교는 단순한 지식 전달의 공간에서 벗어나 구성원 모두가 함께 성장하는 공간이 되어야 합니다. 수평적인 회의 문화를 통해 다양한 의견을 경청하고, 공동의 책임과 권한을 분담하며, 구성원 모두가 주인의식을 가지고 학교 운영에 참여하는 모습은 교육혁신의 근간입니다.

　교사들이 교육과정을 재구성하고 학교문화를 바꾸어나가는 과정에서 느끼는 희열과 만족감은, 그 어떤 보상보다 값질 것입니다. 이 책은 학교 현장에서 팀 리더십을 실천하여 교육의 꿈을 실현해 나가는 교사들의 생생한 이야기를 담고 있습니다. 나아가 권위주의적인 문화에서 벗어나 민주적인 학교문화를 만드는 구체적인 방법들을 제시하며, 교사들이 진정한 협력을 이뤄나갈 수 있도록 돕습니다.

변화를 향한 열정은 때로는 예상치 못한 갈등에 직면하기도 합니다. 하지만 이 책에서는 갈등을 두려워하지 않고, 오히려 갈등을 성장의 매개체로 삼아 더욱 발전된 공동체를 만들 수 있다는 점을 강조합니다. 개인의 경험을 바탕으로 갈등 해결 과정에서 발생하는 어려움과 이를 극복하는 지혜, 그리고 갈등을 통해 얻을 수 있는 교훈을 솔직하게 공유하며 독자들이 실질적인 도움을 얻을 수 있도록 이끌어 줍니다.

경남의 교방초등학교는 팀 리더십을 통해 학교 구성원 간의 신뢰와 협력을 증진하고, 학생들의 성장을 위해 교육 환경을 조성한 모범사례입니다. 교사들은 서로의 강점을 공유하고 약점을 보완하며, 학생 개개인의 필요에 맞춘 교육을 실천하고 있습니다. 교방초등학교의 성공적인 변화는 다른 학교에 훌륭한 귀감이 될 것입니다.

'새로운학교네트워크'가 현장에서 쌓아 온 경험과 통찰을 바탕으로 만들어진 이 책은 학교혁신을 위한 실질적인 지침서이자 희망의 메시지입니다. 이 책을 통해 학교가 진정한 배움과 성장의 공동체로 거듭나기를, 모든 학생이 자신의 꿈을 펼칠 수 있는 행복한 배움터가 되기를 기대합니다.

책 자체가
좋은 협력과 팀리더십의
훌륭한 증거물이다

이혁규 청주교육대학교 교수, 제19대 총장

　혁신학교와 관련된 책들은 이미 많이 출간되었다. 그러나 이 책은 기존의 책들과 차별화된 특별한 미덕을 지니고 있다. 우선, 9명이라는 다수의 저자가 참여했음에도 불구하고, 한 사람이 집필한 것처럼 수미일관(首尾一貫)한 구성이 돋보인다. 문체 또한 간결하면서도 때로는 수려하여, 이 책 자체가 훌륭한 협력과 팀 작업의 과정을 보여준다. 이는 팀리더십의 뛰어난 사례라 할 수 있다.

　기존 혁신학교 관련 출판물들은 주로 현장의 실천 사례를 보고하는 데 초점을 맞췄다. 그러한 기록들은 소중한 현장의 목소리이다. 그러나 혁신교육이 시작된 지 15년이 넘은 지금, 단순한 사례를 넘어 공동의 지식 기반을 창출할 수 있는 방식으로 진화해야 할 필요성이 커지고 있다.

이 책은 바로 이러한 요구에 부응한다. 수많은 사례를 이론적 논의와 연결하여 유기적인 체계를 구성하고 있으며, 팀리더십을 고민하는 학교들이 활용할 수 있는 활동의 프로토콜과 일반화된 원리까지 제시하고 있다. 특히 팀리더십을 특정 리더에게 국한하지 않고, 모든 구성원이 각자의 위치에서 발휘할 수 있는 상호작용 역량으로 정의한 점은 깊은 영감을 준다. 한마디로, 이론과 실천이 하나로 유기적으로 연결된 책이라는 점에서 '걸작'이라 할 만하다.

책의 목차 또한 친절하고 체계적이다. '환대와 공감'을 통해 관계를 구축하는 방법에서 시작하여, '비전과 규범'을 공유하고, '수평적 회의 문화'와 '권한 위임'을 실현하며, '성장을 이끄는 학습공동체'를 구축하는 구체적인 과정을 안내한다. 또한, 갈등을 관리하고 조직 문화를 진단하며, 합의와 성찰을 기반으로 한 교육과정을 설계하는 실천적 전략들도 잘 정리되어 있다. 이러한 구성은 학교 변화를 고민하는 모든 이들에게 친절한 안내서가 될 것이다.

혁신교육이 여러 가지 위기에 처한 현재 상황에서 이 책의 출간은 매우 반가운 일이다. 이 책이 혁신학교는 물론, 공교육 전반에 새로운 도약을 이루는 계기가 되기를 소망한다. 공교육의 새로운 가능성과 미래를 모색하는 모든 이들에게 이 책은 친절한 등대가 되어 줄 것이다.

팀으로서의 교사학습공동체, 교육혁신의 토대

성기선 가톨릭대학교 교수

학교혁신을 위해 교사들이 어떻게 실천하는가를 알고 싶다면 이 책에서 그 답을 찾을 수 있으리라. 관료적 행정, 개인주의와 무관심 그리고 치열한 경쟁이 지배하고 있는 학교조직문화를 변화시키기 위해서는 공동체 회복이 필요하다. 오로지 구성원들 사이의 협력적 관계를 통해서만이 복잡한 문제들을 해결해 나갈 수 있다. 교사들의 학습공동체 활동은 전 세계적인 교육혁신의 토대이다. 혁신학교가 하나의 시류처럼 흘러갔다는 주장은 잘못되었다. 함께 고민하고 함께 학습하고 함께 실천하는 팀을 통해서 학교는 빛날 수 있음을 우리는 이 책을 통해 배울 수 있다. 우리는 전문적 학습공동체, 윤리적 생활공동체 그리고 민주적 자치공동체를 노래하며 학교의 희망을 찾는 노력을 계속해야 한다.

새로운학교네트워크의 다섯 번째 총서 '훌륭한 학교는 어떻게 팀이 되는가'를 자랑스럽게 내놓는다

이만주 (사)새로운학교네트워크 이사장

'훌륭한 학교는 어떻게 팀이 되는가'는 새로운학교운동 25년, 혁신교육운동 15년 동안에 만들어진 새로운학교운동의 10가지 원리를 바탕으로, 학교를 변화시켜온 교육혁신가들의 치열한 실천과 연구가 축적된 학교 변화의 기본서이자 마중물이다. 먼저 이 책을 내놓는 데 자신의 수고와 시간을 아끼지 않은 필자분들께 깊은 감사의 마음을 전한다.

기본은 곧 근본이다.
우리는 15년의 혁신교육을 어떻게 기억하고 있는가?

정권이 바뀌고, 교육감이 바뀌면서 비록 정책입안자들이 다른 듯 포장하고 있지만, 그 맥락에는 혁신교육이 오롯이 담겨 있음을 안다. 심지어 혁신교육을 이야기했던 사람들도 제도 속에 들어가면서 관료성과 경직성에 갇혀 버리고, 새로운 것에 대해 창의적으로 접근하기보다는 경험 속에 갇혀 내 것인 듯, 내 것이 아닌 것을 끊임없이 만들어 낸다. 학습된 익숙함으로 그것을 너무 쉬운 방법, 학교평가나 지원단, 선도교사 등등의 손쉬운 방식으로 해결하면서 학교를 형해화(形骸化)시킨다.

이 책은 그러한 사람들에게 학교교육에 대한 성찰과 교육의 본질을 회복해 나가야 함에 대한 시사점을 준다. '꽃과 열매를 보려거든 먼저 흙과 뿌리를 보살펴야 한다'고 한다.

현학자(衒學者)들이 현상을 중심으로 보면서 그러한 분위기를 조성하는 듯하지만, 요즘 세대 간, 구성원 간의 불화를 우려하는 이야기들을 많이 한다. 그러면서 문화적 차이, 단절, 고립, 개인화라는 인식이 면역

화되는 듯하다. 이러한 흐름 속에서 '훌륭한 학교는 어떻게 팀이 되는 가'는 학교의 변화는 개개인의 역량과 의지가 아닌, 개인의 희생과 헌신에 기대는 것은 더더욱 아닌 팀으로서의 역할 속에서 교사의 자주성과 전문성을 더 높은 수준으로 이끌어 갈 것이다. 그리고 학교의 변화, 교육의 변화로 이끄는 힘의 핵심은 공동체성임을 확인해 주면서, 학교 변화의 공동체성을 팀리더십으로 다시 새롭게 해야 함을 말한다.

　이 책의 제언은 당연한 이야기인 듯하지만, 그 당연함은 종종 교사의 자발적이고 협력적인 실천으로 이어지지 않고 맥락 없이 흩어지거나 생명 없이 박제화되는 정책으로 펼쳐지곤 했다. 이 책은 그런 과정에서 누적된 교사의 무기력과 회의감을 뒤흔들며 새로운 기운을 불어넣어 주리라 기대한다.

　교육의 시작은 학교이고 마지막도 학교다.

모든 교육 정책은 교사의 경험과 배움과 성찰의 과정에서 만들어지지만, 제도로서 포함되는 순간 처음의 의도와는 다르게 왜곡되기도 한다. 교육을 바꾸는 과정은 규정할 수 없는 물결로, 지속적이고 쉼 없이 가야 하는 것이다. 그 과정에서 해답을 찾아가는 것이 교육이다. 그 속에서 팀으로서의 교사리더십은 완성형이 아니라 진행형이어야 하고 끊임없이 확장되며 지속가능한 발전을 모색해 나가야 한다.

새로운학교네트워크는 새로운학교운동으로 혁신학교를 전국적으로 확산시키는 자양분의 역할을 해 오면서 혁신교육의 이론적, 실천적 토대를 만들어 왔다. 이제 '훌륭한 학교는 어떻게 팀이 되는가'를 통해 혁신학교를 넘어 팀리더십을 새로운학교운동의 주요 방향으로 삼고, 학교와 교사가 교육 변화의 주도성을 만들어가는 새로운 출발점으로 삼고자 한다.

교육이 희망이 되려면 교사가 희망이어야 한다.
그래야 학교가 살고, 우리 아이들이 산다.

팀리더십 실행의 실제 :
교방초등학교 이야기

남은 이야기

팀리더십,
이상과 현실 사이의 질문들

어떤
학교여야
하는가?

○——○——○

시대가 빠르게 변화하고 있습니다. 무엇보다도 디지털 기술의 발달은 우리 삶과 교육의 풍경들을 급격한 속도로 변화시키고 있습니다. 따라잡기 힘겨운 변화의 속도 속에서 교육이 어디로 향해야 하는가를 결정하는 일은 점점 더 어려워집니다. 그렇기 때문에 다음과 같은 질문들은 교육을 하고자 하는 이들에게 여전히 유효하고 절실합니다.

우리는 어떤 삶을 원하는가.
그런 삶을 위해서는 어떤 교육이 필요한가.
어떤 학교여야 하는가.

2000년대 후반부터 시작되어 2010년대에 들어서면서 본격적으로 발흥한 한국의 혁신교육 운동은 교육 개혁의 역사에서 매우 중요한 의미를 가집니다. 교사들은 교육을 바꾸고 새롭게 일구어가는 사람들이 교사일 수 있다는 자각을 하게 되었고, 교사가 말 그대로 교육의 주체임을 생생한 교육적 경험을 통해 체감하게 되었습니다. 혁신교육 운동이 가져온 소중한 성과는 바로 위와 같은 교육에 대한 본질적 질문에 교사들 스스로 답을 찾아가게 되었다는 것입니다.

혁신학교를 만들어가고자 한 이들은 여러 어려움과 만나기도 하였습니다. 도달해야 할 당위적 미래와 현재 사이의 간극이 너무나 커서 좌절하기도 하였고, 때로 의욕이 앞서 앞뒤 사정을 가리지 않는 성급함에 빠지기도 하였습니다. 학교 안에서 또는 학교 밖에서 자신과 생각이 다른 이들이 참 많다는 것을 발견하고 새삼 놀라고 실망하기도 하였습니다. 그래서 어떤 이들은 '이제는 혁신교육이 수명을 다한 것이 아닌가'라고 말하기도 합니다. 하지만 여전히 어떤 이들은 스스로 교육적 질문을 던지고 실천 속에서 답을 찾아갑니다. '있어야 할 모습으로서의 학교'의 상을 그리고 그 학교를 지상에 존재하는 구체적인 실재로 만들기 위해 애쓰고 있습니다. 그런 의미에서 혁신교육 운동은 여전히 현재진행형입니다.

이 책에서 말하는 '팀으로서의 학교'는 혁신학교가 지향하고자 했던 공동체로서의 학교의 모습과 크게 다르지 않습니다. 학교는 어떻게 좋은 교육을 위한 공동체가 될 것인가. 교사들은 어떻게 교육의 주체가 되어 우리가 생각하는 바람직한 교육의 모습을 이루어갈 것인가. 우리는 모든 교사가 리더가 되어 그에 대한 답을 주도적으로 찾아가는 공동체를 '팀으로서의 학교'라 부르려 합니다. 그리고 모두를 리더로 만드는 조직의 역동을 '팀리더십'이라는 새로운 전략으로서 제안하고자 합니다.

새로운
학교로의 길을
당신과 함께
가고 싶습니다.

이 책은 '새로운학교네트워크' 팀리더십 출판팀이 공동으로 집필하였습니다. 새로운학교네트워크는 교사들의 힘으로 학교를 바꾸고, 이를 통해 삶과 교육과 사회를 바꾸어 가고자 하는 교사들의 연대체입니다. 새로운학교네트워크에서는 모든 학교가 팀이 되기를 바라며 단위 학교의 요청이 있을 경우 강의와 워크숍 등을 지원하고자 합니다. 변화와 희망을 바라는 학교들과 새로운 학교의 동반자로서 만날 수 있기를 기대합니다.

새로운학교네트워크
메일_ newschool0924@hanmail.net
연락처_ 010 8917 2019

I

왜
학교에서의
팀리더십인가?

지금 우리 학교는

"좋은 교육이란 무엇인가. 그것을 위해 학교는 어떤 노력을 해야 하고, 어떤 방식으로 함께 협력해야 하는가."

교사라면 누구나 한 번쯤 만나게 되는 고민이다. '오늘 수업을 어떻게 꾸려야 할까?'하는 고민으로부터 출발해서 학생과 어떻게 잘 만날 것인가, 자신의 교육적 역량을 어떻게 키워나갈 것인가를 모색하는 여정에서 교사는 자신이 수행하는 '교육'이 어떤 의미가 있는지, 어디로 가야 하는지를 묻게 되며, 또한 '학교'라는 공간이 어떤 모습이어야 하는지에 대해 질문하게 된다.

그런데 종종 이러한 모색은 부정적인 경험에서 시작된다. 학생의 학력 향상을 위해 많은 지식을 알려주고 다양한 학습 경험을 제공하는 데에 온 힘을 쏟다가, 문득 '그런데 지금 내가 가르치고 있는 것은 학생에게 정말 유용한 것인가? 우리 사회에도 이로운 것인가?'라는 질문을 하게 되는 순간이 있다. 질문이 시작되고 그 질문을 따라가다 보면 모든 것이 유동적인 것이고, 그래서 정해진 것은 없으며, 계속해서 새로 정립해가야 한다는 결론에 이르게 된다. 디지털 고도화 시대 속에서 생성형 AI와 교육을 어떻게 접목시킬 것인지, '에듀'를 어떻게 '테크'와 만나게 할 것인지에 대해 다양한 목소리들이 들려오지만, 그러한 새로운 경향들이 어떤 교육적 목표를 정향하고 있는지, 얼마나 교육적으로 효과를 가져올 것인지에 대해서는 아직 입증된 바가 없으며, 절대적인 정답도 없다. 밝고 긍정적인 전망만큼이나 어둡고 부정적인 예측도 많지만, 이미 답이 정해진 것처럼 관성적으로 앞으로 나아가고 있는 듯 보이기도 한다.

학교 공동체는 그러한 교육적 관성들에 대해 이중적 역할을 수행한다. 학교는 시대의 변화에 부응하는 교육이라는 이름으로 사회가 학교에 부여하는 '오늘의 임무'를 달성하기 위해 전력 질주해야 한다. 또 한편으로는 변화의 방향을 향한 속도를 늦추며 '이리로 달려가는 것이 맞는지' 비판적 질문을 만들어 내면서 '마찰'을 통한 '저항력'을 형성하는 역할을 맡아야 하기도 한다.

그러나 학교가 직면한 가장 어려운 점은 이처럼 교육을 향한 질문들에 함께 답을 찾아가는 과정이 매우 절실하고 긴급하게 이루어져야 한다는 점이다. 미래에 대한 담론들은 추상적이고 복잡하며 명확한 답을 내리기 어려운 반면, 일상과 문화와 사회의 변화는 지금 이 순간에도 일어나며, 학생들은 이미 오늘의 교실에 당도해 있다. 속도를 늦출 시간이 없지만, 동시에 깊이 있는 성찰과 숙고를 통해 답을 도출해야 하는 것이다. 우치다 타츠루는 이를 '고장 난 자동차를 운전하고 있는 상태에서 수리해야 하는 어려움'이라고 비유적으로 표현하기도 하였다.[1]

---

1) 교사를 춤추게 하라, 우치다 타츠루, 박동섭 역, 민들레, 2012.

그렇다면 학교 공동체는 과연 이러한 교육적 질문들에 즉각적이고 유효하며 적절한 답을 제출할 수 있는 조직인가? 교사들은 학교라는 조직에 속함으로써 교육적으로 의미 있는 가능성을 도출하고 이를 곧바로 함께 실천해 갈 수 있는가?

많은 경우 교사들은 '나의 교육적 실천'이 학교 조직의 벽에 부딪혀 좌절되는 경험을 한다. 교실 안의 수업에 대해 교사는 어느 정도의 전권을 행사할 수 있다고 믿지만, 때로 '에듀테크를 전체 수업의 50% 이상 활용하시오.'라는 지침이 내려오면 그것을 따르거나 혹은 '따르는 척'이라도 해야 하는 수동적인 역할을 부여받곤 한다. 동료 교사들과의 협업이 장려되지만, 내가 하고 싶은 수업이 동 교과나 동 학년 교사들의 생각과 맞지 않을 경우 눈물을 머금고 그것을 접어야 하는 경우도 종종 생겨난다. 우리 학급 학생들과 전시회 나들이라도 한 번 하려 하면 이중삼중 행정 절차의 난관을 뚫고, 안전에 대한 관리자의 노심초사를 이겨 낸 후에도 '왜 선생님만 그렇게 튀는 행동을 하시나요?'라는 동료 교사들의 불편한 시선과 만나게 되기도 한다. 학교 조직은 교사에게 교육적 날개를 달아주기도 하지만 교사의 발목에 무거운 돌을 매달아 날아오르려는 교사를 지상으로 내려앉게 만들기도 한다. 학교 공동체 안에서 교육적 상상력에 발목을 잡힌 경험을 하고 나면 이렇게 질문하게 되는 것이다.

"학교 공동체는, 이런 모습이어도 괜찮은가."

팀으로서의 학교

　이 책에서는 그러한 문제의식에 대한 답변으로 '팀으로서의 학교'의 상을 제안하고자 한다. 학교가 긴급한 교육적 문제들에 대해 적절하고 유효한 답을 즉각적으로 제시하고, 교육을 위한 넓고 깊은 상상력을 실현할 수 있는 공동체가 되려면, 학교는 '공동의 목표를 향해 효율적으로 상호작용하는 조직', 곧 '팀'이 되어야 한다.

　'팀'이란 두 사람 이상의 다양한 구성원들이 공통된 목표와 과제를 공유하고, 이를 달성하기 위해 구성원 간에 역동적이며 상호의존적으로 역할과 기능을 수행하는 집단이다.[2] 팀은 '집단'과 유사한 의미이지만, 집단보다 좀 더 공동의 목표를 중시하고, 공동의 상호작용에 초점을 두는 개념이다. 학교 공동체를 '팀'의 관점에서 보고자 하는 것은 학교 조직을 수직적이고 수평적인 역학 관계를 가진 구조로서 사고하려 한다는 의미이다. 학교교육이 시대적 요구를 수용하고 동시에 제어해야 하는 난제를 제대로 수행하려면 교사 개개인의 전문성 신장이나 소

---

2) Salas, E., Dickinson, T., Converse, S., & Tannenbaum, S.(1992). Towards an understanding of team performance and training. In R. Swezey& E. Salas(Eds.), Teams: Their training and performance(Norwood, NJ: Ablex).

수 리더의 양성에만 의존할 수 없다. 난제에는 구조적 대응이 필요하며, 따라서 '팀'의 개념이 유용한 접근 방식이 될 수 있을 것이다.

조직을 '팀'으로 사고하려는 접근은 주로 기업 등 집단의 성과와 효율을 강조하는 경영적 관점에서 논의되어 왔다. 학교 역시 기업 등과 집단의 역학을 동일하게 공유하지만, 기업과 다른 질적 차원의 영역을 가지고 있다. 학교에서의 성과는 기업처럼 '이번 분기의 매출 상승'이나 '주가 상승' 같은 명확한 양적 결과물로 나타나기보다는 '성장했다는 느낌', '자긍심' 같은 질적인 요소로, 또한 현재가 아니라 더 먼 미래에 이뤄지는 성장으로 드러나곤 한다. 따라서 학교와 기업을 동일한 집단으로 보고 조직 이론을 단순히 적용하려는 시도는 오류나 왜곡을 초래할 가능성이 크다. 조직 이론이나 리더십에 관한 이론들을 충분히 참조하되, '교육'과 '학교'의 특수성과 독자성을 명확히 인식하고, 일부 유용한 관점들을 교육적으로 적절히 변형해 수용하는 방식으로 접근해야 한다.

그와 유사한 사례로 '역량' 개념의 교육적 전유 과정을 참조할 필요가 있다. '역량competency'은 '직무나 업무를 성공적으로 수행할 수 있는 능력'을 의미하는 용어로, 초기에는 직업에서의 직무역량을 가리키는 데 사용되었다. 그러나 OECD의 'DeSeCo 프로젝트(2003)'에서 역량을 삶의 질 향상을 위해 필요한 삶의 능력으로 정의하면서 교육적 맥락에서 본격적으로 논의되기 시작하였다.[3] 이후 역량의 개념은 우리나라에서도 '역량 중심 교육과정'으로서 2015 개정 교육과정 및 2022 개정 교

---

3) 학교교육의 맥락에서 본 '역량(competency)'의 의미와 교육과정적 함의, 소경희, 교육과정연구, 25권 3호, 1-21. 2007.

육과정의 총론과 교과별 각론에 중요한 요소로 언급되고 반영되었다. 하지만 OECD의 논의가 학습자가 실천적으로 어떤 일을 할 수 있는 역량을 강조했음에도 불구하고, 여전히 역량 개념이 개인의 교육적 가치보다는 사회나 기업이 요구하는 경제적 가치 창출에 학교교육이 얼마나 기여할 수 있는지를 중시하는 방향으로 해석된다는 비판도 존재한다.[4] 이러한 비판들은 이후 OECD의 '2030 학습나침반 프로젝트' 등에서 볼 수 있듯 교육적 전유의 과정을 거쳐 '좋은 삶을 향한 역량'이라는, 보다 개인화되고 경제적 차원뿐 아니라 삶의 질의 영역까지를 포괄하는 개념을 도출하는 동력이 되었다. 그럼에도 불구하고 여전히 역량 개념을 '실제 생활 및 이윤 창출에 도움이 되는 실용적인 능력'으로 초점화하여 바라보려는 관점과, 그에 대해 비판적 견제를 유지하려는 관점도 함께 공존하고 있다. 학교 조직을 효율성의 관점에서 구조화하여 바라보려는 시도는 이처럼 일면 유용하면서, 여전히 경계해야 할 지점들에 대한 인식을 함께 가져가야 하는 양면적 속성을 가지고 있다.

다시 앞의 질문으로 돌아가 보자.

"학교 공동체는, 이런 모습이어도 괜찮은가."

학교가 교육기관으로서의 역할보다 '관료제적 조직'으로서의 면모를 강하게 드러내고, 협력과 성찰이 아닌 지침과 규제에 의해 움직이

---

4) 역량 중심 교육과정의 가능성과 한계, 손민호, 한국교육논단 10(1), 101~121, 2011.

30   Ⅰ부. 왜 학교에서의 팀리더십인가?

며, 의미 있는 교육 개혁조차 빠르게 관성화되어 껍데기만 남는 형식적인 정책으로 전락한다면, 이는 교사의 날개를 달아주기보다는 발목을 붙잡는 걸림돌이 될 것이다. 그렇지 않기를 바란다면, 이제 학교를 '팀'으로 만드는 일에 대해 진지하게 고민할 때다.

학교는 어떻게 '팀'이 될 수 있는가. 이 책에서는 조직문화의 차원에서 논의되어 오던 '팀리더십'의 개념을 학교 조직과 접목하여 탐색하면서, 그 구체화 방법과 사례들을 제시하고자 한다.

팀리더십이란
무엇인가?

일반적으로 '리더십'은 다른 구성원을 이끄는 '리더'가 가져야 하는 역량을 말한다. 많은 조직 이론이나 행정 이론에서 리더가 어떤 역할을 해야 하는가를 다루어 왔고, 관련된 많은 연구들이 축적되어 왔다.

'팀리더십'은 팀이 목표를 달성하기 위해 효율적으로 상호작용을 이끌어가는 역량이라고 할 수 있다. 그러나 이때의 팀리더십은 단순히 '팀장 리더십'을 의미하는 것이 아니라, 팀의 모든 구성원에게 각자의 위치에서 요구되는 리더십을 가리킨다. 이는 팀의 리더, 중간 리더, 그리고 모든 구성원에게 필요한 역량으로, 협력적 주도성 co-agency과 유사한 개념이다. 다시 말해, 팀리더십은 특정 리더 한 사람에게만 필요한 것이 아니라, 모두가 리더로서 팀에 참여하는 주도적 역할을 의미하며, 일종의 파트너십이라고 할 수 있다. [5]

마크 허윗과 사만다 허윗 Hurwitz & Hurwitz은 팀리더십으로서의 파트너십을 '리더의 파트너십'과 '팔로워의 파트너십'으로 나누어 설명한다.

---

5) 완벽한 팀: 리더십과 팔로워십이 만났을 때, M. Hurwitz, & S. Hurwitz, 이종민 역, 플랜비디자인, 2019.

리더의 파트너십인 리더십이 프레임을 구축하는 역량이라면, 팔로워의 파트너십인 팔로워십은 그 프레임 안에서 실질적인 활동이나 결과물을 생성하는 능력이다. 리더십이 관계를 구조화하고 소통을 확산하며 의사결정을 구조화하고 조직의 성과를 멘토링하고 코칭하는 것이라면, 팔로워십은 리더의 파트너십 각 영역과 짝을 이루며 관계를 형성하고 의사결정을 지지하고 소통에 피드백을 제공하며, 조직의 유연성을 발휘하여 성과를 극대화하는 것을 의미한다.

마크 허윗과 사만다 허윗은 팔로워십의 중요성을 강조한다. 조직의 성공 여부는 종종 리더십에 의해서가 아니라 팔로워십에 의해 좌우된다. 팔로워십이 파트너십을 구축하는 데에 결정적인 영향을 미치며, 리더를 성장시키는 역할을 하는 경우가 많기 때문이다. 훌륭한 팔로워십은 리더십을 강화하고, 때로는 리더십을 창조하기도 한다. 특히 중간 리더에게 이러한 팔로워십 역량은 매우 중요하다. 특히 성공적인 팀은 리더십과 팔로워십이 고정되지 않고 역동적으로 움직이며 상호 보완하는 경향을 보인다. 리더가 때로 팔로워가 되며, 팔로워가 리더를 보완하고 지지하면서 때로는 직접 리더로서의 역할을 맡기도 할 때 팀리더십은 가장 잘 발현된다.

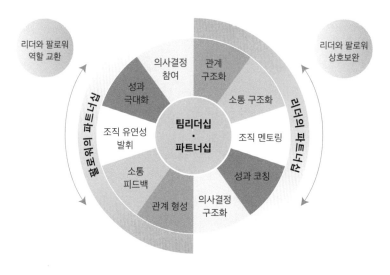

파트너십으로서의 팀리더십 모형 (Hurwitz&Hurwitz, 2019 재구성)

한편 교육 영역에서는 '교사 리더십'에 대한 논의를 활발하게 축적해 왔다. 교사 리더십에 대해서는 여러 개념 정의가 존재하나 대체로 '교사 그룹에서의 리더'가 가져야 할 역량을 교사 리더십으로 정의한다. 교사 리더는 '학급 안팎에서 리더십을 수행하고, 교사학습공동체에 소속감을 가지고 헌신하며, 다른 사람의 교수 능력 향상에 영향력을 행사하고, 자신이 발휘한 리더십 결과에 책임감을 갖는 사람'으로 개념화된다.[6] 이들 교사 리더들은 민주적 학교문화를 기반으로 하여 전문적학습공동체 안에서 협력적 학습을 통해 역량을 길러간다.

---

6) 잠자는 거인을 깨워라 - 학교혁신을 위한 교사리더십, Marilyn Katzenmeyer&Gayle Moller, 양성관·정바울·이경호 역, 에듀니티, 2019.

특히 교사 리더는 교육과정 구성 및 교재나 수업 자료의 채택 등 교사가 일반적으로 전문성을 발휘해야 한다고 여겨지는 영역 외에도 학교의 주요 교육과정 설계나 예산, 신규교사 임용이나 신임 교장 선발 등 중요한 결정 사항에 대해 참여할 수 있는 권한을 가지면서 리더로서의 자기 인식을 할 수 있게 된다. 무엇보다도 교사 리더는 교사의 개인적 전문성을 함양하면서, 동시에 동료의 전문성 개발을 촉진하고 지원하는 리더로서의 책무감을 가진다.

교사 리더십을 가진 교사는 자신의 교사 전문성에 대해 효능감과 긍정적 인식을 가지고 있으며, 학교교육에 대한 영향력을 행사할 수 있는 주체로서의 역량과 참여 의지, 동료들과 적극적으로 협업하며 그룹 내에서의 다양성 및 서로 다른 관점을 존중하는 공동체 구성원으로서의 역량을 가지고 있다.

교사 리더십을 가진 교사의 모습은 팀리더십에서 그리는 바와 크게 다르지 않다. 다만 교사 리더십에 대한 논의가 협력적 팀 안에서의 개개 교사들의 역할에 대해 집중하며, 특히 그 가운데서도 전문적학습공동체를 활성화하고 민주적 학교문화를 만드는 데에 중요한 역할을 하는 중간 리더들의 출현에 주목하는 것이라면, 팀리더십은 보다 구조적이고 전체적인 관점에서 모두의 교사 리더십을 각자의 역할에 맞게 발현하게 할 수 있는 전략에 주목하는 것이라 하겠다.

또한 교사 리더십에서의 논의는 최근 세계 교육에서 강조하고 있는 '교사 주도성 teacher agency'과도 깊은 연관성을 가진다. 교사 주도성은 교육적 수행 및 그 조건의 형성에 역동적으로 참여할 수 있는 교사의 능력을 말한다.[7] 다시 말해 교사 주도성은 수업이나 교육활동의 구현에서뿐 아니라 그것이 수행되는 문화나 구조, 관계 등의 맥락을 고려하면서, 그러한 맥락에 영향을 미칠 수 있는 역량이다. 그렇기에 교사 주도성은 개인적 역량을 신장하여 성취되는 것이라기보다는 개인과 환경 조건 간의 상호작용 속에서 이루어지는 것이며, 공동체적이고 메타적인 영향 관계 속에서 도출될 수 있는 것이다.

교사 주도성은 교사가 그동안 축적해 온 교사로서의 개인적 역사와 전문적 역량을 기반으로 하면서 미래에 대한 단기적, 장기적 전망을 투영하여 현재의 문화적, 구조적, 물리적 환경과의 상호작용 속에서 이루어진다. 이러한 과거, 현재, 미래의 맥락들에 자신이 영향을 미칠 수 있다고 인식하고 실제로 참여할 수 있는 힘이 곧 교사 주도성이라고 할 수 있다.

팀으로서의 학교는 학교 구성원 모두가 이러한 교사 주도성을 가지면서 '팀 구성원'으로서의 인식을 기반으로 각자의 방식으로 팀에 기여할 수 있도록 구조적 역학을 구축하고자 하는 집단이다. 그간 혁신교육에서 주요 운영 과제로 삼아 온 민주적 학교 운영 체제 및 전문적학습공동체는 이러한 팀리더십을 촉진하는 중요한 맥락적 기반이다.

이상의 논의를 참조하되 팀리더십의 기존 개념에 교육적 고려 사항들을 종합하여, 이 책에서는 우리 학교에 요구되는 '팀리더십'을 다음과 같이 정의하고자 한다.

---

7) Pristely, M., & G. J. J. Biesta, & S. Robinson. (2015), Teacher agency: An ecological approach, London: Bloomsbury Publishing.

학교에서의 팀리더십이란?

학교에서의 팀리더십이란 학교의 교육 목표 달성을 위해 학교 공동체를 하나의 팀으로서 인식하고, 서로 간의 상호작용을 효율적으로 수행할 수 있도록 하는 역량이다.

- 팀리더십은 개인의 역량을 넘어 구조와 체계 속에서 유의미한 상호작용이 일어날 수 있도록 하는 프레임 구축의 전략이다.

- 팀리더십은 학교의 리더인 학교장이나 교감, 또는 중간 리더인 부장 교사나 수석 교사, 학습공동체의 리더교사의 역량만을 의미하는 것이 아니라 모든 구성원이 각자의 위치에서 발휘할 수 있는 상호작용 역량을 의미한다.

- 팀리더십은 교실 내의 수업 개선이나 효율적인 교육활동만을 위한 것이 아니라 교사 주도성을 갖고 공동체의 바람직한 상호작용이 발현될 수 있는 교육 전체의 맥락이나 정책 등에 영향을 미칠 수 있는 역량이다.

팀리더십을 가진 집단은 어떤 특성을 지니는가?

팀리더십을 가진 집단은 공동의 목표 및 객관적인 성과를 추구하기도 하지만, 한편 이를 위해 좋은 관계, 서로에 대한 인정 욕구의 충족, 그룹 내에서의 정서적 안정감과 존재론적 충만함 등을 함께 지향한다. 구체적으로 그 특성을 살펴보면 다음과 같다.

안전한 공동체

집단의 목표에 대한 성과를 달성하기 위해서는 집단 안에서 구성원 개개인이 심리적으로 '안전하다'고 느끼는 것이 중요하다. 안전하다고 느낀다는 것은 내가 어떤 일을 했을 때 그 일의 결과로 인해 비판받거나 위험에 처하지 않을 것이라는 신뢰를 갖는다는 것이다.[8] 심리적 안정감이 형성된 조직에서 구성원은 문제를 제기하거나 실수했을 때 모욕당하거나 무시당하지 않으며 질책당하지 않는다고 확신하게 되며,

---

8) 두려움 없는 조직 - 심리적 안정감은 어떻게 조직의 학습, 혁신, 성장을 일으키는가, A. C. Edmondson, 최윤영 역, 다산북스, 2019.

그런 때에야 비로소 눈치 보지 않고 자신의 아이디어를 이야기하고, 도움을 요청하며, 리더의 의견에 대해 반대 의견을 내거나 새로운 기획에 도전할 수 있게 된다. 실패에 대한 두려움이 큰 조직에서는 구성원들이 새로운 일을 하지 않으려 하고, 문제 제기하기를 회피하며, 결국 침묵이 만연하게 된다. 서로에 대한 존중과 지지를 기반으로 한 심리적 안정감을 구축하기 위해서는 실패와 불확실성을 서로 터놓고 이야기할 수 있는 프레임을 짜고 참여를 유도하며 생산적인 반응을 보이도록 하는 것이 중요하다. 무엇보다도 중요한 것은 그러한 심리적 안정감을 형성할 수 있는 구조와 절차를 마련하는 것이다.

안전한 공동체에서는 구성원들이 스스로 자신이 리더로서의 역할을 한다고 여기며 주도성을 발휘할 수 있게 된다. 이는 공동체의 프레임을 함께 만들어 내는 팀리더십의 발현으로 이어지며 선순환의 과정으로 이어지게 된다.

관계 위에 형성된 공동체

팀리더십이 발현되는 공동체는 서로에 대한 공감과 환대의 관계를 특징으로 한다. 조직의 목표는 '성과'이지만, 성과를 얻으려면 먼저 좋은 관계가 형성되어야 한다.[9] 로스Ross는 좋은 관계를 맺을 수 있는 역량을 '관계 지능'이라 규정하고, 조직의 리더에게 이러한 관계 지능이 매우 중요함을 강조하였다. 관계 지능은 타인을 이해하고 타인과 효과

---

9) 앞서가는 조직은 왜 관계에 충실한가, R. Ross, 김정혜 역, 현대지성, 2020.

적으로 상호작용하는 능력으로 감성 지능과도 관련이 깊다. 공동체가 조화롭게 작동하려면 서로가 연결될 수 있어야 하고, 서로의 관계가 동력이 되어 공동체의 목표를 향해 나아갈 수 있어야 한다.

좋은 관계의 형성은, 특히 학교 조직에서는 좋은 관계를 맺기 위한 역량 자체가 가장 중요한 교육적 성과이기도 하다는 점에서 더욱 강조될 필요가 있다. 일반적인 조직 이론에서 관계의 형성이 성과를 위한 일종의 전략과 같은 것이라면, 학교교육에서는 그 자체가 성과이자 목표가 되는 것이다. 좋은 관계를 맺는다는 것은 서로를 존중하고 환대함으로써 가능해진다. 서로에 대한 존중과 환대를 가꾸고 실천하는 삶은 교육이 가 닿고자 하는 중요한 목표이자 토대 중 하나이다.

권한위임이 잘 이루어진 공동체

권한위임empowerment은 조직에서 리더만이 권한을 갖는 것이 아니라 구성원들에게 더 많은 권한과 의사결정권을 부여하는 것이다. 한 사람의 뛰어난 리더가 이끄는 공동체는 일시적으로 좋은 성과를 얻을 수는 있으나 장기적인 관점에서 지속적인 성장을 이루어가기는 어렵다. 리더 한 사람이 조직의 모든 문제 해결 과정이나 수행 과정에 관여할 수 없기 때문이다. 팀리더십이 발휘되기 위해서는 모든 구성원이 중요한 의사결정에 참여하고 주체적인 의사결정을 수행하는 책임 있는 주체가 되어야 한다.

비전이 있는 공동체

'팀'을 이루는 가장 핵심적 요소는 공동의 목표, 즉 비전이다. 팀리더십이 발현되는 공동체에는 대체로 구성원들의 마음이 한데 모이는 비전이 존재한다. 모든 구성원이 공동의 목표를 인지하고 이를 향한 활동을 정향할 때 조직의 성과 및 효율성이 가장 커질 수 있다. 이때 공동체가 가지는 비전은 단기적이거나 일부에게만 이로울 수 있는 것이 아니라 모두에게 장기적이고 지속적인 이로움을 주면서 일종의 '영감'으로서 작동한다. 비전은 돛단배를 이끄는 바람처럼 구성원들이 조직의 성취를 향해 나아가는 동력이 된다.[10] 비전은 공동체의 심장을 뛰게 하고, 구성원들로 하여금 자발적으로 공동체를 위한 행위에 참여하도록 한다.

조직의 비전이 이러한 역할을 감당할 수 있으려면 구성원 모두가 함께 참여하여 비전을 만들어가는 과정이 필요하다. 스스로 참여하여 만든 비전은 '공동체의 심장'이자 '나의 심장'이 되어 '나'의 행위에 진정성과 열정을 부여하고, 팀의 리더가 되는 여정에 기꺼이 나서도록 촉진한다.

갈등과 적극적으로 대면하며 성찰하는 공동체

우리는 대체로 갈등이 존재하는 상황을 불편해하며, 갈등을 어떻게 하면 해소할 것인가를 고민한다. 갈등이 없이 모두가 하나의 목표를 향해 공감하고 동의하는 공동체가 가장 이상적인 것이라 생각하기도 한다. 그러나 갈등이 없는 공동체는 종종 최선의 방안을 찾는 데 실패하며, 더 심각한 상황에서는 바람직하지 않은 방안을 향해 브레이크

---

10) 학교교육 제4의 길, Hargreaves & Shirley, 이찬승·김은영 역, 21세기교육연구소, 2015.

없이 달려가기도 한다. 자연적인 상황에서라면 갈등이 없을 수 없으므로, 표면적으로 갈등이 없다는 것은 그것을 제대로 표면화하거나 포착하지 못했음을 이야기한다. 갈등을 포착하지 못하는 집단은 자기 개혁이나 정화의 순간을 놓치기 쉬우므로 심각한 문제 상황에 처하게 될 위험이 커지게 된다.

집단에서의 갈등은 집단 내의 활동에 어떤 모순이 존재함을 의미한다. 이를 해결하고자 하는 과정에서 집단의 학습, 곧 성장이 이루어지게 된다. 엥게스트롬Y. Engeström[11]은 비고츠키의 매개 이론을 확장하여 공동체의 성장과 학습을 설명하는 활동 체계 모형을 제안하였다. 활동 체계 모형은 주체, 객체, 도구, 규칙, 공동체, 분업의 요소를 가지고 공동체의 활동을 설명한다. 활동 체계 모형에 의하면 활동activity이란 공동의 목표object를 가지고 있는 공동체의 구성원subject이 목표를 성취하기 위하여 함께 실천하는 것으로, 이때 도구에 의한 매개 작용 및 사회적 맥락인 규칙rule, 공동체community, 분업division of labor의 요소들이 복합적 상호작용을 하면서 활동의 결과outcome가 발생하게 된다.

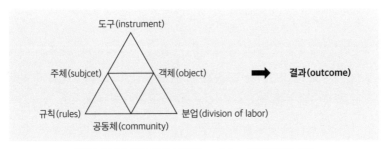

엥게스트롬의 활동 체계 모형(Engeström, 1987/2015: 78)

---

11) Y. Engeström, (1987/2015), Learning by expanding: An activity-theoretical approach to developmental research, NY: Cambridge University Press.

그런데 중요한 것은 이러한 활동 체계가 모순을 통해 확장되어 간나는 것이다. 공동체의 활동 체계는 고정되어 움직이지 않는 실체가 아니라 모순과 그 극복의 과정을 통해 계속해서 변화해 간다.

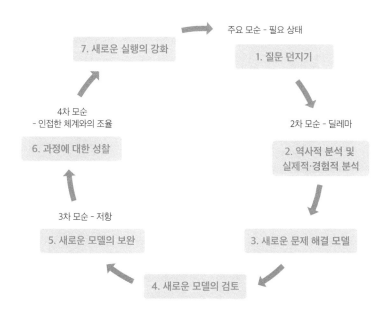

확장학습에서 모순 및 그에 대응하는 학습 전략 (Engeström, 2001)[12]

12) Engeström, Y. (2001), Expansive learning at work: toward an activity theoretical reconceptualization, Journal of Education and Work, 14(1), pp.133~156.

모순의 극복과정을 통해 활동 체계는 존재의 새로운 국면으로 이행하는 '확장적 전환'에 도달하게 되는데, 이는 곧 조직이 새로운 것을 학습하며 성장했음을 의미한다. 팀리더십이 발현되는 공동체에서는 갈등을 회피하거나 무시하는 것이 아니라 학습의 기회로 삼고 적극적으로 대면해 간다. 팀리더십은 갈등의 순환 과정이 적극적으로 일어날 수 있도록 갈등의 포착과 분석, 문제 해결 단계로의 이행, 새로운 모델의 검토와 생성을 지원하는 구조를 만들어 내고 지원하는 역량이다.

팀리더십의 발현을 위한
핵심 전략

　함께 교육적 모순과 난제들을 해결하며 성장해 나가는 학교 공동체를 만들어가고자 하는 이가 있다면, 무엇을 어떻게 해야 할까. 학교를 조직으로 사고하며 구조적으로 접근하는 것은 하나의 유용한 방안이 될 수 있다. 유능한 리더를 발굴하여 그에게 학교 공동체를 맡기고자 하는 것이 아니라, 공동체 구성원 모두가 리더가 되어 팀리더십을 발휘할 수 있는 조직을 만들고자 하는 것이다.

　그런데 문제는 어디서부터 시작해야 하는가이다. 팀리더십이 발현되려면 이를 가능케 하는 조직과 전략이 필요하다. 그렇다면 그런 조직과 전략은 누가 어떻게 만들 수 있을까? 분명 누군가의 첫 시작, 그리고 다른 이들과의 연대가 필요할 것이다. 팀리더십은 모두의 리더십이지만, 보이지 않는 누군가의 모색과 고민을 통해 생성된다.

　이 책에서는 그 첫 발걸음을 내딛으려는 이들을 위해 팀리더십이 발현되는 학교 공동체를 만들기 위한 핵심 전략을 다음과 같이 제시하였다.

> 1. 환대와 공감으로 관계를 구축하라
> 2. 비전과 규범, 약속을 공유하라
> 3. 수평적 회의문화와 권한위임 체제 만들기
> 4. 성장을 이끄는 학습공동체 구축
> 5. 갈등을 다스려 성장으로 나아가기
> 6. 학교 조직 문화 진단과 성찰을 통해 도약하기
> 7. 합의와 성찰의 교육과정 함께 만들기

    다음 장에서는 각 핵심 전략의 의의 및 구체화 방안을 사례 중심으로 설명하면서 학교 공동체에서 팀리더십의 발현 가능성 및 구체적 실행 방안을 제안하고자 한다.

함께 사유할 문제들

: 팀리더십과 개인 간의 균형,
  혹은 조직 이론과 교육의 신비 사이의 유격

그렇다면 교사들이 학교 공동체에 대해 느끼는 난감함과 어려움은 팀리더십이 잘 작동된다면 모두 사라지는 것일까. 그럼에도 불구하고 여전히 남는 문제들은 있다.

먼저 팀리더십과 개인 사이의 균형에 대한 문제이다. 개인과 집단 사이에는 언제나 적절한 균형감각이 필요하다. 우리는 팀이 되어 커다란 몰입감을 느끼고 큰 성취를 얻게 되기도 하지만, 그럼에도 불구하고 개인으로 남아 자기만의 길을 걷고 싶기도 하다. 이 팀의 일원이어서 참 좋지만, 때로는 나 스스로 개척해 나가는 나만의 영역을 가지고 싶기도 하다. 학교가 팀리더십을 지향하고자 할 때, 개인과 팀 사이의 균형점을 어디쯤에서 마련할 것인지에 대해서도 역시 고정되지 않은 상시적 탐색과 재정립이 필요하다.

또한 팀리더십이 기반하고 있는 조직 이론과 교육 고유의 질적 속성 사이 유격의 문제가 있다. 교육의 심층에는 구조적 접근과 조직 이론으로, 혹은 양적 성과와 효율로 설명되지 않는 어떤 영역이 남아있다.

교육은 인간과 인간이 만나는 것이며, 그래서 그 순간에는 모순된 것으로 보인다거나 전혀 의미 없는 것으로 보여도 시간이 흐른 후, 또는 다른 관점에서 본다면 의미 있는 성장을 도출하는 계기로 새로이 화답하게 되는 경우도 종종 생겨난다. 그것을 '교육의 질적 속성' 혹은 '교육의 신비'라고 불러 보기로 한다. 팀리더십이 그러한 교육의 모든 영역까지를 다 포괄할 수는 없을 것이다. 팀리더십은 집단의 역학과 관련된 것이므로 '그래서 얼마나 효율적인 팀인가?', '그래서 얼마나 팀 모두가 성취감과 소속감을 느끼는가?', '그래서 얼마나 완벽하고 성공적인가?'를 물을 수밖에 없는데, 때로 정말 중요한 이야기들에 대해서는 시간을 두고 오랫동안 숙고하며 답할 수밖에 없기 때문이다.

팀리더십에 대한 논의는 학교교육을 교사 개인의 선의나 역량에만 기대지 않고 구조적인 집단 역학에 의해 성장하고 발전할 수 있도록 하는 하나의 방안이다. '이제 팀리더십이다.'라거나, '이것 외에는 답이 없다.'는 것이 아니라, 참조할 수 있는 의미 있는 전략 중 하나일 수 있다는 것이다. 이상의 한계 지점들을 염두에 두면서, 그럼에도 불구하고 팀리더십이 학교 공동체에 어떤 변화와 성장을 가져올 수 있을지, 어떻게 팀리더십을 구현할 수 있을지에 대해 구체적인 이야기를 시작해 보고자 한다.

II

팀리더십,
어떻게
만들 것인가?

01

환대와 공감의
공동체

환대와 공감,
왜 필요한가?

환대와 공감, 공동체의 시작이자 끝

자신이 하는 일에서 충만함을 느낄 때, 우리는 가고자 하는 방향을 향해 묵묵히 한 걸음 한 걸음을 내디딜 수 있다. 충만함으로 이 길에 서기 위해 '나는 누구이며, 이 세상은 어떤 곳인가?'라는 질문 앞에 설 용기를 내야 한다. 이 질문은 세상에 대한, 그리고 나에 대한 기대와 꿈을 품고 있다. 세상을 만들어가는 과정을 함께하며 우리는 자기 삶의 의미를 찾을 수 있고, 서로와 단단히 연결될 수 있다.

우리는 서로의 최선에 공명(共鳴)하며 성장해 간다. 이는 서로의 마음을 엮어 가는 과정이자 삶의 성숙을 이루어가는 과정이다. 우리 교사들은 최선에 최적화된 이들이다. 누가 시키지 않아도 자신의 책임을 다하려 자신이 무너져 내리고 있는 것도 모른 채 그렇게 하루하루를 채운다. 그런데 때로는 모든 에너지가 소진된 뒤에야 비로소 무너져 내린 자신을 발견하고, 교사로서의 일에 진심을 다하던 마음의 문을 닫아버리기도 한다.

교사들이 마음의 문을 닫아버리기 전에 나부터 내 옆의 동료에게 의미 있는 타자가 되어 줄 수 있을 것이다. 우리는 나를 진지하게 대해 준 의미 있는 타자에 의해 스스로 변화하고 성장하며 성숙해 간다. 그렇게 성장한 이만이 나와 타인의 차이를 환대하고 그를 공동체로 초대할 수 있다.

하지만 다른 이의 세상을 마주한다는 것은 결코 쉬운 일이 아니다. 서로의 삶을 들여다볼 용기를 내야 하며, 때로는 상처를 입을 각오를 해야 하기 때문이다. 사람과 사람 사이에는 깊은 심연이 있다. 그 심연은 그가 살아오며 겪은 수많은 경험의 축적으로 채워져 있다. 그렇기에 우리는 스스로뿐 아니라 다른 이도 완벽히 이해할 수 없다. 타인과 관계를 맺고 함께 살아가자면 서로 상처를 주고 상처를 받을 수밖에 없다. 하지만 상처받는 것이 두려워 마음의 담을 쌓아 버리고 타인을 마주하지 않는다면 삶의 지평을 넓힐 기회를 잃게 될 것이다.

환대와 공감의 공동체란 무엇인가? 공동체란 단어는 흔하지만 그만큼 정확한 정의를 내리기 어려운 단어이기도 하다. 공동체는 마치 별빛 같아서 실체가 없어 보이기도 하다. 우리가 보고 있는 별빛은 이미 오래전에 시작된 것이라고 한다. 공동체도 별빛과 같아서 누군가가 시작한 것이 지금에 당도한 것이다. 누군가 낸 용기의 누적이 빛을 만들고 그 빛을 오늘 우리가 누리고 있는 것이다. 그렇기에 우리가 실천한 것의 실체를 지금 당장 마주하기는 어렵다. 그러나 지금 용기 내어 그 빛을 모으는 일에 아무도 힘을 쓰지 않는다면 환대와 공감의 공동체란 말은 어쩌면 우리 안에서 소멸해 버릴지도 모른다.

정체성은 일상에서 가장 잘 드러난다. 교사인 우리 또한 다양한 역할을 감당하며 일상을 살아가고 있다. 그 역할 중 하나만 무너져도 나머지 역할이 흔들릴 수밖에 없다. 때로는 공동체로 인해 정체성을 잃기도 하지만 흔들리는 나를 세우는 것 또한 공동체이다. 환대와 공감의 공동체는 교사 한 명 한 명의 세상이 연결되어 만들어지는 행복의 공명으로 만들어질 수 있다. 이때 행복을 만드는 중요한 요소는 자율성, 유능성, 연결성이다.[1] 이 세 가지는 세발자전거의 바퀴처럼 서로에 의해 작동될 수도, 멈출 수도 있다.

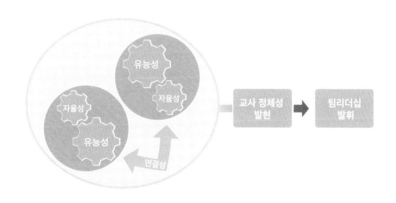

서로에 대한 환대를 통한 팀리더십 발휘 과정

교사의 자율성과 유능성은 다른 교사와 연결될 때 정체성으로 발현될 수 있다. 지속적인 정체성의 공유가 우리 모두의 결을 살려 모두를 리더로 세울 수 있다. 팀리더십은 모두가 리더십을 발휘할 수 있는 역동을 만들어가는 것이다. 서로의 리더십에 기대어 뿌리를 내릴 때 학

---

1) 유능성, 자율성, 관계성은 Deci와 Ryan이 제시한 인간의 기본적인 심리 욕구이다.

교는 드디어 역사 깊은 숲이 되어 세상을 더 나은 곳으로 만들어갈 수 있는 힘을 품게 된다.

환대, 단단하면서도 따뜻한 마음으로 마주하기

학교 공동체를 만들고자 한다면 가장 먼저 세워야 할 단어가 바로 환대이다. 환대란 다른 누군가의 '부서지기 쉬운. 그래서 부서지기도 했을 마음'(정현종, 〈방문객〉)을 마주하는 것이다. 켜켜이 쌓여 있는 마음을 한 겹 한 겹 만나는 일이다. 그렇기에 환대는 일회성 체험으로는 실현할 수 없다. 오직 일상의 경험 축적으로만 실현 가능하다. 우리 인간은 다른 이와의 관계를 통해 자신을 확인하며 스스로를 완성해 가는 존재이다. 특히, 교사는 하루 동안 학생, 동료, 학부모 등을 포함해 적게는 수십 명에서 많게는 몇백 명이 넘는 이들을 만난다. 사람과 사람의 만남에는 진동이 있을 수밖에 없다. 그 진동이 때로는 서로에게 기쁨이 되기도 하지만 때로는 깊은 내상을 입히기도 한다. 교사의 일은 다른 이의 삶에 관여한다는 막중한 책임이 따른다. 게다가 교사의 경우 만나는 이들이 자신을 형성해 가는 과정 중에 있는 아이들이기에 더욱 그러하다. 교사들은 각각의 우주를 품은 수많은 아이들을 온몸으로, 온 맘으로 만난다. 그렇게 아이들이라는 우주를 만나다 보면 누구에게도 말할 수 없는 깊은 내상을 입기도 한다. 그 내상은 우리가 생각하는 것보다 깊고 오래되었다. 그 상처를 드러내면 유능한 교사 또는 좋은 교사가 되지 못할 것이라는 두려움에 안으로 고통을 삼키며 괜찮은 척 아이들 앞에 선다.

이 시대에 아이들을 만난다는 것은 결코 쉬운 일이 아니다. 아이들은 시대의 모순을 고스란히 안고 오기 때문이다. 그리고 교실에 아이 혼자 오는 것이 아니다. 보이지 않지만 아이의 부모와 그리고 아이와 관련된 수많은 이들의 욕망이 함께 오는 것이다. 어른들의 일그러진 욕망이 아이들에게 응축되어 있는 뒤틀린 시대를 교사는 온전히 혼자 감당하고 있는 것이다. 아무도 모르게 깊은 내상을 입은 교사들은 진심을 내고자 했던 진정 어린 마음을 닫아버리고 영혼이 없는 교사의 길을 선택하기도 한다. 하지만 그런 선택을 한 교사라고 해서 행복한 것은 아니다. 본분을 다하지 못하고 있다는 불편함은 교사를 깊은 나락에 빠지게 하기도 한다.

> 젊은 사람들을 계속 만날 수 있다는 것은 교육의 특별한 매력이다. 하지만 새로운 만남을 계속해서 받아들이는 일은 분명 쉽지 않은 일이다. 올해의 성공적인 수업(또는 학급운영)이 내년으로 연결되지 않는다. 그래서 교사는 영원한 현역일 수밖에 없다. 이러한 교사의 숙명을 받아들이는 것은 분명 용기가 필요한 일이다.
>
> - 파커 파머, 『가르칠 수 있는 용기』

매일 매 순간 용기를 내야 하는 이 일에 최선을 다하고 있는 이 땅의 교사들이 있다. 초심을 버리지 않으려 쉽지 않은 길에서 지금도 좋은 교사, 좋은 교육을 포기하지 않고 이 땅의 마지막 낭만을 손에 쥐고 버티고 있는 교사들이 있다. 세상이 조금이라도 좋아지고 있다면 바로 우리 곁에, 그리고 내 안에 있는 이런 교사들 덕분일 것이다.

모든 존재는 다양한 역할을 수행하며 세상을 알아가고 자신을 형성해 간다. 교사로서의 정체성을 형성하는 과정은 교사의 삶 전체이다. 교사를 교사로 살게 하는 것은 교사와 관련된 경험만이 아니다. 그래서 교사를 잘 살게 돕는 것은 매우 의미 있고 중요한 일이다. 개인의 역사가 모여 집단의 역사를 만든다. 그래서 우리는 끊임없이 서로의 삶의 역사와 마주해야 한다.

환대는 단순히 친해지는 것을 의미하지 않는다. 환대는 공감의 방식으로 연결되며 지속적인 대화의 순간순간이 모여 만들어진다. 우리는 서로를 이미지가 아닌 실체로 만나 서로의 삶과 부딪혀야 한다. 자신을 드러낼 수 있는 사람이 단단하다. 단단한 우리가 되기 위해 서로에게 머물 필요가 있다. 서로에 대해 머뭇거리고 서성거리는 시간 속에서 우리들 사이에 서사가 생긴다. 관계를 맺는다는 건 우리들의 이야기가 생긴다는 것을 의미한다. 서로의 서사가 만나야 관계가 생기고 함께 꿈을 꿀 수 있다. 내가 단단해지기 위해 우리는 서로와 연결되어야 한다. 서로의 서사들이 만나 만들어지는 의미 있는 시간이 빚는 나이테가 나를 그리고 우리를 단단히 만든다. 서로의 안녕을 빌어주는 꾸준한 관계 맺음이 환대 공동체를 만든다.

환대는 다시 우리에게 돌아온다

우리가 살고 있는 현재는 무수한 선택으로 만들어진 것이다. 사람이 무언가를 선택할 때 영향을 끼치는 것에는 두 가지가 있다. 바로 천성과 관성이다. 천성적으로 그것이 좋아서 선택하거나 익숙한 쪽으로 선택하게 된다. 학교는 교사들에게 어떤 관성을 만들 수 있는 환경인가?

우리가 하는 일에 미음을 두는 습(習)을 만들어내고 있는가? 아니면 여기가 아닌 다른 시공간에서 자신의 행복을 찾는 게 옳았다는 후회를 만드는 습(習)을 만들고 있지는 않은가? 습(習)이 모여 관성을 만든다면 학교에서 우리의 일상을 다시 세울 필요가 있다. 좋은 삶을 사는 교사는 일상을 다르게 구성한다. 우리는 앞선 이가 어떻게 일상을 구성하는지를 보며 우리의 미래를 가늠해 보기도 하고, 그런 삶을 살아갈 결심을 하기도 한다. 선한 삶이 선한 삶을 창출하고 서로의 선한 영향력을 강화하게 되는 것이다. 환대가 다시 우리에게 돌아와 긍정적 변화의 기회로 작동하게 되는 것이다. 이러한 일은 서로에게 기꺼이 기대며 호혜적 관계를 맺을 때 가능하다.

교사를 환대하는 것이 왜 중요한가? 그것은 좋은 관성을 만들어 내기 때문이다. 그리고 그러한 관성에 익숙한 이들이 서로에게 선한 영향을 끼치기 때문이다. 교사의 길을 사랑하는 것 또한 능력이라 갈고 닦을 필요가 있다. 이 능력을 우리는 교사 전문성이라 부른다. 이 전문성은 좋은 관성을 습(習)한 자들이 습득할 수 있는 능력이다. 좋은 관성을 만들어 갈 수 있는 공동체에 속한 이들은 서로에게 좋은 영향을 끼치며 서로를 성장하게 한다. 성장한 이들의 연대는 보람으로 이어진다. 자신이 하는 일에 보람을 맛본 사람은 멈추지 않으며 다른 이를 그 길에 초대한다. 이것이 우리가 팀으로 함께 해야 하는 이유이기도 하다.

환대와 공감의 관계는
어떻게 만들어질까?

○——○——○

환대와 공감을 경험한 교사는 자신이 받은 환대와 공감을 아이들에게 돌려준다. 교실에서 학생들을 대하는 태도와 말이 달라진다. 그것은 존재로 대우받아 본 사람들만이 할 수 있는 진정 어린 삶의 행보이다. 교사는 온 마음, 온몸으로 아이들에게 신호를 보내는 이이기에 아이들은 본능적으로 교사의 진심을 알아차린다. 환대와 공감은 이벤트가 아닌 일상으로 실천되는 것이다. 그렇기에 따뜻한 아침맞이, 이름 불러 주기, 눈 맞춤 하기, 귀 기울여 듣기, 따뜻하게 말하기 등의 작은 실천을 꾸준히 하는 것만으로도 아이들은 교사에 환대받고 공감받는다고 느낄 것이다.

환대와 공감의 공동체는 문화를 만드는 일이기에 오랜 일상적 경험의 축적이 필요하다. 일상이 바뀌지 않는 한 문화는 바뀌지 않는다. 일상을 재구성하기 위해 다음 활동을 제안해 본다. 관계는 체험되는 것이 아니고 경험되는 것이기 때문에 이런 활동을 한다고 환대와 공감의 공동체가 바로 뚝딱 만들어지지는 않는다. 다만 시작점은 될 수 있을 것이라 기대한다.

다음에 제시하는 활동들은 팀리더십을 만들기 위해 10여 년 동안 진행한 워크숍에서 활용한 활동 중 정체성을 바탕으로 환대와 공감의 문화를 만들어 가는데 가장 유효했던 활동들이다.

활동 1. 당신은 누구세요?

활동의 의미

이 활동은 '당신은 누구세요?'라는 정체성과 관련된 질문을 통해 다각도로 상대를 알아가는 활동이다. 이 질문을 반복해서 받으며 '나'에 대해 생각해 보는 과정을 통해 내가 어떤 사람인지, 그리고 상대가 어떤 사람인지 이해할 수 있다. 이 활동을 통해 일상에서 하지 않는 질문을 만나 자신을 돌아보는 계기를 마련할 수 있으며, 상대를 헤아려 보는 기회를 가질 수 있다.

활동 흐름 및 tip

	워크숍 흐름	길잡이
처음	• 두 명씩 짝을 짓는다. • 활동 방법을 설명해 준다. (아래 활동 설명 참고)	짝수가 아닌 경우 진행자가 함께 참여한다.
중간	• 종이를 배부한다. • 한 사람은 '당신은 누구세요?'라는 질문만 하고 답하는 사람은 단어나 짧은 구절로 답한다. (1분) • 역할을 바꾼다. • 상대가 말한 내용을 바탕으로 서로에게 질문하며 상대의 이야기를 간략히 기록해 둔다.	본격적으로 시작하기 전에 진행자가 시범을 보이면 좋다.
끝	• 활동 내용을 바탕으로 내 짝을 참여한 사람들에게 소개한다. • 활동 소감을 나눈다.	

'당신은 누구세요?' 활동 설명

- 1분 동안 질문하는 사람은 "당신은 누구세요?" 질문만 할 수 있다.
- 답하는 사람은 단어 또는 간략한 구절로만 답한다.
- 질문자는 경청하며 답하는 사람이 말하는 것을 종이에 적는다.
- 역할을 바꿔 진행한다.

활동 2. 내 눈에는 당신의 강점밖에 안 보입니다!

활동의 의미

이 활동은 서로의 강점을 만나는 활동이다. 우리가 간과해서는 안 되는 중요한 사실은 관계는 강점으로 맺어져야 한다는 것이다. 이를 위해 서로를 가치 있는 사람으로 대하는 연습이 필요하다.

> 사람을 가치 있게 만들려면 먼저 그를 가치 있게 생각해야 한다.
>
> - 존 C. 맥스웰

강점에 기반한 관계 맺기가 낯설 수 있으나 이 활동을 경험해보면 서로의 강점에 주목해야 하는 이유를 깨달을 수 있을 것이다. 환대와 공감은 존재 자체로 서로를 인정하는 경험의 축적으로 가능하기에 강점 찾기를 일회성 활동으로 끝내지 말고 일상의 삶에서 실천하기를 제안한다.

활동 흐름 및 tip

	워크숍 흐름	길잡이
처음	• 두 개의 동심원으로 선다. • 활동 방법을 설명해 준다. (아래 활동 설명 참고)	짝수가 아닌 경우 진행자가 함께 참여한다.
중간	• 포스트잇을 배부한다. • 앞 사람의 강점을 쓰고 몸에 붙여 준다. • 몸에 붙어있는 포스트잇을 모두 떼어 내 강점을 분류한다. • 포스트잇에 쓰여 있는 나의 강점 중 맘에 드는 것과 자신이 생각하는 강점을 발표한다.	포스트잇에 쓰여 있는 것을 미리 보지 않아야 함을 강조한다.
끝	• 강점 내용을 돌아가면서 발표한다. • 소감을 나눈다.	따뜻한 분위기를 조성해 활발히 참여할 수 있도록 유도한다.

'내 눈에는 당신의 강점밖에 안 보입니다' 활동 설명

- 두 개의 동심원을 만들어 마주 보게 선다.
- 앞 사람과 하이 파이브를 하고 포스트잇에 앞 사람의 강점을 써서 몸에 붙여 준다. (어떤 강점을 쓰는지 절대 말하지 않으며 자신의 몸에 붙어있는 포스트잇을 보지 않는다.)
- 안쪽 원은 시계방향으로 바깥쪽 원은 반시계 방향으로 돌아서 다른 친구를 만난다.
- 위 과정을 반복한다.

활동 3. 나의 가르침의 이유

활동의 의미

이 활동은 가르침의 이유를 찾아가는 활동이다. '~해서 가르친다.' 라는 문장 형식을 다양한 내용으로 채우며 자신이 아이들을 만나는 이유에 대해 깊이 생각해 볼 수 있다. 동료 교사와 이야기를 나누는 과정을 통해 교사로서 정체성을 형성해 갈 수 있다.

활동 흐름 및 tip

	워크숍 흐름	길잡이
처음	'나는 ~ [(해)서/(하려)고] 가르친다.' 문장이 쓰여 있는 활동지를 배부한다.	
중간	• 활동지에 나의 가르침의 이유를 10가지 이상 쓰도록 안내한다. • 활동지를 개별로 작성한다. • 작성한 내용을 모둠과 공유한다. • 우리 모둠에서 공통적으로 나온 핵심어를 3~4개 정한다. • 모둠 문장을 만들어 전체 공유한다.	개별로 작성할 시간을 충분히 준다.
끝	소감을 나눈다.	

'나의 가르침의 이유' 활동지

나는 ~ (해)서/(하려)고 가르친다.	

활동 4. 그 섬에 가고 싶다

활동의 의미

이 활동은 다양한 주제에 대해 이야기를 나누며 공감하는 활동이다. 소수로 만나 깊은 이야기를 나눠보는 경험을 통해 서로의 삶에 한 걸음 더 다가설 수 있을 것이다. 이야기 주제보다 중요한 것은 관계를 경험하는 것 자체이다.

활동 흐름 및 tip

	워크숍 흐름	길잡이
처음	• 종이에 다양한 주제를 써서 바닥에 펼쳐놓는다. • 한 주제에 2~3명까지 함께 할 수 있음을 설명한다. • 주제에 모인 사람들에게는 1분씩 자기 시간이 주어지며 1분 동안 주제에 대해 이야기하고 질문을 받는다고 설명한다.	주제가 마치 섬처럼 보이게 간격을 두어 펼쳐 둔다.
중간	• 관심 주제로 이동해 3분 동안 이야기를 나눈다. • 3분 후 다른 주제로 이동해 3분 동안 이야기를 나눈다. • 이러한 과정을 반복한다.	1분씩 이야기하고 질문받는 시간이 잘 확보되어야 이야기를 독점하는 사람이 없어야 함을 이야기해 준다.
끝	소감을 나눈다.	

환대와 공감의
공동체 구축을 위한 제언

'공감'은 인간의 보편성 앞에 섰을 때 비로소 빛을 발한다

서로에게 주의를 기울이고 서로의 마음을 헤아리는 공감은 교사가 본분을 다하며 행복하게 존재하도록 돕는다. 서로 헤아리고 연민하는 과정의 축적으로 우리는 서로에게 뿌리내릴 수 있다. 우리는 서로에게 타자로 존재하기에 서로를 완전하게 이해할 수 없다. 하지만 그 사람의 삶을 이해하려 애쓰는 공감에는 가닿을 수 있다. 진정한 공감을 위해 우리는 먼저 인간의 보편성 앞에 서야 한다.

1. 우리 모두는 같은 인간이다.
2. 우리는 모두 부족한 인간이다.
3. 고통은 삶의 일부이다.
4. 인간은 누구나 상처를 줄 수 있고 상처를 받을 수 있다.
5. 우리는 저마다 삶의 짐을 지고 있다.
6. 인간은 누구나 취약하다.

- 문요한, 『나는 왜 나를 함부로 대할까』

내 앞에 있는 '그'를 보편적 인간으로 바라볼 때 비로소 연민의 마음이 생기며 진심으로 헤아리며 공감할 수 있다. 그리고 조화롭고 유연한 관계를 만들어 갈 수 있다.

'공감(共感)'은 '함께 공(共)', '느낀다 감(感)'이라는 뜻으로 이루어져 있다. 한자의 의미에서 알 수 있듯이 단순히 함께 느끼는 것을 넘어 상대의 마음속으로 들어가 그 사람이 되어 느끼는 것이 공감이다. 그리고 한 걸음 더 나아간 진정한 공감은 나의 기준을 버리고 그의 기준으로 헤아려 보는 과정에서 만들어진다. 상대의 마음속으로 들어가 내 기준으로 헤집고 다닌다면 그것은 진정한 공감이 아닐 것이다. 진정한 공감은 서로에게 시나브로 물들며 공동 영역을 넓혀간다. 그렇게 넓어진 공동 영역은 우리의 마음과 인식을 저절로 변화하게 한다.

공감의 지평은 대화적 관계를 통해 넓혀갈 수 있으며, 공감의 지평이 넓어질수록 우리의 언어는 닮아간다. 우리는 타인과의 관계 속에서 자신을 알아차리며 형성해 가는 존재이다. '타인에게 비춘 나', '나에게 비춘 타인'을 헤아리며 그렇게 우리는 성숙해 갈 수 있다. 그리고 오가는 대화를 통해 나를 포함한 모든 이들이 귀하고 소중한 존재임을 인지하게 된다. '말을 건다.'는 것은 단순한 대화를 넘어선 의미를 지닌다. '말을 건다.'는 것은 그 사람의 세상을 나의 세상에 초대하는 것이며 그 사람이 나에게 중요한 사람이라고 인정하는 것이기 때문이다.

'공감'은 '공동선'을 향하게 한다

동료와 어떤 대화를 나누고 있는가? 교사들은 모이면 아이들 이야기에 빠져든다. 아이들에 대한 이야기, 수업에 대한 이야기도 물론 중요하다. 하지만 그 대화 속에 정작 '너'와 '나'의 이야기가 빠져 있는 경우도 종종 있다. 우리가 단단해지기 위해 먼저 필요한 건 정체성의 장착이다. 정체성을 형성해 가기 위해 우리가 서로와 나눌 질문은 '너'와 '나' 그리고 '우리'의 이야기이다. "나는 어디에 있는가?", "나는 어디로 가고 있는가?", "우리는 무엇이 되고자 하는가?"에 대한 끊임없는 대화 속에서 '나'를 알아차릴 수 있고, '너'를 이해할 수 있으며 '우리'를 형성해 갈 수 있다.

공감은 서로에게 깨어 있는 것이며 서로의 온전함에 가닿는 길이다. 공감을 위해서는 상대에게 주의를 기울여야 한다. 주의를 기울인다는 건 그 사람이 되어 보는 것이다. 그러한 경험의 축적이 진정한 공감을 만들어 낸다. 진정한 공감은 서로의 서사를 만나는 순간이며 서사 구조가 바뀌는 지점이다. 그리고 온전한 관계가 만들어지는 계기가 된다. 온전한 관계는 응집력과 협력을 작동하게 한다. 관계를 중심으로 문제를 해결해 갈 때 우리는 공동선을 함께 추구할 수 있다.

이러한 공감의 축적을 통해 정체성을 만들어갈 수 있다. 정체성을 자신이 생각하는 최선의 바람직함이라고 정의한다면 우리가 함께 나눌 질문은 우리의 방향일 것이다. 공감은 공동 경험을 만들고 우리의 방향에 대한 합의를 이끌어 낸다. 그리고 집단의 가치와 지향을 형성해 바람직한 삶을 실천하는 문화를 만들어 낸다. 우리가 가장 어려워하는 합의는 공감이 전제되어야 가능한 일이다.

바람직한 삶을 실천하는 과정에서 사람들은 다음과 같은 삶을 실천한다.

> 서로의 가장 좋은 점을 믿는다.
> 서로를 위해 가장 좋은 것을 원한다.
> 서로에게서 가장 좋은 것을 기대한다.
>
> - 랜디 로스, 『앞서가는 조직은 왜 관계에 충실한가』

이러한 실천이 일상이 된 문화 속에서 오고 가는 진정한 공감적 대화는 구성원을 깨달음에 이르게 한다. 대화는 정체성을 꽃 피게 하는 씨앗이다. 학교에 대화가 사라지면 교사는 정체성을 잃게 되고, 우리 교육의 방향도 잃게 된다. 대화는 상호작용 속에서 힘을 얻는다. 그리고 함께 한 이들을 성장과 성숙의 길에 이르게 한다. 우리가 팀으로 함께 해야 하는 이유가 여기에 있다.

> 선생님은 모든 사람들에게 역사적 존재입니다.
> 모든 선생님들은 아이들의 성장사에 무언가를 가져다주는 역사적 존재라는 것, 그것이 선생님의 중요한 정체성 가운데 하나입니다.
>
> - 김현수, 『교사 상처』

아이들의 삶의 역사에 동행해 주는 역사적 존재이자 사람을 남기는 일을 하고 있는 교사의 정체성을 실현하기 위해 우리는 함께 해야 한다. 무한한 가능성의 우주를 품고 있는 아이들을 만나는 이 위대하고 힘겨운 여정에 진심을 내기 위해 우리는 혼자가 아닌 여럿이 걷는 길을 택해야 한다. 이것이 이 길을 지속할 수 있는 유일한 길이다.

환대와 공감의 관계 만들기

1. 환대는 좋은 관성을 만들어 내는 힘이 있다.

2. 공감의 지평이 넓어질수록 우리의 언어는 닮아간다.

3. 진정 어린 헤아림만이 서로에게 의미 있는 타자로 서게 한다.

4. 관계를 중심으로 문제를 해결해 갈 때, 우리는 공동선을 함께 추구할 수 있다.

5. 우리 인간은 다른 이와의 관계를 통해 자신을 확인하며 스스로 완성해 가는 존재이다. 이것이 우리가 팀으로 함께 해야 하는 중요한 이유이다.

6. 공감은 공동 경험을 만들고 우리의 방향에 대한 합의를 이끌어 낸다. 공감을 바탕으로 함께 하는 과정이 중요하다.

7. '환대'를 위해 나와 타인을 이해하고 존중하려 애쓰는 것을 중단하지 않는 것이 중요하다.

8. 진심 어린 공감적 대화의 축적은 본분을 다하고 싶은 마음을 내게 한다.

02

비전과 규범,
약속을 공유하라

학교의 비전,
왜 필요한가?

○——○——○

학교는 미래를 준비하는 곳이다. 학교는 미래의 시민으로서 학생들이 준비된 삶의 힘을 가질 수 있도록 도와주어야 할 책무를 가지고 있다. 모든 조직이 현재를 기반으로 미래의 더 나은 모습을 위해 나아가고 있지만, 학교만큼 미래가 현재의 삶에서 중요한 의미를 가지는 곳도 없을 것이다. 그런데 학교가 가진 가장 큰 어려움은 어떤 미래가 올 것인지, 그러한 미래에 대비하는 삶의 힘이란 무엇인지가 불확실하고 매우 유동적이라는 데에 있다.

그럼에도 불구하고 학교는 어떤 지향을 가져야 하고, 그 지향을 향해 교육력을 모아야 한다. 예측하기 어려운 미래를 함께 상상하며 최선의 방책을 찾아 지도를 만드는 일, 그것을 우리는 비전을 만드는 과정이라 부른다.

비전은 개인이나 조직이 미래에 도달하고자 하는 목표나 상태를 의미한다. 이는 단순한 목표 설정을 넘어, 장기적인 방향성과 목적을 제시하는 중요한 요소다. 비전은 구성원들에게 동기를 부여하고, 일관된 방향으로 나아갈 수 있도록 안내하는 중요한 역할을 한다. 개인의 비전은 삶의 방향을 설정하고, 목표를 달성하기 위한 동기를 제공한다. 예를 들어, 학생이 자신의 비전을 '세계적인 과학자가 되겠다.' 또는 '어려움을 겪는 사람들의 입장을 헤아릴 줄 아는 삶을 살겠다.'로 설정한다면, 이는 아이가 살아가는 동안 삶의 목표가 되어 다양한 선택의 상황 속에서 생각의 방향이 되고 행동의 판단 기준이 된다.

이런 비전은 학교에서도 매우 중요한 역할을 한다. 학교의 비전은 구성원들에게 학교교육의 방향성을 제시하고, 일관된 목표를 향해 협력할 수 있도록 작동한다. B 초등학교의 경우, 교육공동체가 함께하는 비전 워크숍에서 학교 비전인 '도전과 설렘으로 삶을 가꾸는 미래 학교'에 대해서 하나하나 그 의미를 살펴보고, 학교교육이 향해야 할 방향과 범주, 가치와 상을 정했다. 이런 일련의 과정은 학년으로 돌아가서 학년 교육과정을 기획할 때도, 교육 방법을 고민할 때도, 그리고 학생과 마주하며 겪는 다양한 상황에서도 강력한 길잡이가 되었다. 특히 B 초등학교 교직원들은 학생들이 학교생활을 행복하게 하고 삶을 주도적으로 가꿀 수 있도록 많은 실천을 했는데 대표적인 것이 '아침맞이', '존중어 쓰기', 그리고 '아이와의 눈 맞춤', '관계적 수업의 실천' 등이다. 이는 이미 그 학교의 공유된 비전이자 규범이며 약속이 된 것이다.

비전은 개인이나 조직의 성공과 발전을 위한 필수 요소다. 명확하고 도전적이며 현실적인 비전은 구성원들에게 동기를 부여하고, 일관된 방향으로 나아갈 수 있도록 안내한다. 따라서 비전을 설정하고 공유하는 과정은 매우 중요하며 이를 통해 개인과 조직은 더욱 발전할수 있다.

비전이 갖춰야 할 전제 조건

첫째, 비전은 구체적이고 명확해야 한다. 이는 구성원들이 쉽게 이해하고 공감할 수 있도록 돕기 때문이다.

둘째, 비전은 도전적이어야 한다. 도전적인 비전은 구성원들이 더 높은 목표를 향해 노력하게 만들며, 성취감을 느낄 수 있도록 한다.

셋째, 비전은 현실적이어야 한다. 이는 비전이 실현 가능하다는 믿음을 주어 구성원들이 실제로 행동에 옮길 수 있도록 한다.

비전을 공유하고 실천하기 위해서는 학교의 규범과 약속을 명확히 하고, 이를 구성원들과 함께 논의하는 과정이 필요하다. 또한, 학생들을 비전 설정 과정에 참여시켜 그들의 의견을 반영하는 것이 매우 중요하다. 이를 통해 학생들은 학교의 비전에 대한 이해와 공감을 높일 수 있으며, 스스로 역할과 책임을 자각하게 된다.

학교교육이 성공적으로 변화하기 위해서는 여러 요소가 필요하다. 이 요소들 가운데 미래에 대한 명확한 상, 즉 '비전'을 갖는 것만큼 중요한 것은 없다. 비전은 변화를 수반하기 때문에 구성원이 비전을 향해 나가다 보면 종국에는 학교가 가야 할 길을 찾고, 설사 다른 길로 가다가도 다시 돌아올 수 있게 되며 어느 순간 학교는, 그리고 그 구성원들은 꿈꾸던 변화를 맞게 된다. 변화는 새로운 길을 가는 것이다. 학교 비전은 구성원에게 길을 잃지 않게 하는 등대와 같은 역할을 한다. 등대는 배가 밤바다를 헤맬 때 안전하고 정확하게 부두로 갈 수 있게 하는 강력한 방법이다.

비전이 매력적이라면 더 많은 구성원에게 영감과 수행 의지를 줄 수 있을 것이고, 학교는 점점 더 바람직한 변화를 이루어 내게 된다. 그러나 지나치게 도전적인 비전은 구성원을 지치게 만들고, 단기간의 효과를 위한 비전은 눈앞에 보인 문제 해결에만 급급하게 되어 장기적인 나침반으로서의 역할을 수행하지 못하게 된다.

핵심 가치, 판단의 잣대

팀 중심의 학교 조직이 되기 위해서는 구성원들이 함께 핵심 가치를 공유하는 것이 필수적이다. 핵심 가치는 바람직한 행동을 제시하는 기본 규범으로서, 구성원들의 모든 의사결정이나 행동에 지침이 되며 학교생활 전반에 큰 영향을 미친다. 그러므로 핵심 가치는 학생 교육을 중심에 두면서 '우리 학교에 정말 중요한 것은 무엇인가?', '우리 학교는 어떤 가치를 추구해야 하는가?'에 답할 수 있어야 한다.

제임스 쿠제스와 베리 포스너James M. Kouzes & Barry Z. Posner는 '개인의 추구 가치'와 '일에 대한 열정' 간의 상관관계를 밝히는 연구 결과를 소개하였다. '개인의 추구 가치'는 한 개인의 삶에서 의사결정과 행동

의 기준이 되는 지속적인 믿음을 의미한다고 한다.[1]

조직의 추구 가치		낮음	높음
	높음	4.87점	6.26점
	낮음	4.90점	6.12점

낮음　　　　　　　높음

개인의 추구 가치

- 제임스 쿠제스와 베리 포스너, 『리더십 챌린지』

개인과 조직의 가치가 일에 대한 열정에 미치는 영향(7점 척도)

위의 표를 보면, 개인이 추구하는 가치가 명확할 때 일에 대한 열정이 더 높다는 걸 알 수 있다. 조직과 개인이 추구하는 가치가 모두 명확할 때 개인의 일에 대한 열정이 가장 높은 값을 보였고, 개인과 조직의 추구 가치가 모두 낮을 때 일에 대한 열정도 매우 낮다는 것을 알 수 있다. 한편 '조직이 추구하는 가치'는 높지만 '개인이 추구하는 가치'는 낮을 때, 즉 조직에서 강력하게 조직의 가치를 강조하고 이를 개인에게 요구하지만, 개인이 이를 동의하지 않을 때 개인은 일에 대해 낮은 열정을 갖게 된다. 이는 우리가 주목해야 할 중요한 부분이다. 조직이나 팀이 개인에게 조직의 가치나 철학을 따르도록 강력하게 요구하는 것이 오히려 조직 전체에 부정적인 영향을 미칠 수 있다는 것이다.

1) 리더십 챌린지, James M. Kouzes & Barry Z. Posner, 정재창 역, 이담북스, 2018.

비전을 위해
고민해야 할 세 가지

○────○────○

매력적인 비전을 만들고 싶다면?

비전은 이처럼 공동체의 지향과 성과에 있어 커다란 중요성을 가지지만, 구성원에게 그다지 매력적으로 다가오지 않는 경우가 종종 있다. 왜 그럴까?

많은 학교의 비전을 보면, 좋은 말의 나열이거나 모호하고 추상적이어서 구성원들이 앞으로 무엇을 목표로 삼아 실천해야 하는지가 구체적이지 않다. 학교의 강점과 약점을 파악해서 구성원이 함께 가야 할 학교교육에 대한 구체적 상을 제시해야 하는데 이런 게 없다 보니 학교는 학교가 처한 근시안적인 상황이나 사회적 압력에 치여 그 본래의 취지를 잃어버릴 때가 많다.

또, 학교의 비전은 구성원이 추구하고자 하는 가치를 반영해서 만들어야 하는데 그렇지 않은 경우가 많아 학교와 구성원이 어우러지기 어려울 때가 많다. 개인의 목표보다는 학교의 목표를 우선하거나 구성원이 쉽게 공감하기에는 너무 동떨어진 미래를 제시하고 있다면 개인에게 동기부여가 어려울 수밖에 없다.

비전은 조직이 지향해야 할 최적의 미래상이다. 비전은 조직의 변화를 위한 동기를 부여하고 이를 지속할 수 있는 추진력을 제공하며 구성원들의 역량과 의욕을 헌신적으로 바칠 수 있게 하는 마법과 같은 역할을 한다. 이런 역할을 해내기 위해 비전은 다음과 같은 질문을 담고 있어야 한다.

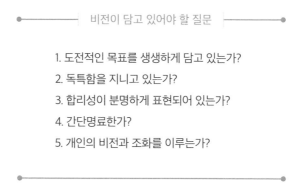

비전이 담고 있어야 할 질문

1. 도전적인 목표를 생생하게 담고 있는가?
2. 독특함을 지니고 있는가?
3. 합리성이 분명하게 표현되어 있는가?
4. 간단명료한가?
5. 개인의 비전과 조화를 이루는가?

도전적인 목표를 생생하게 담고 있는가?

비전은 미래를 생생하게 묘사해야 한다. 목표를 달성한 상태가 생생해야 구성원에게 꿈을 꾸게 하고 도전을 유도할 수 있기 때문이다. 예를 들어, '우리 학교 학생들은 생명을 소중히 여기는 태도를 익혀 일상생활에서 실천하게 할 것이다.'와 같이 목표를 제시하면, 사람들은 비전을 달성했을 때 어떤 미래를 갖게 될 것인지를 구체적으로 그릴 수 있게 된다.

독특함을 지니고 있는가?

비전은 유일해야 한다. 다른 학교의 비전과 비슷한 단어로 서술되었다 하더라도 그 기반에는 우리 학교만의 문제를 꿰뚫는 통찰이 존재해야 하고, 구성원 역시 그 의미를 명료하게 찾아낼 수 있어야 한다. 비전은 각 학교가 처한 고유한 상황을 기반으로 하여 만들어지며, 그렇기에 잘 만들어진 비전은 그 학교만의 빛깔을 가질 수밖에 없다.

합리성이 분명하게 표현되어 있는가?

비전은 도전적이지만 실현 가능한 목표를 포함해야 한다. 너무 쉬운 목표는 구성원에게 동기를 부여하지 못하며, 너무 어려운 목표는 실현할 엄두가 나지 않아 좌절감을 줄 수 있다. 또 비전이 조직의 변화에 적합하지 못하다면, 조직의 변화를 이끄는 데 너무나 많은 시간과 비용, 그리고 노력이 들어가서 비전 실현 자체가 어려울 수 있다. 비전에는 성과에 대한 적절한 보상 시스템도 있어서 구성원이 비전을 따라갔을 때 어떤 형태로든 대가를 받을 거라는 합리성이 있어야 한다. 결국 적절한 도전과 실현 가능성, 합리성을 고려한 목표 설정이 필요하다.

간단명료한가?

명확하고 간결한 비전은 모든 구성원이 쉽게 이해하고 받아들이기 유리하며, 복잡함에서 비롯된 오해를 최소화할 수 있는 이점이 있다. 간결한 비전은 구성원에게 실행에 대한 동기를 부여한다. 비전이 명확하고 간결할수록 그 비전의 달성에 대한 욕구가 강해지며 실현에 대한 가능성이 높아지기 때문이다. 명확하고 간결한 비전은 의사소통을 효율적으로 만들고, 이는 비전이 학교 내에서 일관되게 전달되고 이해될 수 있다는 측면에서 더 바람직하다. 다만 명확하다고 해서 유연성이 떨어져서는 안 된다. 매력적인 비전은 구성원 개개인이 자율성을 발휘할 수 있도록 하고, 변화를 수용할 수 있도록 열려 있어야 한다. 미래는 불확실한 것이며, 현재의 상황에 따라 계속해서 변화하기 때문에, 비전 역시 그에 따라 조정되고 변형되어야 한다. 물론 비전이 자주 바뀐다면 구성원에게 혼란을 초래할 수 있기에 조직은 항상 반대급부로 작동되는 이면에 대해 간과하지 않도록 조심해야 한다.

개인의 비전과 조화를 이루는가?

조직의 비전이 제시하는 미래가 정말 매력적이고 그럴싸해 보여도 개인의 비전에 맞닿아 있지 않다면 성공할 확률은 그만큼 줄어든다. 조직의 비전이 개인의 비전을 포괄하거나 그와 연관되는 지점을 가질 때, 개인은 조직의 비전을 자신의 비전으로 받아들이며 몰입할 수 있게 된다.

비전은 무조건 새로워야 한다?

학교의 관리자가 새로 부임하면 그는 새로운 비전을 제시하며 학교의 모든 것을 바꾸고 싶어 할 것이다. 세상이 변하고 구성원들이 변하기에 비전의 변화 역시 필연적이다. 다만, 학교의 관리자가 바뀌었다고 해서 기존의 비전을 무시하고 새롭게 바꾸려는 시도는 어쩌면 그 학교 역사의 한 부분을 단절시킬 수 있다. 관리자 변동이 잦은 학교의 경우 매번 비전이 바뀌는 혼돈을 겪을 수도 있게 된다. 학교의 장기적인 성장을 위해서 필요한 제도는 유지해야 하고 리더 개인의 경영 비전으로 전락하지 않도록 잘 유지해야 한다.

과거의 비전은 무시되어서는 안 된다. 여러 상황을 반영해 적정한 면은 그대로 두고 수정이 필요한 부분은 충분한 숙의를 통해 바꾸어야 한다. 그래서 과거로부터 성장하고 발전해 온 학교의 역사를 훼손하지 않은 채 미래로 나아가야 한다. 이 과정에서 기존 제도에 대해 안정감과 익숙함을 느끼는 쪽과 변화가 필요하다고 느끼는 쪽의 갈등은 당연히 발생할 것이다. 관리자는 이 갈등에 대해서 기존의 비전을 잘 이해하고 있고, 이를 충분히 검토했음에도 수정이 필요함을 정확하게 피력해야 한다. 또 수정되는 비전에서 기대되는 긍정적인 면과 당위성에 대해 구성원에게 설명하고 설득하는 데 많은 시간과 노력을 투자해야 한다. 이를 통해 비전은 과거로부터 미래로 연결되는 통로로서 역할을 하게 됨을 인식시켜야 한다.

비전은 누가 만들어야 할까?

비전을 만드는 주체는 학교의 리더들만이 아니다. 교장을 포함하여 학교의 구성원 전체가 함께 만드는 것이다. 비전의 생성을 위해서는 구성원들과 함께 논의하고 공감대를 형성하는 과정이 필요하다. 이를 통해 구성원들은 비전에 대한 이해와 공감을 높일 수 있으며, 스스로 역할과 책임을 자각하게 된다.

설립자나 초대 교장의 경우, 강력한 리더십으로 조직의 기조부터 만들어야 한다는 책무로 비전을 만들었을 것이다. 이런 경우 관리자의 의지가 확고하므로 추진력 면에서도 탁월함을 보일 것이다. 이런 경우는 일명 'Top down 방식'으로 불리며 확고하고 명확하게 조직의 메시지를 전달할 수 있다는 장점을 가지면서 동시에 구성원에게 설명과 설득의 과정을 제대로 밟아야 하는 어려움도 가지게 된다. 문제는 강력한 리더가 떠났을 때도 그 조직의 비전이 힘을 가질 수 있는가 하는 점이다. 이런 경우 과거에 유효했던 메시지가 현재에도 작동할 수 있게 유지하는 방안을 끊임없이 고민해야 한다. 그러자면 비전은 관리자나 일부 리더가 부여하는 게 아니라 대화를 통해 모두가 동의하는 방식으로 모아 내야 한다.

리더가 구성원의 의견을 경청하고 개인의 비전과 조직의 비전을 일치하고자 수렴해 가는 구조로 만들어간다면, 그 조직의 구성원도 진심으로 돕고자 할 테고 이런 경우가 잦을수록 사람들은 조직의 비전을 자신의 규범으로 받아들이는데 더 많은 마음을 낼 것이다. 여기서 더 나아가면 결국 개인의 사사로움보다는 공적인 면이 더 부각되도록 조직의 비전을 만들어 나가게 될 것이다. 이게 바로 'Bottom up 방식'의 비전 수립 과정이다. 이 놀라운 과정은 개인과 조직이 함께 성취하는 상생의 아름다운 구조를 구축해 가는 변화를 만들어 내게 될 것이다. 이런 일련의 과정에서 조직은 명확한 방향성을 가지고, 구성원들이 하나의 목표를 향해 협력할 수 있는 초석을 다지게 되는 것이다.

비전을 만드는 과정에서 여러 사람을 참여시키는 것은 한 차원 높은 비전을 만드는 방법이기도 하다. 다양한 방면에서 사고를 하는 사람들의 조합을 통해 비전의 적합성을 검증하는 데 있어 풍부한 접근이 가능해진다. 더욱이 구성원의 의견을 수렴하는 과정에서 조직의 비전을 개인의 비전 차원에서 생각할 수 있다는 큰 장점이 생기는 것이다. 이런 작업은 결국 조직과 구성원 간 공감대 형성에 기여하고, 조직의 운영에 있어 강력한 지원군을 형성하는 셈이다. 나에게 관심이 없는 조직이 아닌 내 의견 일부가 반영되는 조직이라는 점은 구성원이 조직의 어려움에 관심을 가지고 임할 확률을 높일 것이며, 내 의견이 반영되지 않은 조직에 비해 그 헌신도가 더 높을 것이다.

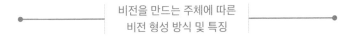

비전을 만드는 주체에 따른 비전 형성 방식 및 특징

1. Top down 방식
: 확고하고 명확한 메시지 전달 vs 설명과 설득의 과정이 필요

2. Bottom up 방식
: 개인의 비전과 조직의 비전의 일치 vs 사사로움과 공적인 면의 갈등 구조 해결

비전을 만드는 것은 결국 구성원이 조직 안에서 무엇을 해야 하고, 무엇을 하고자 하는지, 무엇을 할 수 있는지에 대한 이야기이다. 이는 조직이 가지고 있는 능력과 자원, 환경에 대한 분석을 기반으로 한다. 학교의 성과와 역량, 구성원의 다양한 능력, 학교만의 특색과 장점, 그리고 내재된 자원까지 분석해서 우리 학교가 무엇을 해야 하고, 또 무엇을 하고 싶으며 무엇까지 할 수 있는지를 총체적으로 살펴야 답이 가능한 것이다.

비전,
어떻게 만들까?

━━○━━○━━○━━

　비전을 수립하는 과정에서 가장 먼저 하게 되는 것은 미래를 예측하는 것이다. 다가올 미래를 예측하는 것은 결국 학교가 어떻게 대응할 것인가에 대한 답이기 때문이다. 학교에서 '무엇을 해야 하는가?'가 학교가 교육기관으로서 어떻게 책무를 다할 것인지에 관한 내용이라면 '무엇을 하고 싶은가?'는 미래에 대한 예측과 함께 그 미래를 기회 삼아 학교가 어떻게 변화할 것인지에 대한 내용이다. 이런 분석은 결국 학교의 현재 모습까지 진단하고 파악하는 과정을 이끈다. 이는 상상이나 희망만으로는 어려운 작업이다. 현실적으로 학교의 자원, 구성원의 의지, 역량 등을 파악하는 과정이 결국 학교를 한 걸음 더 나아가게 하는 자율적이고 자발적인 실천이 된다. 바로 이것이 학교 변화를 가능하게 하는 비전의 기능이다.

비전을 만드는 과정은 다음의 단계를 밟게 된다.

❶ 학교의 현재 상황과 미래의 목표 분석하기
❷ 비전 초안 작성하기
❸ 비전 초안을 구성원들과 공유하고, 피드백 받기
❹ 피드백을 반영하여 비전을 수정, 최종 비전 확정하기
❺ 비전을 구성원들과 공유하고, 실행 계획 수립하기

학교의 현재 상황과 미래의 목표 분석하기

학교가 처해있는 상황은 다양한 과정으로 진단해야 하고, 진단 결과에 따라 목표를 새로 만들기도 한다. 학년말 '학교평가'를 통해 구성원들은 학교교육에 대한 만족도와 교육과정 운영에 대한 점검을 하게 된다. 또는 학년 초에 조직 진단을 통해 학교의 여러 상황을 살펴보게 된다. 이를 통해 현재 수정해야 할 것, 지속할 것, 혹은 버리거나 개선해야 할 다양한 생각들을 모으게 된다. 이 과정에서 학교교육의 목표까지 변경해야 한다는 의견이 모이면 비로소 비전의 수정이 시작된다.

학부모 설문 결과

1278명 중 468명 (두자녀 이상자 포함: 629명)

✓ 우리 학교의 전반적인 교육 활동에 대한 만족도: 89%
✓ 학부모의 학교 비전 이해, 학교 교육목표 실현을 위한 협조: 83%
✓ 학교장의 학교 운영 리더십 발휘 만족도: 82%
✓ 학부모의 학교교육활동 참여도: 62%
✓ 우리 학교의 교육과정 운영에서 학부모의견 반영 노력: 79%

▶ 학부모의 학교육활동 참여: 교육활동 따라 적정성 검토 및 학부모와 교육활동에서의 공감대 형성이 필요함.

학교교육 만족도 조사 및 조직 진단 결과 분석

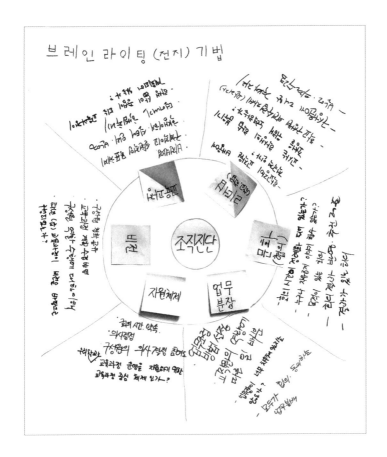

비전 초안 작성하기

초보적인 비전은 가설적인 형태일 것이고, 구성원에 대한 의견수렴의 기초 작업일 것이며 다소 광범위할 수 있다. 학교의 목표와 방향성을 드러낼 수 있는 구체적인 문장으로 가급적 간결하고 명확하게 작성한다. 이것이 바로 비전 선언문의 기초가 된다. 비전의 초안은 학교가 5년, 10년 후에 어떤 모습이길 원하는지를 담고 있어야 한다.

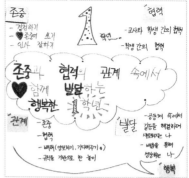

비전 초안을 구성원들과 공유하고, 피드백 받기

비전 초안을 작성한 후에는 명확하고 핵심적인 요소를 이끌어 내기 위한 과정이 필요하다. 학교의 현재를 진단하고 미래를 예측 분석해서 나온 모든 부분을 다 포괄하여 비전을 작성할 수는 없으므로, 명확한 비전을 만들기 위해서는 핵심 내용을 도출하는 것이 필요하다.

비전의 핵심 내용에는 영역, 우위 요소, 목표 등이 드러나야 한다. 특별히 우리 학교에서 중점적으로 다룰 수 있는 것을 찾아내고 이를 중심으로 이룰 수 있는 전략을 세울 필요가 있다. 학교가 앞으로 집중해야 할 핵심 내용의 영역, 우위 요소, 목표 등이 도출되면, 각각에 대한 중요도와 우선순위를 결정한 후 이를 바탕으로 비전을 완성한다.

피드백을 반영하여 비전을 수정하고, 최종 비전 확정하기

구성원들이 비전을 수립하는 경우, 완성된 비전은 구체적인 형태로 구성원에게 공유되어야 한다. 이를 위해서는, '비전 선언문 선포식'과 같은 공유를 위한 의식이 필요하다. 혹은 '비전 워크숍'을 통해서 비전을 함께 뜯어보고 현재도 유효한지, 수정 사항이 있다면 어느 부분이고 왜 그렇게 생각하는지, 그래서 어떻게 수정하면 좋은지에 내린 회의가 이루어져야 한다.

학교 공동체의 운영에 있어 비전을 수립하고 기존의 비전을 성찰하며 재조정하는 과정은 필수적이다. 그런 과정을 통해 '그들의 비전'이 아닌 '우리의 비전', 그리고 '나의 비전'이 만들어지게 된다.

비전을 구성원들과 공유하고, 실행 계획 수립하기

새로 개발한 비전이 학교에 잘 스며들게 하기 위해서는 구성원이 개발과정에서부터 주체적으로 참여하도록 해야 한다. 특히 사전에 새로운 비전을 도입해야 하는 당위성에 대해서 충분히 설명하는 시간이 필요하다.

비전이 실행되려면 이를 위한 실행 계획이 필요하다. 비전의 실행 계획을 세운다는 것은 출발점과 도착점을 정하고, 구성원으로부터 동의를 받아 추진 과제를 설정하는 것이다. 학교의 장기 목표를 달성하기 위해서는 이를 위한 중기 목표와 전략을 세우고, 중기 목표를 달성하기 위한 단기 목표와 전략을 확실하게 정의해야 한다. 단기 전략을 통해 단기 목표를 달성하면 그에 대한 성찰을 통해 중기 목표로 갈 수 있는 전략 수정과 확정이 이루어지며 이런 과정을 통해 종국의 목표를 달성할 수 있게 된다. 중요한 것은 전략의 우선순위를 정하고 목표들 사이의 균형을 유지해야 하며 합리적인 과제를 설정해야 한다는 점이다.

공유된 비전의
놀라운 힘

'우리'의 비전이 되어야 하는 이유

비전은 학교 차원에서 공유되어 문화로 자리 잡아야 비로소 실현 가능한 것으로 구체화 될 수 있다. 구성원들은 비전이 확산되고 공유되어야 학교의 존재 목적과 목표에 대하여 강한 연대감을 갖게 되며 학교의 비전을 자신의 것으로 인식하게 된다. 결국 비전을 공유한다는 것은 조직과 구성원이 일체감을 느끼게 된다는 것을 의미한다.

물론 몇몇 핵심 인물들만 공유하면서도 효과적으로 목적을 달성할 수 있는 탁월한 비전이 있을 수는 있다. 그러나 대개는 조직 내 모든 사람이 비전 속에 담긴 목표와 가고자 하는 방향에 대해서 공통된 인식을 가져야 비전으로서 진정한 힘을 발휘할 수 있게 된다. 이는 구성원들이 조직의 이상적인 미래상에 대하여 모두 같은 방향을 바라볼 때 동기가 유발되고 실행에 힘이 붙게 된다는 것을 의미한다. 조직의 비전은 그것이 '우리의 비전'이 되고 결국 '나의 비전'이 되었을 때 그 힘을 강력하게 발휘할 수 있다. 그게 바로 '공유 비전'의 힘이다.

피터 센게[Peter Senge]는 그의 저서 『학습하는 조직』[2]에서 스파르타쿠스[Spartacus] 일화를 통해 '공유 비전의 강력함'에 대해 이야기하고 있다. 기원전 71년, 로마에서 노예 반란군을 지휘했던 스파르타쿠스는 노예들에게 '자유인'에 대한 꿈을 공유 비전으로 심어놓았고, 반란군은 로마군의 무서운 협박과 달콤한 회유에도 불구하고 끝까지 스파르타쿠스를 로마군에 넘겨주지 않았다는 이야기다. 당시 반란군은 노예 스파르타쿠스를 넘겨주지 않으려고 모두 다 자신이 스파르타쿠스라고 하면서 죽음을 선택했다. 이런 죽음을 맞이한 이들의 마음에는 '자유'에 대한 강력한 비전이 작동했고, 이 비전은 사람들의 마음속 깊이 자리잡은 힘이자 강하고 명백한 실체로 존재한 것이다. 이 공유 비전은 충분히 설득력이 있었고, 이를 지지하는 사람들로부터 이미 실존하는 강력한 이념이자 힘이 되었다.

패트릭 렌시오니[Patrick Lencioni]는 저서 『탁월한 조직을 만드는 4가지 원칙』[3]에서 4가지 원칙 가운데 하나로 '비전의 전달'을 들었다. 그는 '일단 조직의 비전을 명확하게 수립하고 나면, 그 내용을 한 명도 빠짐없이 전체 직원들에게 정확히 전달해 주어야 한다.'고 제언하였다.

높은 성과를 올리는 팀은 과업이 자신과 분리되어 있지 않다. 피터 센게는 이를 '자신과 과업을 동일시하는 분위기가 매우 강해서 과업을 포함하지 않고는 진정한 자기 정체성을 정의하기 힘든 상태'라고 정의하였다.

---

2) 학습하는 조직, Peter Senge, 강혜정 역, 에이지21, 2016.
3) 탁월한 조직을 만드는 4가지 원칙, Patrick Lencioni, 송경모 역, 위즈덤 하우스, 2007.

'우리'의 비전을 만들어 내는 방법

공유 비전을 만들어 내는 방법은 다음과 같다.

❶ 개인의 비전 독려하기
❷ 개인의 비전 공유하기
❸ 비전 확산시키기

'우리'의 비전도 개인의 비전으로부터 나온다. 개인의 비전이라고 해서 언제나 개인의 이익에만 머무르지는 않는다. 개인의 비전은 때로 가족이나 친구의 성공과 행복, 공동체의 안녕과 성취, 심지어 전 지구적인 평화와 안전 등의 내용을 포함하기도 한다. 그러므로 개인의 비전을 소중히 가꾸고 이를 확장하도록 하여 우리의 비전과 만나도록 하는 것이 매우 중요하다. '개인의 비전'을 독려하고, 귀 기울이다 보면 그 비전은 어느새 타인과 팀, 학교의 비전으로 그 에너지 방향을 쏟고 있음을 발견하게 될 것이다 '우리'의 비전을 만들어 내는 방법은 '개인의 비전을 독려하는 것'이다.

다음으로 '개인의 비전을 공유하는 것'이다. 개인은 타인과 상호작용 속에서 자신의 경험, 소망하는 것 등을 공유하게 된다. 에이미 에드먼슨 Amy C. Edmondson은 그의 저서『두려움 없는 조직』[4]에서 어떤 환경

---

4) 두려움 없는 조직, Amy C. Edmondson, 최윤영 역, 다산북스, 2020.

에서나 탁월한 성과를 내는 팀은 팀원들에게 '심리적 안정감'을 심어준다고 했다. 나아가 심리적 안정감은 팀에 대한 신뢰감을 형성하게 하고, 이 신뢰감은 결국 개인이 조직에 대해 자신의 것을 공유하는 것을 촉진하게 된다고 한다.

개인의 비전을 우리의 비전으로 만드는 방법 중 세 번째는 '비전을 확산시키는 것'이다. 비전을 만드는 데 더 많은 사람이 참여하고, 비전 실현을 위해 자신의 시간과 노력을 조금 더 들인다면, 그래서 더 많은 사람이 함께 알고 실행하게 된다면 이것이 바로 비전을 확산시키는 행위이다.

학교든 팀이든 지향점이 없으면 그 구성원은 갈 곳을 잃는다. 서로에게 관심이 없는 팀과 구성원은 결국 서로를 망치는 관계가 된다. 연인들이 서로의 사랑을 끊임없이 묻고 확인하는 것처럼, 학교도 반복적으로 구성원들의 공동체에 대한 지향과 관심을 확인하고 또 확인해야한다. 매년 혹은 분기별로, 정기적이든 필요에 의해서든 비전을 만들고 공유하며 확인하는 일련의 과정들, 구성원에게 학교교육의 만족도를 조사하고, 학교 조직문화를 진단하는 것도 모두 이런 이유 때문일 것이다.

비전 세우기 및 성찰하기 워크숍 활동 사례

워크숍 흐름	워크숍의 실제
1단계 개인의 가치를 바탕으로 비전 만들기	1. 내 삶에서 중요하게 생각하는 가치 10개 골라 ○표 하기 2. 고른 가치 중에서 3개 버리기 → 2개 버리기 → 마지막 2개 버리고 3개 남기기 3. 남긴 3개 가치의 의미 나누기 4. 한 문장으로 비전 만들기
2단계 팀(학년)의 비전 만들기	1. 우리 아이들에게 필요한 가치, 사회에서 발현되어야 한다고 생각하는 가치 3개 고르기 2. 모둠에서 각자 생각한 가치에 대해 이야기 나누기 3. 피라미드 토론으로 중요한 가치 3개 정하기 4. 가치 3개를 포함하여 학년 비전 만들기

3단계
학교의 비전
만들기
	1. 6개의 학년 비전 칠판에 쓰기
	2. 공통 가치 또는 단어 추리기
	3. 학년 비전에서 학생에게 요구되는 가치와 교사 개인의 가치가 충돌되지
	  않는지 살펴보기
	4. 수정된 학년 비전 다시 칠판에 적기, 학년별 비전 전체와 공유하기
	5. 학년별 위계가 맞는지 확인한 후 수정 사항 반영해 다시 학년 비전
	  고쳐 쓰기
	6. 정리된 공통 단어 추출하기
	7. 정리된 공통 단어를 통합해서 학교 비전 만들기

| 4단계

학교 비전
되돌아보기 | 1. 학교 비전을 되돌아보는 핵심 질문하기

- 우리 학교의 비전이 담고 있는 가치는 무엇인가?
- 우리의 비전은 우리 학교에 적절한가?
- 도전하는 앎과 함, 그리고 삶을 담보하고 있는가?
- 배움으로 인해 행복하고 즐거운 학교생활이 가능한가?
- 생태적이고 아름다움을 경험하는 배움터를 지향하는가?
- 민주주의를 경험하고 공동체가 함께하는 교육을 표방하고 있는가?
- 우리 학교의 비전/ 인간상/ 교육목표의 일관성(맥락)이 보이는가?
- 학교 비전의 키워드를 중심으로 우리학교 교육원리에 담겨 있는 핵심
  가치가 무엇인지 포스트잇에 적어보고, 모둠별로 토의하여 핵심 가치 및
  추구하는 인간상 등을 깊이 들여다본다. |

2. 비전에 반하는 우리 교육활동 진단하기
- 비전에 비추어 우리 학교교육활동 '가감창제'하기

가(더하기)	감(줄이기)

창(새로 만들기 - 모두 협의)	제(없애기 - 모두 합의)

- 학교, 학년, 교과교육활동, 공동생활교육, 문화 들여다보기

적합한 교육활동	괴리된 교육활동

- 학교교육과정 운영의 문제점 찾아보기
  · 모둠별로 학교교육과정 운영의 문제점을 찾아서 유목화하고,
    문제점을 키워드로 묶어 정리, 전체 공유
  · 키워드에 구체적인 운영 모습 적어 이야기 나누고 개선 방향 논의

수정 보완할 교육활동 및 해결 방안		
1.	2.	3.
해결 방안 :	해결 방안 :	해결 방안 :

선별기준:		
지속할 것	수정·보완할 것	덜어낼 것

비전을 공유하는 학교

1. 핵심 가치는 학교생활을 하는 구성원들의 모든 의사결정이나 행동의 지침으로 작동되며 학교생활 모든 면에 영향을 미친다.

2. 학교의 비전은 미래에 도달하고자 하는 목표나 상태를 의미한다. 학교교육의 장기적인 방향성과 목적을 제시하는 중요한 요소이기도 하다.

3. 비전은 구체적이고 명확하고 도전적이어야 하며 현실적이어야 한다.

4. 학교가 도달하고 싶은 미래를 완벽하게 만나기는 어렵다. 그럼에도 우리가 꿈꾸는 미래에 도달하기 위해 노력해야 하는데, 그것이 바로 '비전'을 통해 미래의 구체적인 상을 그려내는 과정이다.

5. 비전은 다음과 같은 질문을 담고 있어야 한다.

   - 도전적인 결과물을 생생하게 담고 있는가?
   - 독특함을 지니고 있는가?
   - 합리성이 분명하게 표현되어 있는가?
   - 간단명료한가?
   - 개인의 비전과 조화를 이루는가?

6. 비전을 만드는 과정은 다음과 같다.

   - 학교의 현재 상황과 미래의 목표 분석하기
   - 비전 초안 작성하기
   - 비전 초안을 구성원들과 공유하고, 피드백 받기
   - 피드백을 반영하여 비전을 수정, 최종 비전 확정하기
   - 비전을 구성원들과 공유하고, 실행 계획 수립하기

7. 비전이 확산되고 공유되어야 구성원들은 학교의 존재 목적과 목표에 대하여 강한 연대감을 갖게 되며 학교의 비전을 자신의 것으로 인식하게 된다.

8. 비전을 공유한다는 것은 조직과 구성원이 일체감을 느끼게 된다는 것이다.

9. 공유 비전을 만들어 내는 방법은 다음과 같다.

   - 개인의 비전 독려하기
   - 개인의 비전 공유하기
   - 비전 확산시키기

03

수평적 회의문화와
권한위임

수평적 회의문화와 권한위임,
왜 필요한가?

───◦──◦──◦───

학교와 개인을 바꾸는 힘, '회의력'

· 회의 결과와 상관없이 학교행사 추진하기
· 제안자에게 모든 책임 돌리기
· 중언부언하기
· 마이크 독점하기
· 말하지 않기

　무수한 회의 속에서 우리가 만나게 되는 '회의를 망치는 방법'들 중 일부이다. 우리는 얼마나 많은 회의 속에서 실패를 경험했고 여전히 회의에 회의감을 가지고 있는가. 이렇게 힘들고 아무도 반기지 않는 회의, 꼭 해야 할까?

　코로나19를 거치면서 학교는 급변하는 시대를 체감하기 시작했다. 예상치 못했던 빠른 변화 속에서 등교 방식부터 원격수업 방안까지 새롭게 결정해야 할 것들이 많았다. 새로운 결정이 어떤 결과를 가져올지 불안했고, 유능한 사람도 결정을 주저하게 되었다. 하지만 어떤 학교들은 여느 때처럼 모여 활발하게 의견을 나누었고, 나눈 의견들을 토대로 하여 가장 적절하다고 판단한 방향으로 의사결정을 내렸다.

> 프로들은 늘 결정을 내린다. 이들은 아주 뛰어난 성공적 행동을 하기 위해 노력하는 가운데 역량, 판단력, 통찰력, 영감, 즉흥적 행동을 갖게 된다. 이들이 결정하는 것은 눈에 보이지 않는다. 이들은 동료들과 팀을 통해서 그리고 동료들과 함께 결정한다. 프로들은 집단적 책임감, 피드백에 대한 개방성, 자발적인 투명성을 가지고 판단하고 결정한다. 이들은 실수로부터 무언가를 배울 수 있다면 그런 실수를 하는 것을 두려워하지 않는다.
>
> - 앤디 하그리브스, 『교직과 교사의 전문적 자본(학교를 바꾸는 힘)』

앤디 하그리브스는 유능한 교사는 동료와의 협력을 통해 판단력, 통찰력, 영감을 얻고, 동료와의 회의에서 결정한 것에 대해 책임감과 자발성을 가지며, 이를 통해 교사 개인의 역량을 키운다고 말한다. '회의력'이 있는 학교는 구성원들을 성장시키고 학교의 변화를 끌어낸다. 그렇다면 회의를 어떻게 의미 있고 효율적인 방식으로 수행할 것인가?

회의 몰입을 높여주는 수평적 회의

회의 안건을 질문형으로 만드는 것은 회의에 대한 참여도를 높이는 효과적인 방법이다. 예를 들어, '수평적 회의 방안'보다는 '수평적 회의를 어떻게 만들까?'라는 질문이 의견을 내기 더 수월하다. 하지만 좋은 질문이라고 할 때 가장 중요한 요건은 질문을 던지는 사람이 신뢰받는 사람이어야 한다는 것이다. 수업에서 학생들이 대답하고 싶어 했던 질문이 늘 좋은 선생님이 던진 질문이었던 것처럼, 회의 진행자가 참석자들을 직위에 상관없이 존중하고 그들의 의견을 귀중하게 여긴다면 회의의 분위기는 크게 달라질 것이다. 이런 환경에서 참석자들은 더 적극적으로 의견을 내고, 활발하게 의견을 교환하면서 아이디어 확산을 경험하고 회의에 몰입하게 된다.

회의 효과성을 높여주는 의사결정

회의의 목적은 의사결정을 통해 결론에 도달하는 것이다. 효과적인 의사결정을 내리기 위해서는 먼저 메타결정Meta Decision Making을 명확히 하는 것이 중요하다. 메타결정이란 본격적인 의사결정을 내리기 전에 어떤 절차나 방법을 사용할지 결정하는 과정이다. 이 과정은 '누가 결정할 것인가?', '무엇을 결정할 것인가?', '어떻게 결정할 것인가?' 라는 세 가지 주요 사항을 포함한다.[1] 이러한 메타결정은 회의 준비단계에서 미리 이루어져야 하며, 메타결정이 완료된 후에는 의사결정권자가 포함한 참석자를 선정하고 회의를 공지해야 한다.

미리 공지한 회의는 참석자가 안건에 대해 고민할 수 있도록 도우며, 대의원 성격의 기획위원회나 T/F 협의체가 작은 단위의 사전회의를 거칠 수 있는 시간을 확보해 준다. 미리 공지한 덕분에 회의에서 안

---

1) 회의다운 회의, 홍국주, 플랜비디자인, 2022.

건에 대한 아이디어 발산이 활발하게 이루어졌지만, 의견수렴의 과정에서 결론에 도달하기 힘들 때가 있다. 사안이 중요하고 까다로울수록 의사결정이 힘들어지는데, 이럴 때일수록 의사결정 기준이 명확해야 한다. 의사결정 기준이란 회의에서 내리고자 하는 결정의 방향에 대한 것으로, 우리 학교가 추구하는 철학이나 비전 또는 안건의 궁극적인 가치를 명료히 하는 것을 뜻한다.

다음은 한국전쟁 이후에 처음으로 개학을 연기했던 코로나19라는 긴급한 위기 상황에서 혼란 없이 온라인 개학을 준비하고, 온라인 교육과정 마련에 활력을 잃지 않았던 학교의 의사결정 사례이다.

명확한 메타결정으로 온라인 개학방안 마련 <예시>

□ **누가 결정할 것인가?**
- 관리자와 부장교사 협의체인 기획위원회에서 결정(최종결정자: 교장)

□ **무엇을 결정할 것인가?**
- 코로나19 상황에서의 원격수업방안
- 온라인 개학 플랫폼 선정

□ **어떻게 결정할 것인가?**
- 우리학교 온라인 개학의 방향 선정을 통해 의사결정의 기준 마련
- 학년별 회의를 거쳐 기획위원회에서 결정

□ 회의 공지 시스템

2월부터 안내한 우리 학교 회의시스템은 매달 반복된다. 회의 안건과 이를 다루게 될 협의체 안내를 정기적으로 실시하여 일상이 된 회의시스템 덕분에 한 번도 다루지 않았던 위기 상황의 안건(온라인 개학방안)에도 아이디어 발산과 수렴의 과정에 혼란이 없었다.

□ 의사결정 기준

온라인 개학 플랫폼을 결정하기 전에 우리 학교가 지향하는 온라인 개학의 방향을 명확하게 메타결정 하였기 때문에 플랫폼 선정이 쉬웠다. 여러 자녀를 둔 학부모의 부담을 줄이고 긴 호흡으로 가자는 기준을 정하는 순간, 다양한 플랫폼보다는 일원화된 방식으로 하되, 학년별 특성에 맞는 자기주도적 학습력이 가능한 플랫폼이 무엇인지 선정하게 되었다. 당시 줌과 같은 플랫폼 선정을 요구받았던 시기였지만, 가정의 부담이 크게 작용한다고 보았기 때문에 이는 점차 추가할 플랫폼으로 남겨두었다. 명확한 온라인 개학의 방향은 이후 등교수업과 원격수업의 방식 선택에도 영향을 미치게 되었다.

의사결정이 이루어지면 회의가 마무리된다. 의사결정이 효과적으로 실행되기 위해서는 '① 무엇을 할 것인가, ② 누가 할 것인가, ③ 언제까지 할 것인가'와 같은 결론이 있어야 한다. 그리고 이를 학교 구성원들에게 공유해야 한다. 회의가 끝나고 공유하는 문서 내용 중 특히 정성을 들여 작성해야 하는 부분은 회의 결론이 명확하게 반영된 실행 계획이다. 실행 계획이 담긴 회의록 공유는 참여자들의 의견이 실제로 반영되는 것을 확인할 수 있는 중요한 과정이다. 특히 그 안건이 구성원으로부터 제안된 것이라면 참여자들은 회의의 효과성을 더 크게 느낄 것이다.

학교의 활력을 높이는
권한위임 Empowerment 과 수평적 회의문화

스몰스쿨제와 같은 형식으로 학년 부장에게 해당 학년의 교육과정 결정 권한을 위임하여 구성원들의 자발성과 책무성을 높이는 학교가 있다. 하지만 학교장이 학년 부장에게 권한을 위임한다 해도 학교장 중심의 의사결정 관성을 깨뜨리기는 쉽지 않다. 사람들의 수동성은 다시 교육과정에 대한 학교장의 결정권에 기대는 '권위의존의 악순환'으로 되돌아가기도 한다.[2] 교사 자신이 결정하고 책임지는 권한 대신 학교장의 결정한 비전과 경영방침을 비판하는 권한만을 누리기도 한다. 하지만 교사들이 의사결정 권한을 위임받기 꺼리는 이유는 그간의 권한위임 방식이 의사결정의 위험부담을 교사에게 전가하고 책임만을 강요하는 기계적 접근이었기 때문은 아니었을까? 진정한 권한위임은 학교 구성원들의 진취적인 정신을 독려하며, 교육과정 운영방식을 신뢰한다는 의미를 갖는다. 이렇게 축적된 신뢰는 교사와 학교의 활력을 높인다.

스몰스쿨 형식의 권한위임으로 학교의 활력 높이기 <예시>

□ 학급운영을 예측할 수 있는 초등학교 신입생 반편성

초등학교 신입생 반편성은 대부분 주소지와 생년월일, 그리고 배려가 필요한 특수교육 대상 학생이 편중되지 않도록 고려한다. 하지만 그것만으로는 신입생들의 상황을 고려한 1학년 교육과정이 어려울 때가 많다. 느린 학습자가 편중되거나 심리·정서적 지원이 필요한 학생이 한 학급에 편중되다 보면 당해연도의 교사와 해당 학급 학생들은 어려움에 처한다.

---

2) 민주적 결정방법론, Sam Kaner 외, 구기욱 역, 쿠퍼북스, 2017.

'신입생들의 학력과 정서를 고려할 수 있는 반편성 어떻게 할 것인가'를 고민하는 1학년 부장은 신입생 예비소집일을 <미리배움터>의 형식으로 운영하여, 반편성의 어려움을 극복할 수 있게 되었다. <미리배움터> 덕분에 학급의 지원이 필요한 학생과 지원 내용을 예측할 수 있었고, 이에 맞는 학급교육과정을 마련할 수 있었다. 무엇보다 예비 신입생들이 학교의 물리적 환경과 교육과정을 미리 경험할 수 있도록 하여 학교 적응을 도와주었다는 효과도 톡톡히 얻을 수 있었다. <미리배움터>를 마치고 돌아가는 아이들의 표정 속에서 보호자들은 기뻐하는 내색을 숨기지 않았고, <미리배움터>를 운영했던 동료교사들 또한 보람을 느꼈다. 새로운 시도에 대한 작은 성공이 서로에게 전해졌다.

□ **학교교육과정으로 확대되는 학년교육과정(초등)**

6학년의 진로프로젝트가 학년교육과정을 넘어서 학교교육과정으로 확대되었다. 자기 이해와 자아 탐색 중심의 6학년 프로젝트를 마무리하면서 전체 학년 대상으로 진로체험부스를 운영했다. 2월에 학년교육과정을 계획할 때는 학년 프로젝트 수준이었지만, 프로젝트를 진행하는 동안 타 학년에게도 전해주고 싶은 내용이 축적되었으며, 이를 전할 수 있는 아이들의 역량도 길러졌기 때문이다. 진로체험부스를 운영한 6학년 아이들과 선생님들의 자아효능감은 더 높아졌으며 이후 다른 교육과정들도 학교 전체 교육과정으로 확대되거나, 학교 밖을 넘어서는 교육과정으로 만들게 되었다. 교육과정 운영에 필요하다면, 학부모 단체나 관리자의 협조를 적극적으로 요청하는 사람은 6학년 교육과정 결정 권한을 위임받은 학년 부장이었다.

교사에게 교육과정의 운영과 결정에 대한 권한을 위임한다는 것은, 교사는 기본적으로 현명하고 올바른 일을 하며 무엇보다 더 나은 교사가 되고 싶은 존재로 인정한다는 것을 의미한다. 제대로 작동하는 권한위임은 서로를 수평적으로 바라보고, 수평적인 의사소통 구조 안에서 활발한 회의 경험이 쌓이면 학교의 수평적 회의문화가 정착될 수 있다. 수평적 회의문화 안에서 서로의 안녕을 묻고, 서로의 다름을 인정하며 최선의 선택을 내리는 과정은 교사의 창의성을 북돋는다. 창의적이어서 반영하는 것이 아니라 반영해서 창의가 만들어지는 반영조직의 선순환은 결국 학교의 역동성을 강화하고 활력을 극대화한다.[3]

---

3) 반영조직, 구기욱, 쿠퍼북스, 2022.

수평적 회의, 어떻게 만들까?

○——○——○

수평적 회의 절차

교사와 학교를 최상의 상태로 끌어올리는 수평적인 회의는 어떻게 만들 수 있을까? 제대로 된 회의를 경험해보지 못했고, 논쟁을 두려워하는 우리가 어렵지 않게 따라갈 수 있는 회의구조와 절차는 어떤 것일까?

다음 수평적 회의 절차는 안건이 발생하는 시점부터 회의 준비, 본회의 진행 그리고 회의 결과가 실행으로 이어지는 전반의 과정을 다룬다. 특히 본회의에 속하는 퍼실리테이션 5step은 구성원들의 온전한 참여, 상호 이해, 포괄적 해법, 공유 책임이라는 핵심 가치를 추구한다. 이는 학교 안의 작은 단위의 회의부터 전교직원회 또는 교육 3주체가 모이는 대규모 회의까지 적용할 수 있다.

수평적 회의 절차

준비하기		진행하기		실행하기
회의 준비 / 회의 안내		안건 협의 / 의사결정		역할 분담 / 추적관리
· 안건수렴 · 안건채택 · 회의 디자인 · 회의 안내	➡	**퍼실리테이션 5step** · 1step 관계 맺기 · 2step 철학과 방향 발제 · 3step 아이디어 발산 · 4step 분석 및 의사결정 · 5step 성찰	➡	· 실행 계획 공유 · 결정사항 추적 관리

회의 준비하기

학교 구성원들이 회의에 진정으로 몰입하길 원한다면, 그들이 논의하고 싶은 주제를 안건으로 제안할 수 있도록 격려해야 한다. 학기 초 학교의 회의시스템을 안내하고 언제든지 안건이 있으면 공유플랫폼에 제안해 달라고 안내하기도 하지만, 회의 안건으로 제안하는 데에는 불편함이 있어도 용기가 필요하다. 교무부장과 같은 회의주관자는 학교 구성원과의 대화를 통해 교육과정 운영이나 학교 업무를 추진하는 방식에서 불편함이 없는지 살피고, 개선안을 찾고 싶은 구성원에게 회의 안건을 제안해달라고 요청할 수 있다. 익명성을 보장받고 싶은 안건도 있음을 유념하고, 무기명 제안이 가능함도 안내한다. 수집한 안건은 유목화해서 정리한 후에 교내 메신저를 통해 안내하고, 누락된 안건은 없는지 확인한다.

- **안건 수렴하기**
  - 공유플랫폼을 통한 회의 안건 제안 (예시자료)
  - 대화를 통한 안건 제안 독려
  - 수렴한 안건 공지
  - 추가 안건 여부 확인
- **안건 채택하기**: 부장협의회를 통한 안건채택
- **회의 디자인하기**: 안건별 협의체 결정

회의 안건 제안			
		제안자:	(무기명 가능)
안건	제안 이유	회의 단위 (기획위원회, 전교직원회의 등)	기타

※ 회의 단위
 1. 동학년 협의(실별 협의) 후 기획위원회
 2. 동학년 협의(실별 협의) 후 교직원회의

　　회의 안건제안서가 접수되면 부장협의회를 통해서 채택 여부를 결정한다. 제안 이유가 학교의 공공성을 해치는 일이 아니라면 버려지는 안건이 없도록 한다. 다만 이번 회의에서 다룰 것인지 보류할 것인지, 다른 회의로 연기할 것인지를 정한다. 또한 안건에 따라 어떤 유형의 회의로 진행할 것인가도 결정한다.

　　학교의 안건은 아이디어 창출, 의사결정, 문제 및 갈등 해결, 정보공유, 실행지원 등 다양하며 안건에 따라 회의유형이 달라진다. 회의유형을 결정한다는 것은 회의에 참석한 구성원들이 무엇에 집중해야 하는지를 명확하게 하는 효과가 있다. 효율적이고 명확한 의사결정을 위해 회의유형을 복합적으로 연결하기도 한다. 한해의 교육과정을 성찰하는 회의의 경우, 연구부장이 올해 교육과정 목표를 구성원에게 전달하고(전달형 회의), 학년별 교육과정 운영 결과를 공유하며(공유형 회의), 문제점을 찾아 토의하는 과정(문제해결형 회의)까지 다양한 유형의 회의 방식을 함께 사용하기도 한다.

회의 진행자는 유형별 회의에서 어떤 상태가 되면 회의를 종결할 것인지를 명확히 하여 효과적인 결론에 도달할 수 있다.

회의의 유형(홍국주, 2022)

회의유형	내용
아이디어 창출형	학교 구성원들의 새로운 생각을 공유하여 더 좋은 아이디어를 만들기 위해 개최
의사결정형	새로운 교육과정이나 정책을 수립하기 위한 최종 의견 조율 및 결정이 필요할 때
정보공유 및 전달형	새로운 학교교육과정이나 정책 관련 정보를 전달하고 그에 대한 구성원들의 질문을 받기 위해 개최
문제(갈등)해결형	학교 안에서 문제(갈등)가 발생했을 때 이에 대한 대책이나 해결을 위해 개최
교사 임면 및 업무분배	학교교육과정의 지속성을 위한 교사 임면 및 업무 목표를 달성하기 위해 책임과 역할을 분배해야 할 때 개최
진척도 확인형	주간 및 월간 단위의 학교교육과정 실행 진전, 이슈를 리더에게 보고하고 질의응답 또는 지원 요청하고자 할 때 개최

안건의 종류에 따라 회의유형을 결정하고 나면, 회의 참석자들을 초대해야 한다. 회의 참석자를 초대한다는 것은 크게는 해당 안건을 다루는 협의체를 선정하는 과정이기도 하다. 학교마다 회의를 위한 협의체는 다양하지만, 보통 다음과 같은 협의체가 존재한다. 매일 아이들과 만나는 교사들은 교육과정을 진행하면서 생기는 정보와 문제를 동학년 협의체나 교과별 교사협의체에서 드러내고 해결하며, 본 협의체안에서 해결하지 못하는 사항의 경우 기획위원회에 안건으로 상정한다. 안건은 모두 미리 고민하거나 소그룹 간의 사전회의가 필요하므로 협의체가 결정되면 해당 협의체의 구성원들에게 안건을 미리 공지하며 회의에 초대한다. 기획위원회에 상정된 안건 중에 제안자의 의견에

동의 또는 반대할 수 있는 참여자, 회의 후 정해진 의사결정 사항을 실제로 이행하는 참여자가 기획위원 외에 존재한다면 그도 회의에 초대해야 한다.

정서행동 진단 검사를 실시하고 난 후 지역 센터의 지원을 받지 못하는 상황이 발생하여 학교 자체 상담프로그램 운영을 제안한 안건의 경우, 학교 자체 상담프로그램의 주체가 될 상담교사의 참석이 필요하다. 또한 제안된 안건이 실행될 경우의 영향력을 검토할 수 있는 제3의 참석자가 있어도 좋다.

회의 현장에 의사결정권자의 참여 여부는 매우 중요하다. 학교장이 회의에 참석하지 않는다면 누군가는 회의 내용을 정리하여 학교장에게 보고해야 하며, 그 보고가 구성원들의 의견을 고스란히 담을 수 있을까 하는 의구심도 지울 수 없다. 그러므로 구성원들의 온전한 참여를 위한다면 의사결정권자도 함께 회의에 참여할 수 있도록 한다.

협의체의 유형 <예시>

협의체	구성	역할
교직원 협의회	전 교직원	교직원 전체에게 영향력을 미치는 문제 해결이나 새로운 정책을 수립하기 위한 협의체
기획위원회	교장, 교감,행정실장, 부장교사 등	학년별 또는 교과별 교사협의체에서 확산된 아이디어나 안건을 공유하여 의사결정하기 위한 협의체
부장협의회	학년 및 업무부장 교사	주도적인 회의 안건 제안 및 회의 안건채택 여부를 결정하기 위한 협의체
동학년 및 교과별 협의회	동학년 및 교과별 교사협의체	목표한 교육과정 수립 여부의 진전사항을 공유하고, 문제 발생 시 해결 방안 논의를 위한 협의체
테스크포스(T/F)	업무담당자 및 소그룹별 담당자	당해연도의 특별집중정책 및 집중문제 해결을 위한 일시적 협의체 (학교 축제 T/F, 공간혁신 T/F 등)

1 step 관계 맺기

회의 밖에서 회의 안으로 안착할 수 있도록 돕는 '관계 맺기' 활동은 '체크인', '아이스 브레이크', '워밍업'이라고도 부른다. 마주 앉은 참석자들이 돌아가며 소감이나 근황을 나누며 긴장했던 마음도 풀고, 나와 타인의 마음 상태를 알아차리며, 모두의 참여라는 규범을 실천하는 효과를 낼 수 있다. 질문에 돌아가며 답하기도 하고, 두 명씩 짝을 이루어 질문을 주고받기도 한다. 조직의 역동을 불러일으킬 필요가 있을 때는 움직임을 동반한 활동으로 진행하기도 한다.

관계 맺기 활동은 참석자들의 표정을 밝게 하고 여기저기 웃음이 번지기도 하며, 박수가 터져 나오기도 한다. 잠깐 서로의 이야기에 귀 기울여 경청하는 동안 놀랍게도 타인에 대한 공감을 넘어서, 나라는 존재를 알아차리게 되기도 한다. '○○선생님이 요즘 아이들의 평가로 속상하시구나!'나 '요즘 내가 재미를 잊고 살고 있었네!'와 같은 알아차림은 현재에 집중과 몰입을 가능하게 해주며, 무엇보다 심리적인 안정감을 선사한다. 짧게라도 1step 관계 맺기를 거친 회의와 그렇지 않은 회의는 분명 다르다. 조직의 긍정적 역동을 만들어 내는 핵심적 요인은 심리적 안정감을 구축하는 것이다.

- [토닥토닥] 카드를 이용하여 요즘 내가 듣고 싶은 말로 자기 소개하기

  "'잠깐 쉬어'라는 말을 듣고 싶은 ○○○입니다."

- 의성어(또는 의태어)를 사용하여 요즘의 나를 표현하기

  "차츰차츰 마라톤 기록이 좋아지고 있어요."

- 숫자 3개로 요즘의 나를 소개하기

  56분, 5/7일, 5일 전

  "평균 출퇴근 시간이 56분이고, 7일 중 5일 운동하고 있고, 개학 5일 전"

- 듣고 싶은 말을 4글자로 나타내고, 스타와 팬 놀이하기

  "개미허리", "감성 충만"

  ① 듣고 싶은 말 4글자를 써서 가슴에 붙인다.

  ② 듣고 싶은 말과 자기 이름을 외치며 돌아다닌다.

  ③ 만난 사람과 가위바위보를 한다.

  ④ 진 사람은 이긴 사람 뒤에서 어깨를 잡고, 이긴 사람이 듣고 싶은 말과 그
     의 이름을 외치며 다닌다.

  ⑤ 모두 한 줄이 될 때까지 ③과 ④의 과정을 반복한다.

2 step **철학과 방향 발제**

3step에서의 아이디어 발산이 활발하게 이루어지기 위한 단계이다. 무엇보다 아이디어 발산의 방향을 명확하게 해주는 단계이기도 하다. '우리 학교의 수평적 회의문화 어떻게 만들 것인가'가 안건이라면 ① 수평적 회의의 의미 설명하기, ② 학교의 의사결정 자본의 중요성 안내하기, ③ 우리 학교 회의 진단하며 회의 키워드 찾기와 같은 활동을 통해 우리 학교가 지향하는 수평적 회의문화 만들기에 대한 아이디어를

활성화할 수 있도록 한다. 회의 안건에 대한 방향과 철학을 학교 안의 구성원이 발제할 수 없는 경우는 외부 강사를 위촉하여 진행할 수도 있다. 철학과 방향 발제가 이루어지지 않는다면 안건에 대한 다양한 시각의 아이디어 발산이 힘들거나, 특정 소수의 이익에 부합하는 아이디어만 나올 위험이 있다. 의사결정이 힘든 회의일수록 명확한 철학과 방향 발제가 구성원 모두를 안건의 본질에 집중하게 한다.

학교의 비전이나 철학을 이 단계에서 공유하는 것도 좋다. 학교 구성원들의 회의하는 방식도 결국은 학교의 비전과 철학 안에서 살아있어야 하기 때문이다.

'수평적 회의문화, 어떻게 만들 것인가' 발제 <예시>

- '회의'하면 연상되는 것
- 수평적 회의의 의미
- 학교의 의사결정자본의 중요성
- 나의 회의력 진단
- 우리 학교 회의문화 진단을 통한 회의에 대한 키워드 찾기 <아래 예시>

  ① 우리 학교는 어떤 유형의 회의를 많이 하는가?
  ② 우리 학교는 어떤 유형의 회의가 필요한가?
  ③ 우리 학교의 회의문화에 해당하는 문항 찾기
  ④ 우리 학교의 회의 절차에 대한 점수 매기기

우리 학교 회의문화 진단을 통한 회의 키워드 찾기 <예시>

□ 회의 유형

	회의 유형	순위(예시)	참여빈도	필요성
1	정보공유 및 전달형 회의	1		
2	이해관계 조정형 회의	3		
3	진척도 확인형 회의(실적, 계획보고,지시중심)	2		
4	문제해결형 회의	5		
5	아이디어 창출형 회의	4		
6	의사결정형 회의	6		

□ 회의문화

	문제점	순위(예시)	체크
1	장황하게 시간만 길어지고 결론 나지 않는 회의	1	
2	무조건 회의부터 하고 보는 회의 지상주의		
3	개인 혹은 몇몇의 독단적인 진행	3	
4	남의 말을 듣지 않고 자기 고집만 세우기		
5	의견에 부정적 비판만 하는 참가자		
6	회의를 위한 자료를 만들어야 하는 것	2	
7	지시, 보고만 있는 형식적인 자리가 되는 것	4	
8	역할을 수행하지 않고 자리만 채우는 현상		
9	회의에서 결정된 사안이라도 실제 반영되지 않는 것		
10	기타 ( )		

□ 회의 과정 진단

	설문 문항	점수
1	회의 실시는 최소 3일 전에 공지되며, 사전 준비가 철저하다.	1 2 3 4 5 6 7
2	회의 공지 시 명확한 아젠다(회의목적과 목표)가 공지된다.	1 2 3 4 5 6 7
3	회의에 꼭 필요한 참석자만을 선별하여 소집한다.	1 2 3 4 5 6 7
4	회의 시작 및 종료 시간을 엄수하여 진행한다.	1 2 3 4 5 6 7
5	회의 진행 시 의견 발언에 부담이 전혀 없다.	1 2 3 4 5 6 7
6	회의 진행은 논점에 맞게 진행된다.	1 2 3 4 5 6 7
7	사전에 목적한 대로 회의 후 결론이 도출된다.	1 2 3 4 5 6 7
8	회의 후 실행 계획이 담긴 회의록을 기록하여 공유한다.	1 2 3 4 5 6 7
9	회의에서 도출된 결정 사항이 추적 관리된다.	1 2 3 4 5 6 7

아이디어 발산

새로운 아이디어는 누군가의 평가를 받는 순간 소멸할 수 있다. 3step 아이디어 발산 단계에서는 비판과 평가와 같은 심판을 4step으로 연기한다. 동의하지 않는 아이디어, 내 눈에는 소용없어 보이는 아이디어, 바보 같은 아이디어도 누군가에게는 상상력을 자극하여 창의적인 아이디어로 변형될 수도 있기 때문이다. 이때 회의를 진행하는 퍼실리테이터는 아이디어에 대한 심판을 연기하고, 질보다 양을 추구할 수 있도록 집단의 사고를 유연하게 이끌어야 한다. 1:1 대화, 소그룹 토의, 다른 그룹으로 이동하기, 박람회와 같은 회의 형태의 변화도 참여자들의 아이디어 발산을 도울 수 있다. 아이디어 발산의 초기 단계에서는 익숙한 대안들이 먼저 나오지만, 온전한 참여를 장려하고 심판을 연기한다면 다양한 관점의 아이디어로 확산될 수 있다.

아이디어 발산(브레인스토밍)의 기본 규칙

* **알렉스 오스본** Alex Osborn **의 브레인스토밍**[4] **기본 규칙**

- 절대적인 비판금지
- 다듬지 않은 거친 아이디어 환영
- 가능한 많은 양의 아이디어 내기
- 타인의 의견에 쌓아 올리기

---

4) 알렉스 오스본(Alex Osborn)은 브레인스토밍이라는 창의성 자극기술을 발명했다. 아이디어 발산을 위해서는 가능한 많은 양의 아이디어를 내야 한다는 것이 브레인스토밍의 기본 규칙이다. 서툰 아이디어를 지적하고 다듬는 순간 아이디어는 소멸하므로 비판과 심판을 다음 단계로 연기하는 것이 중요하다.

아이디어 발산기법

브레인스토밍 brainstorming	안건에 대한 아이디어를 생각나는 대로 적어서 제안하기
브레인라이팅 brainwriting	적은 아이디어를 다른 사람과 교환하여 아이디어를 추가하기를 반복하고 논의하기
역브레인스토밍 revers brainstorming	목적을 뒤집는 질문으로 아이디어 발산하기 아이디어 발산 후에는 원래의 목적에 맞는 질문으로 고치고 발산 아이디어를 정리하여 기술하기
원더링 플립차트 Wandering Flip Chart	벽에 안건을 적은 종이를 붙여놓고 돌아다니며 안건별 해결책을 적으며 아이디어 발산하기
강제 연상법 random Word	안건과 무관한 사물을 강제로 주제와 연결시켜 아이디어를 발산하기
월드카페 Worldcafe	안건에 대한 아이디어를 브레인스토밍하고는 호스트만 남겨놓고 다른 분임원을 맞이하여 아이디어를 추가하며 발산하기

수평적 회의문화 만들기를 위한 아이디어 발산 <예시>

의사결정 방법에는 단독결정, 다수결, 협상, 합의 등이 있다. 빠르게 진행되고 명확한 책임이 따르는 단독결정의 경우 구성원의 의견 반영이 충분하지 않아 참여와 협업을 이끌기 힘들다. 빠르고 명확한 결론에 도달하는 다수결 방법은 의견 교환이 부족할 수 있으며, 승자와 패자가 갈리는 단점이 있지만, 안건이 사소하거나 의견이 나뉘어도 큰 문제가 되지 않을 때 이용할 수 있다. 토의를 통해 해법을 찾아가는 협상은 의견이 양분되어 합의를 이루지 못할 때 사용하며 조직이 양분될 수 있는 단점이 있다. 참여자와 진행자의 의사결정 역량이 필요한 합의는 충분한 논의로 참여자의 실천 의지를 고무시킬 수 있지만 시간이 걸린다는 단점이 있다. 모든 참석자의 관심과 참여가 필요한 사안이라면 합의에 도달할 수 있도록 시간과 노력이 필요하다.

의사결정 방법	장점	단점
단독결정	빠른 결정	구성원의 참여와 협업 어려움
다수결	빠르고 명확한 결정	의견 교환 부족, 승자와 패자
협상	합의에 실패할 경우 활용	조직의 양분화 가능성
합의	충분한 논의와 구성원의 실천 의지 고무	충분한 시간이 필요

아이디어 발산이 활발하게 이루어져서 다양한 관점이 만들어지면 '으르렁 지대groan zone'로 들어가게 된다. 친숙한 의견만을 말하는 지점을 벗어나 다양한 관점을 탐색하는 단계로 넘어가게 되면, 구성원들은 새롭고도 다양한 사고와 자신의 의견을 통합하느라 어려움을 경험하기도 한다. 이렇게 통합적 의사결정의 어려움을 겪는 단계를 '으르렁

지대'라고 한다. [5]

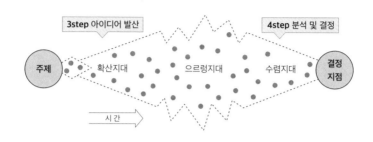

통합적 의사결정을 위한 필수 코스, 으르렁 지대

다르거나 반대되는 아이디어를 이해하는 과정은 유쾌하지만은 않을 수 있다. 같은 말을 반복하고 설명이 투박하며, 방어적이고 때론 화를 내기도 한다. 하지만 '으르렁 지대'의 존재를 인식하는 것만으로도 훌륭한 발걸음이다. 퍼실리테이터인 진행자는 참고 견디기를 지원하며, 서로가 직접 묻고 주의 깊게 대답을 들을 수 있도록 한다.

"…라는 것은 무슨 의미인가요?"

"…에 대하여 좀 더 말씀해주시겠어요?"

"그 제안이 실행된다면 이런 점이 걱정인데, 문제없을까요?"

으르렁 지대는 오히려 모두의 실행을 북돋을 수 있는 대안을 만들도록 돕는다. 싸울 때 투명해진다는 말이 있는 것처럼 발생할 수 있는 문

5) 반영조직, 구기욱, 쿠퍼북스, 2022.

제를 예측할 수 있기 때문이다. 으르렁 지대에서의 아이디어 분석 과정이 지나면 아이디어가 수렴되기 시작한다. 이 단계에서의 목적은 참여적 대안을 목록화하고, 실행으로 이어질 수 있도록 역할담당자와 기한을 지정하는 것이다. 회의 결과 처리를 명확히 해야 결과가 반영되기 쉽다. 회의 후에는 결과를 공유한다. 여기에는 누가 무엇을 언제까지 하겠다는 실행 계획이 함께 담겨 있어야 한다. 실행 계획은 이후 추적 관리하도록 한다.

5 step **성찰**

안건의 목표가 이루어지면 퍼실리테이션 전 과정을 마무리한다. 3F와 같은 성찰 기법을 활용하여 이루어진 회의의 의미를 발견 Findings 하고, 기억에 남는 내용 Facts 을 상기하며, 서로의 느낌 Feelings 을 나눈다. 시간적 여유가 없을 때 하는 '5글자로 오늘의 회의 소감 말하기'와 같은 성찰 서클은 짧은 시간에도 회의의 의미와 서로의 느낌이 연결되는 효과를 가져온다. 회의 진행자에게는 그날의 성과를 정확하게 파악할 수 있는 피드백 자료가 된다.

회의 결과
실행하기

소중한 시간과 노력을 들여 합의에 이른 안건에 대한 회의 결과가 실행으로 옮겨진다면 학교는 어떤 모습일까? 좀 더 나은 선생님, 좀 더 나은 학교를 만들고 싶은 성취 의지가 점점 커지지 않을까? 그런 믿음이 확고하지만, 간혹 회의 결과가 학교에 작동하지 않을 때가 있다. 망각의 존재인 우리는 종종 우리가 하기로 했던 핵심 안건을 까맣게 잊기도 하고, 구체적인 실행으로 옮기는 데에 늑장을 부리다 결국 실행하지 못하게 되기도 한다. 회의 결과가 실행되기 위해서는 학교 구성원들에게 공유되어야 하고, 구체적인 실행 계획을 함께 짜 두어야 한다. 물론 실행 계획이 실천되고 있는지 추적하고 관리하는 것도 잊지 않는다.

[전교직원회의 결과]

- 일시: 20##년 00월 00일
- 안건: 수평적 회의문화 방안
- 대상: ○○학교 교직원
- 회의 내용
  - 회의를 망치는 방안 아이디어 발산 및 공유
  - 분임별 3S(Still, Stop, Start)기법으로 수평적 회의문화 방안 만들기
  - 스티커 투표를 통해 우리 학교의 수평적 회의문화 방안 결정하기
  - 결과 확인하기

- 회의 결과

수평적 회의문화를 위해 유지할 것 (Still)	수평적 회의문화를 위해 멈출 것 (Stop)	수평적 회의문화를 위해 시작할 것 (Start)
· 다과와 관계 맺기 · 서로에 대한 관심 · 다양한 아이디어 격려 · 의사결정권자의 참석 · 퍼실리테이션 회의 · 분임형 자리 · 회의 결과 반영 · 균등한 발언 시간 · 전달형 회의는 메신저	· 자기 의견만 고집하기 · 침묵 · 엄숙(딱딱) · 마이크 독점 · 들러리 · 성급한 결론 · 회의 시간 초과 · 근거 없는 결정 보류	· 회의 결과 회의실 게시 · 우리 학교의 회의원칙 공모 · 시간 관리자 지정 · 관계맺기 활동 담당자 돌아가며 진행

- 실행 계획
  ① 우리학교 회의 원칙 공모: ○월 ○일까지 교무부장에게 제출
  ② 우리학교 회의 원칙 결정: ○월 교직원회의에서 결정
  ③ 0월 교직원회의 관계 맺기 활동 진행 : ○○○, ○○○ 선생님
  ④ 시간 관리자: 회의 종료 시간을 지킬 수 있도록 시간 관리하는 선생님 지정
  ⑤ 회의 결과 추적관리: 교무부장

수평적 회의시스템이
문화가 되기 위해서는

안건의 도출부터 의사결정이 이루어지기까지 학교 구성원들의 온전한 참여가 이루어지도록 힘쓰는 수평적 회의시스템에서 가장 중요한 것은 학교 구성원들에 대해 궁금해하는 마음이 아닐까? 그는 어떤 선생님이 되고 싶은지, 자신이 꿈꾼 대로 가르치고 있는지, 그렇지 못하다면 무엇 때문인지를 궁금해하는 마음이 있다면 모두의 참여를 이끄는 회의가 가능해진다. 하고 싶은 말이 있는데 못하고 있는 것은 아닌지, 목소리를 내기에 적합한 공간인지 살피게 된다. 큰 용기를 내지 않아도 의견을 낼 수 있는 구조가 퍼실리테이션 기법이며, 이것이 가능하게 하는 공간 또한 중요하다. 수평적인 회의는 수평적인 공간 배치에서 이루어질 수 있기 때문이다. 만약 회의 공간에 들어섰는데 교장선생님의 자리가 어디인지 느껴진다면 수평적인 회의 공간 만들기에 실패한 것일 수 있다. 권력의 차이가 느껴지는 공간 배치, 발언자와 청중의 자리가 고착된 공간 배치는 수평적인 참여를 방해하기 때문이다.

학교 구성원들의 참여를 북돋고 최선의 결정을 내리는 과정은 때로 난관에 부딪히기도 한다. 다양한 의견의 충돌이 관계의 충돌로 이어져

서로 상처를 입기도 하고, 때론 성급한 합의로 중요한 것을 놓치기도 한다. 다음은 그라운드 룰이라고도 하는 회의원칙으로 안전하게 자신의 의견을 표현하고, 관계를 지킬 수 있도록 돕기 위해 만들었다. 우리 학교는 어떤 회의 원칙이 있을까? '우리 학교 회의 원칙 만들기' 회의를 해 보는 건 어떨까?

회의 원칙 예시(홍국주, 2020)

* 그 사람은 내가 못 보고 있는 무언가를 보고 있는 것이다.
* 사람들에게 말하지 말고 사람들과 대화하라.
* 모두의 동의를 가장 경계하라.
* 오늘 우리는 사람과 싸우지 않고 의견과 싸울 것이다.
* 참석하는 모든 이들이 가치 있다.

수평적 회의문화와 권한위임

1. 학교의 회의력은 학교를 바꾸는 가장 강력한 힘이다.

2. 수평적 회의구조와 권한위임은 구성원의 자율 의지와 성취를 촉진한다.

3. 수평적 회의시스템이 반복되면 수평적 회의문화가 형성된다.

수평적 회의시스템

준비하기		진행하기		실행하기
회의 준비 / 회의 안내		안건 협의 / 의사결정		역할 분담 / 추적관리
		퍼실리테이션 5step		
· 안건수렴 · 안건채택 · 회의 디자인 · 회의 안내	⇨	· 1step 관계 맺기 · 2step 철학과 방향 발제 · 3step 아이디어 발산 · 4step 분석 및 의사결정 · 5step 성찰	⇨	· 실행 계획 공유 · 결정사항 추적 관리

4. 퍼실리테이션은 온전한 참여, 상호 이해, 포괄적 해법, 공유 책임이라는 4가지 핵심가치를 추구한다.

5. 학교 구성원들과 포괄적인 해법을 찾아가는 퍼실리테이션은 의사결정의 권한 위임과 권한 공유의 효과를 가진다.

6. 안건별로 활발한 의견 교환이 이루어질 수 있는 퍼실리테이션 기법을 활용하여 회의를 디자인한다.

7. 철학이 있는 발제와 명확한 의사결정기준은 급격한 변화와 혼란의 상황에서도 합의에 의한 의사결정을 돕는다.

8. 회의의 마지막에는 성찰과 회의 결과 확인의 과정을 거치며, 실행 계획이 담긴 회의 결과 공유를 통해 실천을 견인한다.

9. 구성원들의 수평적 관계를 촉진하는 회의 공간을 구축한다.

10. 수평적 회의 철학이 담긴 회의원칙을 공유한다.

04

교사의 성장을 이끄는
학습공동체

Ⅱ 팀리더십,
어떻게
만들 것인가?

학습공동체 구축,
왜 필요한가?

교사의 성장과 학교의 변화, 학습공동체

교사는 학생들을 가르치면서 종종 예측할 수 없는 상황과 마주치게 된다. 이러한 불확실성은 교사에게 불안과 스트레스를 준다. 고립된 상황에서 혼자 가르칠 때 그 불안은 더 가중된다. 교사들이 서로 교류하지 않는 고립된 환경에서는 자신의 교육 실천에 대해 피드백 받을 수 있는 기회가 거의 없다. 이러한 고립된 환경이 가르치는 일에서 교사들의 자신감과 자기 효능감을 떨어뜨리는 요인으로 작용하며,[1] 이는 학생들의 학습 상황과 연결된다.

가르치는 상황의 불확실성을 줄이고 교사들의 어려움을 해결하기 위한 가장 좋은 방법은 교사 간 협력이다.[2] 교육활동에서 동료의 조언과 피드백은 더 좋은 교육적 판단의 바탕이 된다. 어려운 일이 있을 때 함께 머리를 맞대고 고민해 주는 동료는 어려움을 극복할 수 있는 용기를 준다. 학생들의 학습 요구를 객관적으로 진단하고 파악하는 일은

---

1) 교직사회-교직과 교사의 삶, Dan C. Lortie, 진동섭 역, 민음사, 2000
2) 교직과 교사의 전문적 자본, Andy Hargreaves & Michael Fullan, 진동섭 역, 교육과학사, 2014

여러 교사의 교육적 경험과 판단이 공유될 때 더 좋은 결과를 보이며, 수업을 설계하는 데 활용할 수 있는 적절한 자료를 준비하는 일도 동료 교사와 함께할 때 더 효과적이다.

무엇보다 교사의 협력은 교사를 성장시킨다. 협력적인 문화가 형성된 학교는 교사들이 수업을 열고 함께 이야기를 나누며 교육활동을 공동으로 계획하고 실행한다. 이러한 협력적인 문화는 교사들의 상호작용을 촉진한다. 교사들은 상호작용의 과정에서 다양한 교육적 아이디어와 풍부한 교육적 경험을 얻고 교육활동에 대한 객관적 인식과 균형감을 갖게 된다. 또 협력의 과정에서 경험하는 동료들의 긍정적인 피드백은 교사들에게 배움에 대해서 열린 태도를 갖게 한다. 문제가 생기면 주저 없이 조언과 도움을 구하는 열린 태도는 교사들이 가르치는 과정에서 자주 마주하는 불확실한 상황을 극복하고 자신감과 효능감을 높인다.

그리고 교사의 협력은 학교의 교육력을 높인다. 연구에 의하면 비슷한 사회적 배경을 지닌 두 학교를 비교했을 때, 학습공동체가 잘 정착된 학교의 학생들이 더 높은 성취를 보인다고 한다. 이 차이의 원인은 교사의 자신감과 각자의 역할에 대한 자기인지인 것으로 드러났다.[3] 학생의 학습에 초점을 두는 교사 간 상호작용이 학습 결과의 차이를 만든다는 것이다. 교사들의 협력이 학교의 변화로 이어지는 것이다.

이처럼 교사들은 협력을 통하여 전문성을 신장하고 학교를 변화시키는 주체로 성장하며, 그 과정에서 리더십을 개발하고 발휘하게 된다. 학습공동체 활동은 무기력하고 고립되었던 교사들이 모여 교사공

---

3) 학교를 개선하는 교사, Michael Fullan & Andy Hargreaves, 최의창 역, 무지개사, 2006

동체에서의 경험과 상호작용을 통해 전문성을 신장하고 정체성을 확립하여 협력과 소통을 기반으로 리더십을 공유하는 과정으로서 의미를 가진다.[4] 학습공동체는 교사들의 협력 문화를 정착시켜 교사의 참여를 강화하고 학교를 변화시키는 역할을 한다.

학습공동체와 팀리더십

조직에서 선수 개인의 기량과 팀의 역량은 비례하는 경우가 많다. 하지만 선수 개개인의 능력보다 훨씬 뛰어난 결과를 내는 팀이 있고, 선수의 합보다 작아지는 팀도 있다. 상호작용의 수준에 따라 조직의 성과는 달라지는데, 학습공동체는 교사의 개인기에 의존하는 교육이 아닌 교사들의 효과적인 상호작용을 통한 교육을 추구한다. 교사들의 협력을 통해 문화와 시스템을 구축하여 학교를 배움의 공간으로 만들고 그 과정에서 만들어지는 교육적 시너지를 활용한다.

2000년대 초 학교 변화 운동을 주도했던 교사들은 교사의 자발성과 교사들의 개별성을 중요하게 생각하였다. 교사에게 주어지는 자율성이 자발성으로 이어져 교육적 열정과 헌신을 끌어내고 그 힘으로 학교가 변화한다고 믿었다. 이들은 교실에서 누구의 간섭도 받지 않고 자율적으로 학급을 운영하는 학급 중심의 교육을 추구하는 경향이 강했다. 교사에게 주어진 자율성은 교실 속의 역동성을 구현하는 데 초점을 두었다. 따라서 학교가 교사 개개인의 개인기에 의존하여 다양한

---

4) 교사공동체 기반 교사리더십 개발과정에 관한 연구, 김성아, 송경오, 한국교원교육연구, 36(3), 153-181, 2019

학급의 색깔을 꽃피우는 경연장이 되기도 하였으나, 교실을 넘어서는 협력이 잘 안되는 어려움도 있었다. [5]

학습공동체는 교사의 개인성에 기반한 교육 위에 교사들의 협력을 더해서 교육의 효과를 높인다. 학생의 성취는 배움의 문화가 형성된 학교에서 더 높게 나타나며, 배움의 문화를 형성하는 일은 모두가 함께 협력할 때 더 효과적이기 때문이다. 교사의 개인성과 협력의 문제는 충돌되는 개념이 아니라 보완의 관계이다. 개인성은 그 자체로서 가치가 있으며, 역동적인 집단 학습을 가능하게 하여 조직의 성장을 가져오는 기반이 된다. 좋은 교육은 협력과 개인성이 조화롭게 조율되면서 이루어지는 것이다.

"급식 시간이 너무 소란스러워요. 어떻게 좋은 방법이 없을까요?"
"올해 체육대회를 어떻게 운영하는 것이 좋을까요?"
"아침 독서 시간 참여를 힘들어하는 학생을 어떻게 지도하면 좋을까요?"

학습공동체가 활성화된 학교는 교사가 학교의 문제에 적극적으로 참여한다. 학교의 교육적 상황을 예리하게 살피고, 문제가 발견되면 협의를 통해 해결 방안을 찾는다.

교사들의 참여가 잘 이루어지는 이유는 서로의 이야기에 귀 기울이며 교육활동에 적극적으로 반영하는 학교문화에 있다. 또 다른 하나는 교육활동 속에서 나타나는 문제를 성공적으로 해결하면서 학생들의 변화하는 모습을 통해 높아진 교사들의 효능감이다. 효능감이 높아진

---

5) 보평초등학교 학교공동체 형성 과정에 관한 연구, 허승대, 건국대학교, 2020

교사는 교육에 대한 헌신도 더 커지고, 자신감 또한 증기헌다.

"매년 독서교육을 해 왔지만 잘 이루어지지 않았는데, 이 학교에서 처음
으로 잘 이루어져요. 학생들을 보면 뿌듯해요."

학습공동체를 통한 교사들의 교육활동은 학생들을 변화시키고, 교
사들은 학생들의 변화를 민감하게 살피며 자신의 교육 실천을 수정해
간다. 개발하고 투입하고 반응하고 수정하는 교육활동의 과정에서 학
생들의 변화는 교사의 보람과 긍지로 이어지며 이러한 일상의 과정을
통해 교사들은 전문가로 성장한다. 높아진 효능감과 전문성은 학교에
서 리더로서 역량을 발휘할 수 있는 기회를 늘린다. 교사전문성은 교
사리더십의 기본 속성이자 요소이며 원천으로, 전문성 없이는 리더십
을 발휘하기 어렵다.[6]

학습공동체는 모든 교사가 리더로서 학교 일에 참여하는 팀리더십
의 학교를 구현하는 핵심적인 방안이다. 팀리더십이 모든 교사가 각자
의 역할에 맞게 자신의 역량을 발현할 수 있도록 하는 데 중점을 둔다
면 학습공동체는 구체적인 실천 속에서 자신의 역할을 발견하고 성장
시키는 학습의 장으로서 그 역할을 한다.

---

6) 한국 교사의 리더십 특성 연구, 정광희, 김갑성, 김병찬, 김태은. 한국교육개발원. 2008

사람들의 생각을 바꾸려면 의사소통의 방법을 바꾸고 새로운 관계를 형성해야 한다. 중요한 것은 능력이나 기술보다 함께 일할 수 있는 여건을 만들고 서로 끈끈하게 이어져 있다고 느끼도록 만드는 것이다. 우리는 안전하다고 느낄 때 활동에 더 집중할 수 있으며 좋은 결과를 만들어 낸다.[7]

학습공동체는 교사들이 어떠한 이야기도 가능한 안전한 관계에서 시작한다. 교사들이 일상적인 교육활동을 나누는 과정에서 서로 도움을 주고받으며 정서적 유대감을 형성해 간다. 교사들이 서로를 개인적으로 보살펴주고 어려움을 들어주는 일을 통해 만들어진 관계는 협력의 기반이 된다.

학습공동체는 이렇게 형성된 교사들의 정서적인 유대감을 교육활동으로 전환하여 교사들이 배우고 가르치는 본질적인 일에 집중할 수 있도록 한다. 교사들은 함께 교육활동을 나누고 실천하면서 서로에게 든든한 동료가 되어가는 것이다.

6학년 선생님들이 모여서 이야기를 나누었다.

"선생님, 경제 수업 어떻게 하세요?"

선생님들은 아이들의 삶과 큰 관계가 없는 경제 원리와 정책 중심의 경제 수업을 어려워했다. 이야기를 나누면서 '얼마나 많이 벌 것인가?'가 아닌 '어떻게 살 것인가?'를 중심에 놓고 함께 경제 수업을 해 보기로

---

7) 최고의 팀은 무엇이 다른가, 데니얼코일 저, 박지훈 역, 웅진지식하우스, 2018

하였다.

선생님들은 경제 수업을 위해 매주 수업을 함께 만들고 틈틈이 책을 돌려 읽었다. 많은 이야기를 통해 돈을 버는 일과 사람답게 사는 일을 비교하는 수업, 국가별 행복 지수, 복지국가를 알아보고, 돈 없이 1주일 살아보기 등 새로운 수업을 만들었다.

반별로 하나의 주제(공정무역, 사회적 기업, 광고 다시 보기, 명품과 짝퉁)를 맡아 수업을 하고 학생들은 여러 반으로 흩어져 주제에 따라 학습한 후 다시 자기 반으로 돌아가 배운 것을 공유하는 교사 혼자서는 할 수 없는 수업 도 하는 경험을 가졌다.

A 초등학교의 학습공동체 운영 모습이다. 경제 수업을 주제로 선생 님들이 두 달 동안 함께 수업을 만들고 공동수업을 진행하였다. 그 시 작은 매주 이루어지는 학습공동체 시간을 통해 수업 이야기를 나누면 서 모든 선생님이 경제단원 수업을 어려워한다는 것을 알게 된 순간이 었다. 교사들은 의기투합하여 함께 수업을 만들어 보기로 하였다.

"솔직히 말하면 경제 수업 전체가 시행착오로 가득했어요. 수업을 준비 하기 위해 모였던 시간, 다양한 아이디어와 계속 움직이는 생각들, 끊임 없는 고민들, 쉽게 정리가 안 되는 수업안…. 그렇지만 그 답답한 시간 이 좋았어요."[8]

수업에 참여한 한 선생님은 혼자서 만드는 수업보다 더 다양한 수업 을 할 수 있다는 장점도 크지만, 선생님들과 함께 이야기를 나누는 과

---

8) 함께하는 즐거움, 수업이야기, 보평초등학교, 2012

정이 더 의미 있는 시간이었다고 말했다.[9] 함께 이야기를 나누면서 스스로를 돌아보게 되고 또 동료 교사로서 서로를 깊게 알 수 있었다는 것이다. 다른 학교에서는 능력 없는 교사로 보일까 봐 옆 반 선생님께 도움을 청하기도 조심스러웠는데, 부족한 자신을 드러내고 함께 해결 방안을 모색하는 과정에서 함께 할 수 있는 동료가 있다는 든든함이 큰 힘이 된다고 하였다.

이처럼 학습공동체는 학교를 배우고 가르치는 본질적인 역할에 집중하는 배움의 공간으로 만드는 일에 가장 큰 의의를 가진다. 지금까지 관행적으로 해오던 일들을 학생들의 학습에 초점을 맞추어 하나하나 바꾸어 가는 학교의 구조적 변화를 만드는 일이다. 그 과정에서 교사들이 배우고 가르치고 연구하고 실천하는 일에 집중할 수 있는 교육의 공간을 만들었다.

학습공동체는 교사들이 학교의 교육 실천을 공동으로 탐구하고 협력적으로 개선하며 집단적 전문성을 개발한다는 것을 의미한다. 이러한 일들을 통해 교사들은 교육의 주체로서 교육과정 운영에 참여하고 리더로서 성장해 간다.

교사들은 학습공동체를 통해 교육활동을 바탕으로 지속적으로 상호작용하며, 주체적인 전문성과 리더십을 발휘한다. 이 과정에서 모든 교사들이 동등하게 전문성을 교환하고 발전시키며, 자연스럽게 리더십을 키우게 된다.

---

9) 보평초등학교 학교공동체 형성 과정에 관한 연구, 허승대, 건국대학교 석사학위논문, 2020

학습공동체,
어떻게 구축할까?

학년 및 교과의 교육과정 팀 조직과 운영

학년이나 교과의 교육과정 조직은 학교 교육활동의 기본 단위로 모든 학교에 조직되어 있다. 하지만 형식적인 조직으로 조직도에만 구성되어 있는 경우가 많고, 설혹 운영된다고 해도 주어진 일을 처리하는 수동적인 조직으로 머물러 있는 경우가 많다.

학습공동체를 활성화하기 위해서는 가장 먼저 학교의 교육과정 조직을 부활시킬 필요가 있다. 교육과정 조직의 역할을 명확히 하여 일상적인 교육활동을 공유하고, 학교의 교육활동을 계획하고 함께 실천하는 조직으로 전환하는 것이다. 운영 형식은 학년이나 교과 단위로 할 수도 있고, 학년과 교과를 함께 운영할 수도 있다. 단, 수업과 학생들을 중심에 두고 움직이는 구조이다 보니 자연스럽게 같은 반에 들어가는 교사끼리 모이는 학년중심 체제가 되었다는 학교의 이야기처럼 학교 교육활동의 방향에 맞는 형식으로 조직을 구성하는 것이 중요하다.

학교는 교육과정 조직이 활기차고 역동적으로 움직이면서 새로운 교육내용을 생산하는 창의적인 조직으로 발전할 수 있도록 설계하고 지원해야 한다. 교육과정 조직이 학교 교육활동에서 중심이 되도록 학교의 문화와 시스템을 바꿔 나가야 한다. 교무회의 등 전체 구성원이 함께 참여하여 학교 변화의 방향을 결정하는 일은 변화의 초기에는 중요하지만, 교육과정 조직이 안정적으로 활동하기 시작하면 이를 지원하는 차원에서 이루어지도록 역할을 조정해야 한다.

가장 먼저 할 일은 교육과정 운영의 권한을 교사에게 돌려주는 것이다. 새로운 교육활동을 설계하고 생산하기 위해서는 교사가 그 권한을 가져야 한다. 다양한 실험이 권장되는 분위기 속에서 시행착오를 통해서 창조적인 결과가 나올 수 있도록 격려하고 지원해야 한다.

다음으로 교육과정 조직 속에서 다양한 교육적 실험이 진행되기 위해서는 교육활동을 중심에 두는 학교의 문화가 필요하다. 실제 학교에서는 교육활동보다 행정적 관행이나 업무 처리 등이 우선시되기도 한다. 다른 무엇보다도 교육활동을 중심에 두려는 문화가 명확하게 설정되고 공유되어야 한다.

또 교육과정 조직이 성과를 내기 위해서는 다양한 실험과 실패가 인정되고 격려되어야 한다. 그러기 위해서는 어떠한 이야기도 할 수 있는 창조적 부동의[10]가 인정되는 학교문화가 필요하다. 교육활동은 다양한 생각과 가치가 부딪히는 과정이다. 서로의 다양한 색깔이 조화롭게 어울릴 때 좋은 그림이 탄생하는 것이다.

이 같은 토대 위에 형성된 교육과정 조직은 공동연구와 공동실천의 학년이나 교과의 학습공동체가 된다. 학교가 학교 안 학습공동체 및 학교 밖 학습공동체를 중심으로 활발하게 상호작용할 때 연구와 실천

---

10) 교직과 교사의 전문적 자본, Andy Hargreaves & Michael Fullan, 진동섭 역, 교육과학사, 2014

의 새로운 학교문화가 형성되고 학교의 역량이 강화된다. [11]

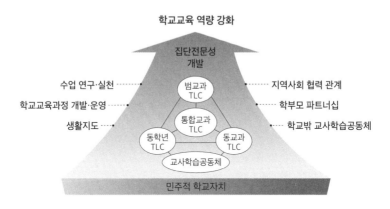

학교교육 역량 강화를 위한 교사 학습공동체의 운영 요건

자율적 교육과정 운영시스템 구축과 운영

7차 교육과정에서는 '국가에서 주어지는 교육과정의 틀에서 벗어나 교육을 실천하는 학교에서 다양하게 만들어가는 교육과정'을 권장하고 교사들이 교육과정을 재구성하여 가르치도록 규정했다. [12] 그러나 그 후 수십 년이 지난 현재에도 학교 현장의 실태를 살펴보면, 대부분의 학교에서 연구부장이 학교교육과정 계획서를 작성하고 이를 기초로 학년부장이 학년교육과정 계획서를 작성하는 구조에 머물고 있는 형국이다. 혁신교육의 확산 과정에서 교육과정 워크숍을 통해 교육과정을 설

---

11) 학교교육 역량 강화를 위한 교사 학습공동체 지원 방안, 박영숙, 한국교육개발원, 2016
12) 국가 교육과정 해설서, 교육부, 1999

계하고 함께 만드는 학교가 늘어났지만 주된 문화는 되지 못하고 있다.

　교육과정의 교사 주도 설계 및 재구성의 정착을 위해서는 단위학교가 교사들의 참여로 이루어지는 자율적 교육과정 운영시스템을 갖출 수 있어야 한다. 자율적 교육과정 운영시스템이란 교사들이 함께 교육과정을 만들고, 학습공동체를 통해 수업으로 운영하고, 교육과정을 평가하는 구조를 갖추는 것을 말한다.

자율적 교육과정 운영시스템

　교육과정의 평가는 학교교육과정 질 관리라는 목표와 함께 구성원들의 협의와 참여로 학교교육의 방향을 공유하고 의지를 모으는 과정이다. 참여의 교육과정은 교사가 중심이 되는 교육과정 평가에서 시작된다. 교사들의 교육과정 평가를 통해 교육과정이 개선될 때 교사들은 교육과정 운영에 적극적으로 참여한다. 교사들은 평가의 자리에서 학교교육의 방향을 다시 살피고 1년 동안 이루어진 교육과정의 운영을 돌이켜보는 시간을 갖는다. 아래 그림은 단위학교에서 교육과정 평가회가 이루어질 때 꼭 살펴야 할 내용이다.

사전협의	학생·학부모 의견수렴	학년 및 학년군 교육과정 평가회
· 평가회 계획서 · 교육과정 설문 방향 · 교육과정 평가회 주제 선정 등	· 학부모 대표와 간담회 · 학생, 학부모 교육과정 설문	· 1년의 교육과정(수업, 생활교육) 성찰 및 평가 · 다음 해 학년교육과정 운영 제안

사후 협의 및 부장 워크숍	학교교육과정 평가회	부장 협의
· 학교교육과정 평가회 결과 정리 · 평가 결과에 따른 학교교육과정 수정 및 운영 방향 협의	· 학년 및 학년군 교육과정 평가회 결과 공유 및 안건 협의	· 학년 및 학년군 교육과정 평가회 및 학부모 간담회 결과 정리 · 학교교육과정 평가회 진행 협의

    평가가 진행되기 전에 부장을 중심으로 교육과정 평가회의 방향과 교육과정 설문 방향을 협의하고 필요에 따라 평가회 T/F를 구성한다. 이후 간담회와 설문을 통하여 학부모 및 학생의 의견을 반영하여 학년교육과정 평가회를 진행한다. 학년 평가회에서는 수업과 학년교육과정, 학생 생활 전반에 관해 이야기를 나눈다. 담당 교사는 학년 평가회의 결과를 모아 쟁점이 되는 사안은 학교교육과정 평가회에서 다룬다. 학교교육과정 평가회가 끝나면 담당 교사가 내용을 정리하고 부장 협의회를 통해 교육과정에 반영할 사안을 정리한다. 이후 새로 구성된 부장 워크숍을 통해 다음 해 이루어질 교육과정의 방향과 학교 중점사항을 논의·정리하여 2월의 교육과정 설계 워크숍에서 공유한다. 이렇게 재구성된 교육과정은 학습공동체를 통하여 수업으로 운영된다.

교육과정 개발은 전년도 운영에 대한 평가를 바탕으로 2월에 워크숍 과정으로 이루어진다. 교육과징 개발은 새로운 생산의 과정이다. 따라서 교사들의 소통과 참여가 매우 중요하다. 왜 해야 하는가에 대한 필요성과 무엇을 어떻게 해야 하는가에 관한 내용을 공유하는 과정은 교사들의 적극적인 소통과 협력을 기반으로 하기 때문이다. 교육과정 워크숍은 학교마다 다양하게 이루어지고 있지만, 공통적인 내용은 다음과 같다.

교육과정 개발 워크숍 운영

학교교육과정 안내 및 공유	평가, 워크숍 과정 안내	생활교육 안내
· 교육과정 안내 및 공유 (학교 비전, 교육 목표, 중점 교육활동, 특색교육 등)	· 전년도 교육과정 평가 후 결과 안내, 공유	· 학교 공동 생활교육 안내 · 생활교육과정 재구성 · 교사 실천 덕목 정하기 등
학년(군) 교육과정 안내	학년(군) 교육과정 작성	공동체 놀이
· 학교교육과정 운영을 위한 학년 교육 목표 및 방향 공유	· 학년(군) 작업 · 학년(군) 교육과정 검토 및 수정	· 소개 및 친교 활동 · 공동체 놀이

수업과 교육과정을 공동으로 운영한다는 말은 학습공동체를 통해 함께 설계한 교육과정을 매주 함께 검토하고 수정하면서 필요에 따라 공동으로 실천한다는 의미이다. 가장 먼저 할 일은 학년(군) 단위의 협의가 매주 진행될 수 있도록 협의 시간을 확보하는 것이다. 다음은 매주 이루어지는 협의 시간이 알차게 진행될 수 있도록 내용을 준비하고 채우는 일이다. 매주 진행되는 교육활동에 따라 다루는 내용은 다르지만, 교사로 살아가는 이야기, 생활교육과 수업 이야기는 매주 이루어져

야 한다. 교육활동에 대한 여러 선생님의 이야기를 듣는 시간을 통해 교사들은 서로를 이해하기도 하고, 교육과정의 안목을 넓히기도 한다. 이러한 공유와 실천의 시간을 통해 교사들은 조금 더 넓어지고 깊어지는 성장의 경험을 갖는다.

매주 이루어지는 학습공동체 시간은 학기 초 설계된 교육과정을 다시 검토하고 구체적으로 수정해 가는 시간이기도 하다. 이 시간에 교사들은 설계된 교육과정을 협의하고 결정해서 시행해 보고 문제가 있으면 다시 수정한다. 함께 협의하고 실천하는 시간을 통해 교사들은 성장한다.

교실을 개방하고 교육 실천을 공유하기

교육과정 조직을 구성하는 것만으로는 교육과정이 협력적으로 운영되지 않는다. 조직의 운영이 교사들의 성장을 자극하고 교육활동에 실질적으로 도움이 되어야 한다. 기계를 부드럽게 움직이기 위해서 윤활유가 필요하듯이 교사들이 마음을 다독이고 열 수 있는 정서적 유대가 형성되어야 한다.

교실을 개방하고 교육 실천을 공유하는 과정에는 리더교사의 노력이 필요하다. 딱딱한 교육과정을 기계적으로 협의하여 운영하게 되면 협의의 과정에서 상처를 입기 쉽다. 교실의 개방과 교육 실천의 과정에서 교사들이 어려워하는 지점은 무엇이고, 조금 더 쉽고 즐겁게 할 수 있는 방법은 무엇인지에 대한 고민 속에서 교사들은 마음을 열고 교실을 연다.

"수업 공개를 너무 어려워하는 거예요. 우선 교실에서 만나서 수다를 떨자고 시작했어요. 그랬는데 자연스럽게 수업 이야기가 나오기 시작했어요."

A 초등학교는 교육활동을 개방하고 공유하기 위하여 교실을 열고, 수다를 떠는 일에서 시작하였다. '교실나들이'를 처음 계획한 리더교사는 조금 더 쉽고 즐겁게 할 수 있는 방법이 무엇일까를 고민하다 교실을 돌면서 이야기를 나누는 방법을 찾았다.

A 초 '교실나들이' 운영

- 주 1회 특정 요일과 시간을 지정하여 동학년 교사를 교실에 초대한다.
- 수업, 학생 생활, 교육과정 운영에 관한 이야기를 나누고 자료와 정보를 교환한다.
- 회의록은 교실 주인인 교사가 돌아가면서 작성한다.

A 초등학교는 이후 교실나들이가 안정적으로 운영되면서 선생님들은 수업을 이야기하기 시작했고, 함께 협력하여 수업을 연구하고 개발하는 일로 이어질 수 있었다.[13]

B 중학교는 개방하고 공유하는 과정을 정착시키기 위해서 먼저 리더교사가 솔선해서 자신의 수업을 열었다. 수업을 열고 교육활동을 공유하면서 교사들이 함께 할 수 있도록 끊임없이 도와주고 변화하도록 기다려주었다.

---

13) 보평초등학교 학교공동체 형성 과정에 관한 연구, 허승대, 건국대학교 석사학위 논문, 2020

"많은 선생님이 자신의 수업에서 본 것과는 다른 학생의 모습에 놀라움을 감추지 못했다. 그리고 왜 자신의 수업에는 그러한지 예컨대, 왜 내 수업에는 입도 떼지 않는지, 자신의 수업을 성찰하기 시작했다.

이 같은 수업 공개와 수업연구회는 교사들로부터 수업 향상에 큰 도움이 되었다는 평을 받았다. 교사들은 수업 교사가 어떻게 수업을 디자인했는지를 보고 많은 것을 배웠다."

리더교사들의 솔선으로 수업 공개에 대한 부담감이 한결 덜어졌고, 동료 교사들로부터 언제든지 도움을 받을 수 있는 문화를 만들었기에 교사들은 하나둘 수업 공개에 참여하였다.[14] 이러한 배움의 경험은 수업 공개와 연구회를 현재까지 지속시키는 힘이 되었다.

이처럼 개방하고 공유하는 방식은 학교에 따라 다르지만, 이 과정에서 학습공동체 활동을 경험한 교사들은 교사로서 성장했다는 자긍심과 교육활동에 대한 불안과 상처를 극복하는 힘을 얻게 되었다. 또 개방하고 공유하는 과정에서 동료 교사에 대한 믿음과 신뢰를 얻게 되었다. 이러한 활동을 통해 함께 하는 즐거움을 경험한 교사들은 이후 수업을 공동으로 연구하고 교육과정을 개발하는 더 높은 형태의 협력에도 능동적으로 나서게 되었다.

---

14) 학교단위 교사학습공동체 운동의 의의와 과제, 서경혜, 교육과학연구, 2019

서로의 차이를 인정하고 규범으로 함께하기

학습공동체를 강조하는 관점에서는 개인주의를 극복하기 위한 교사들의 협력을 중요하게 생각한다. 하지만 개인주의를 제거한다고 해서 모든 사람을 똑같이 만들고 그들을 집단 사고에 빠뜨리고자 하는 것은 아니다. 개인성은 그 자체로서 가치가 있으며, 역동적인 집단 학습과 향상의 원천이기 때문이다. 뛰어난 학습공동체에는 강한 협력과 독특한 개인성이 동시에 함께 움직인다. [15]

이러한 학교의 독특한 특성에 기반하여 서근원(2004)은 학교 공동체 형성에 관한 연구에서 '공동체란 다른 사람들을 이해함으로써 함께 변화해 나가는 관계'라고 정의하였다. [16] '같은 생각을 가지고 있는 사람들'로 공동체를 규정하고 이질성을 배제하는 경우 집단 사고의 문제가 생길 수 있다. 그러므로 신념의 공동체가 아닌 구성원의 상호작용을 통한 변화의 과정이 공동체의 근간을 이루어야 한다는 것이다.

그렇다면 학교 교육활동을 위해 구성원의 차이를 조율하고 통제하는 일은 어떻게 가능한 것일까? A 초등학교는 이 문제를 해결하기 위하여 '규범의 공동체'라는 개념을 사용하고 있다. 교육활동을 조율하고 통제하는 기준은 개인의 도덕적 신념이 아니라 규범이어야 한다는 것이다. 가치, 철학, 신념의 동질성이 아닌 서로 합의한 규범을 만들고 지키는 과정을 통해서 공통성을 확보할 때 학교는 조금 더 너그러워지고 다른 사람을 인정하고 배려할 수 있는 바탕이 된다. 여기에서 규범은

---

15) 교직과 교사의 전문적 자본, Andy Hargreaves & Michael Fullan, 진동섭 역, 교육과학사, 2014
16) 산들초등학교의 교육공동체 형성에 관한 교육인류학적 연구, 서근원, 서울대학교 박사학위 논문, 2004

서로 다른 사람들이 함께 살아갈 수 있는 차이를 포용하는 힘으로 작용한다. [17]

A 초등학교는 구성원이 해야 할 일과 하지 말아야 할 일을 분명히 하고 존중과 배려의 실천 양식을 모든 교사가 함께 실천하였다. 다음은 A 초등학교에서 모든 구성원이 함께 실천하는 규범의 내용이다.

A 초등학교에서 함께 실천하고 있는 규범

학교 교칙 지키기	존중의 관계 맺기	민주적 학급 만들기	위기 학생 및 학급 지원
· 3무 3행 · 경어 사용 · 빈그릇 운동(급식)	· 아침맞이 · 존중의 언어 사용 · 존중과 배려의 　수업(눈맞춤, 경청, 　부드러운 말투와 표정) · 나의 날 운영(학급) · 갈등해결을 위한 대화 · 공동체 놀이	· 소통과 관계 맺기를 중심으로 프로젝트 수업 진행	· 위기 학생 및 학부모 맞춤형 상담(필요시 외부 전문가) · 공동생활지도 · 사안 발생 시 상담교사, 생활부장, 학년군부장, 관리자 협의

A 초등학교 교사들은 규범의 공동체를 잘 만들 수 있었던 가장 중요한 요인을 실천에서 찾았다. A 초등학교 교사들이 가장 중요한 규범으로 생각하는 아침맞이에 대해 처음에는 교사들의 반대가 심했으나 실천하는 과정에서 그 효과를 알게 되어 학교의 규범으로 정착되었다. 이는 비전의 공유 과정에서 생각해야 할 유의미한 내용이다. 마이클 풀란 Michael Fullan [18]도 학교의 비전과 주인의식은 변화를 통해 얻게 되는 결과로 보아야 한다고 하였다.

---

17) 보평초등학교 학교공동체 형성 과정에 관한 연구, 허승대, 건국대학교 석사학위 논문, 2020
18) 학교개혁은 왜 실패하는가, Michael Fullan, 이찬승, 은수진 역, 21세기교육연구소, 2017

학교의 경계 세우기

배움의 공간인 학교는 해야 할 일과 하지 말아야 할 일이 명확해야 한다. 규범이 일관되고 명확할수록 규범의 영향력은 커지며, 구성원들은 규범을 더 잘 지키게 된다. 규범이 명확할 때 학교는 힘이 약한 학생들도 안전하게 생활할 수 있는 평화로운 공동체가 될 수 있다.

학교의 규범은 구성원 모두가 참여하여 함께 만들어야 한다. 학교의 규범은 만드는 것보다 지키는 일이 더 중요하다. 만들어진 규범을 모든 구성원이 지속적으로 실천하면서 함께 내면화하는 과정을 '경계 세우기'라고 한다. 학교는 학생들의 안전을 지키는 울타리로써 학교의 경계를 세우는 일에 노력해야 한다.

> "교사가 지켜야 할 규범도 있고, 학생이 지켜야 할 규범, 학부모가 지켜야 할 규범도 있다. 학교의 규범이 경계이고 상대에 대한 배려이고 공적 인식이다. 그 경계가 또 공동체를 만들어 낸다."

A 초등학교에서는 학교에서 제시된 명확한 기준이 학생들에게 안정감을 주며 소속감과 연결된다고 보고 학교의 경계를 세우는 과정을 매우 중요하게 생각하였다.[19] 다음은 A 초의 3무 3행으로 구성원으로서 해야 할 행동과 하지 말아야 할 행동으로 명확히 구분하였다.

19) 보평초등학교 학교공동체 형성 과정에 관한 연구, 허승대, 건국대학교 석사학위 논문, 2020

교사	· 교사는 어떤 한 경우에도 금품, 물품, 향응을 제공 받아서는 안 됩니다. · 교사는 학생들에게 체벌을 가해서는 안 됩니다. · 교사는 수업 시간을 엄수해야 하며, 수업에 태만해서는 안 됩니다. · 누구에게나 공평하게 대하며, 모두에게 배움이 일어나도록 가르칩니다. · 학생들에게 친절하고 상세한 학습 안내와 안정된 학습 환경을 조성합니다. · 모든 학생이 자신의 능력을 다 할 수 있도록 노력과 지원을 아끼지 않습니다.
학생	· 학생들은 교내에서 휴대폰을 사용하지 않습니다. · 실내에서 뛰거나 소리치지 않습니다. · 학생 폭력, 왕따 등으로 약자를 괴롭히거나, 흉기, 음란물 등을 휴대해서는 안 됩니다. · 교실을 청결히 하고 정리 정돈을 위해 다 함께 노력합니다. · 학생 건강을 지키기 위해 FIC(fast food, instant food, cooling drinks) 추방 운동에 적극 참여합니다. · 물, 전기, 종이 등 자원을 아껴 쓰는 습관을 생활화합니다.
학부모	· 일과 시간에는 외부인은 물론 학부모도 교실을 출입하지 않습니다. · 학급에서는 지정된 급식 외에 음료, 다과를 제공하지 않습니다. · 청소, 미화 등의 목적으로 학급 출입을 하지 않습니다. · 경쟁보다는 협력을 통해 배우도록 격려하고 지원합니다. · 올바른 자녀 교육을 위한 학부모 상담, 학부모 교육 등에 적극적으로 참여합니다. · 학부모 봉사회에 가입해 우리 학교 모든 학생을 위해 봉사합니다.

학교가 구성원에게 안전한 생활공간이 되기 위해서는 다양한 갈등 문제를 협력적으로 해결하는 시스템을 갖추어야 한다. 학교는 다양한 문제가 발생한다. 중요한 것은 문제가 발생하지 않도록 하는 것이 아니라, 발생한 문제를 잘 해결하는 데 있다. 문제의 해결을 사안의 경중에 따라 교사와 관리자가 서로 협력해서 해결하는 절차를 명료하게 만드는 것이다.

C 초등학교는 갈등의 해결을 위한 3단계 과정을 설정하여 모든 교사가 함께 지킬 수 있도록 공유하고 있다. 1단계는 담임교사와 생활담당 교사가 중심이 되어 안전한 학교를 만드는 데 집중한다. 갈등이나 태도의 문제가 발생하면 2단계 과정으로 회복적 상담 및 중재 활동을 통해 문제를 해결한다. 큰 갈등 사안이 발생하면 교장이 적극적으로 소통하고 중재하여 해결하는 3단계 과정을 거친다. 다음은 C 초등학교의 협력적 생활교육 시스템이다.

C 초등학교의 협력적 생활교육 시스템

1단계		2단계		3단계
평화로운 학급공동체 세우기		평화로운 공동체 문제 해결		공동체를 위태롭게 하는 문제 해결
· 생활프로젝트, 경청, 비폭력 대화 · 공동체 놀이, 자존감 수업, 갈등 해결 수업 · 생활 협약, 학급 다모임, 공감 공간	⇒	· 갈등 해결 지원 · 혼자만의 시간 · 내 마음 이해 · 친구 마음 이해 · 공감받기, 교사 중재 · 회복적 서클, 상담	⇒	· 사안 접수 및 사전면담, 사전협의 · 학년 회복적 생활교육 협의회 · 학교 회복적 생활교육 협의회 · 학생생활교육위원회

학교의 공공성을 강화하기 위해서는 학교의 교육적 기준이 높아야 한다. 교사의 열정에 의해서 다양한 교육활동이 만들어질 순 있지만, 그 교육활동을 오래 유지하기 위해서는 제도화된 시스템이 필요하다. 안전한 학교 또한 학교의 규범과 제도화된 시스템으로 안정되게 운영되도록 해야 한다.

공동으로 연구하고 공동으로 실천하기

리틀$^{Angela\ W.\ Little}$은 자신의 연구에서 교사들 사이의 협력을 4가지 유형으로 구분했다.[20] '훑어보기와 이야기하기', '돕기와 보조하기', '나누기(공유하기)', '함께 일하기'이다. 여기에서 '함께 일하기'를 제외한 협력은 교사들 간의 협력이 단발적이거나 기존의 아이디어를 그대로 가져다 쓰는 작업으로 약한 형태의 협동이다. 이와는 달리 '함께 일하기'는 팀티칭, 현장 개선 연구, 동료 코칭, 공동작업 등 교사들의 이해와 상상력의 교환을 통해 새로운 교육활동을 개발하는 과정을 말한다.

대부분의 학교에서 이루어지는 학습공동체는 자신의 교육 실천이 간섭받지 않는 수준에서 협력이 이루어지고 있다. OECD 교수·학습 국제조사^{TALIS}에 따르면, 학습공동체에서의 협력이 실천 수준의 협업, 예컨대 서로의 교육 실천을 공개·공유하는 실천의 탈 사유화나 교육 실천을 공동으로 계획, 실행하는 공동실천의 형태를 띠는 경우는 드물었고, 대부분 교육자료를 나누거나 도움을 주고받는 등의 안일한 협력 수

---

20) 학교를 개선하는 교사, Michael Fullan & Andy Hargreaves, 최의창 역, 무지개사, 2006

준에 그쳤다고 한다.[21]

이 상에서 얘기하고자 하는 공동연구와 공동작업은 리틀의 구분에 따르면 '함께 일하기'로 새로운 형태의 수업을 개발하는 과정을 말한다. 교사의 전문성이 발현되기 위해서는 자율성과 함께 전문성을 강화하는 노력이 필요하듯이 함께 일하기가 이루어지기 위해서는 교사들의 협력이 잘 이루어질 수 있는 여건을 마련해야 한다. A 초등학교 또한 수업을 개발하기 위해서 학습공동체를 지원하는 학교의 노력이 있었으며, 아울러 교사들의 수많은 실험과 시행착오의 과정이 있었다.

학습공동체의 활성화를 위한 A 초의 지원은 다음과 같다. 우선 교사들이 자율적으로 교육과정을 운영할 수 있도록 권한을 교사들에게 돌려주고, 민주적인 협의 문화를 정착시켰다. 교사들이 교육활동에 집중하기 위해 학교를 학년(군) 단위의 조직으로 바꾸어 학년(군) 부장이 교육과정을 실질적으로 운영할 수 있도록 하였으며, 교육과정 운영부장의 역할을 명확히 하여 학년교육과정 운영에 집중할 수 있도록 했다.

교사들의 정서적 유대를 강화하기 위한 노력도 있었다. 멘토 교사를 두어 관계 형성을 위해 노력했으며, 학교의 규범과 생활지도의 공동실천을 통해 동료로서 신뢰를 형성해 갔다. 또 아침 독서, 아침맞이 등 학생들의 변화를 만든 교육활동을 제안하고 실천함으로써 교사들의 교육적 자긍심과 효능감도 높았다.

이러한 학교와 교사들의 노력에도 불구하고 수업 개선은 몇 년 동안 큰 진전이 없었다. 어느 날 한 학년에서 매주 이루어지는 학습공동체의 활동을 통해 수업을 공동으로 설계하고 함께 실천하는 새로운 형태

---

21) 학교중심 교사 학습공동체의 가능성과 한계, 서경혜, 한국교원교육연구, 2019

의 수업이 공개되었다. 그 수업은 참관한 모든 교사에게 좋은 평가를 받았으며, A 초는 그 이후부터 모든 학년에서 이러한 방식의 수업으로 전환하였다. 다음은 A 초의 수업 개발과정이다.[22)]

2학년 교사들은 8월에 공동수업개발을 주제로 수학 과목의 곱셈구구를 논의를 통해 선정하였다. 곱셈구구를 암기 위주로 기계적으로 배우는 경향에 대한 문제의식을 공감하였고, 그 해법으로 곱셈구구의 원리를 깨우치는 데 중점을 두고, 2학년 학생들의 발달 특성에 맞게 놀이를 통해 협력적으로 배우고 원리를 깨우치도록 하자고 의견을 모았다.

먼저 수학 교육과정과 교과서를 분석하였고 수학 놀이 관련 참고 도서를 읽고 놀이 활동에 대한 아이디어를 모았다. 이를 토대로 9월 들어 곱셈구구 단원을 재구성하였고 구체적인 차시 계획을 세웠다. 그리고 놀이 활동을 세밀히 설계하였다. 가르치고자 하는 수학적 원리와 개념, 이를 학습하기 위한 놀이 활동, 놀이 방법 등을 개발하였고, 필요한 교구들을 주문하거나 제작하였다. 학생들에게 말로 놀이 활동을 설명하는 것보다 낫겠다는 생각에 놀이 방법을 보여주는 동영상을 제작하였다.

그리하여 10월부터 수업 계획에 따라 각자의 교실에서 곱셈구구 수업을 시작하였다. 매주 만나서 수업이 어떠하였는지 공유하였고 학생들의 곱셈구구 학습에 도움이 되었는지 함께 성찰하였다. 수정 보완이 필요한 부분은 그때그때 고쳐가며 수업을 진행하였다.

---

22) 학교중심 교사 학습공동체의 가능성과 한계, 서경혜, 한국교원교육연구, 2019

A 초의 수업개발은 12월 중순에 발표회를 가졌는데 8월부터 4개월 동안의 긴 과정을 담은 것이었다. 교사들은 발표회 전에 공동수업개발 과정과 결과물을 정리하여 발표회 담당 교사에게 제출하였고, 담당 교사는 이를 자료집으로 제작하여 전체 교사에게 배포하였다. 발표회는 전체 모임과 분과 모임으로 진행되었는데, 전체 모임에서는 학년별로 진행한 공동수업개발에 대해 각각 10분 정도 발표하고 교사들과 공유하는 시간을 가졌다. 이후 각 학년에서 1명씩 6개 학년의 교사들이 한 팀을 이룬 분과 모임에서 좀 더 심도 있는 논의가 이루어진다.

B 중학교는 A 초와는 달리 수업공개와 수업연구회를 중심으로 학교의 변화를 시작하였다. 독서모임의 교사들로 구성된 리더교사들이 자발적으로 수업을 열고, 수업 공개를 망설이는 교사들을 도와주었다. 교사들이 함께 수업을 설계하고 준비하는 과정에서 서로에 대한 믿음이 생겼으며, 수업 공개와 연구회가 학교의 시스템으로 정착되었다. 또 학생을 중심에 놓고 수업 공개와 연구회를 진행하다 보니 학생들의 생활지도를 교사들이 함께 협력해서 하게 되었고, 교사들이 모여서 협력하다 보니 다른 교사들의 수업에도 관심을 가지게 되었으며, 유사한 수업을 통합하는 교과 통합수업 등 창조적인 개발 활동으로 연결되었다.

A 초등학교의 수업개발과 B 중학교의 제안수업은 매우 다른 형태의 공동작업이다. 하지만 지금까지 교사 개인의 영역에 있던 수업을 모든 교사가 함께 고민하는 공동의 영역으로 끌어올렸다는 데 의미가 있다. 이러한 수업개발 과정은 교사 전문성에 대한 개인주의적 접근의 한계를 넘어 실천 수준의 협업을 통한 집단 수준의 전문성 개발의 가능성을 보여준다는 데 그 의의가 있다.

학습지원 환경 구축하기

교사들이 교육활동에 전념할 수 있는 학습지원 환경을 구축하는 일은 교사들의 역량을 교육활동에 집중하도록 만듦으로써 더욱 질 높은 교육활동을 보장함과 동시에 학교의 지속 가능한 변화를 담보하는 일이다. 학습지원 환경은 학교의 조직을 개선하는 일과 수업을 지원하는 일로 나뉠 수 있다.

학습지원 환경 구축에서 가장 먼저 이루어져야 할 일은 행정 중심의 학교 조직을 교육과정 중심으로 바꾸는 일이다. 교육과정 운영에서 교사들의 자율적 결정 권한을 확대하고, 학습공동체 운영을 통해 교육과정이 운영되도록 해야 한다. 또 권한위임을 통하여 교사 복무와 교육과정 예산 운영 등 결재의 과정을 간소화하고 부장, 교감에 대한 위임전결 사항을 확대한다. 그리고 교무실과 행정실로 나뉜 분업적 교육행정을 지원 행정으로 전환하고 교무실과 행정실을 통합하여 협력적이고 신속한 업무추진이 가능하도록 개선해야 한다.

다음은 팀 단위 교육활동 시스템을 구축하여 협력적인 교육활동이 이루어질 수 있도록 하고, 교사의 전문성을 강화하는 방향으로 인사제도를 개선해야 한다. 팀 조직을 활성화하기 위해서는 교육과정 운영과 재정 운영의 권한을 부여하여 실질적으로 팀 중심의 교육활동이 이루어질 수 있도록 해야 한다. 팀에서의 의사결정은 협의를 통해 이루어지도록 한다. 또 학년별로 전입교사와 신규교사를 지원하는 '멘토교사'를 두어 교사들이 일상생활에서 배려와 협력의 관계를 만들 수 있도록 한다. 교과 전문성을 강화하고 교육과정 운영의 연속성을 갖기 위한 '학년중임제'도 필요하다.

다음으로 학교 교육력을 높이기 위한 예산지원과 교육환경 개선이 이루어져야 한다. 질 높은 학습자료를 확보하고 학습자료가 적시에 투입될 수 있도록 학습지원실을 운영하고 인력을 배치하여 학습자료를 효율적으로 관리할 필요가 있다. 교사 도서비 확충과 교사의 연구 활동 등 전문성 신장을 위한 활동에 예산을 우선 지원하여 교사들의 연구활동이 잘 이루어질 수 있도록 해야 한다.

마지막으로 교실 수업에서 벗어나 다양한 교육활동이 가능하도록 학교 공간을 학습 공간으로 바꾸어야 한다. 학생들의 다양한 교육활동을 위하여 소통하고, 노작하고, 발표하고, 전시할 수 있는 유연하고 통합적인 다목적 공간을 확보하는 것이 중요하다. 또 실외의 공간을 학교 정원이 아닌 관찰 학습장, 생태학습장 등 학생들이 참여하는 학습장으로 전환할 필요가 있다. 교사들이 모여서 연구하고 소통할 수 있는 공간을 마련하는 일도 중요하다. 교사들의 공간을 구성할 때 사무적인 공간보다는 교사들이 자주 올 수 있도록 쾌적하고 안락한 공간으로 만들어 교사들이 오고 싶은 공간으로 만들어야 한다.

교사의 성장을 이끄는 학습공동체

1. 학습공동체는 협력의 문화를 통해 교사들이 배우고 가르치는 일에 집중하도록 한다.

2. 협력은 교사에게 배움에 관한 열린 태도를 만들며, 교사들의 자신감과 효능감을 높여 새로운 도전을 할 수 있도록 이끌며, 교육에 대한 객관적인 인식과 균형감을 갖게 한다.

3. 학습공동체는 모든 교사가 리더로 참여하는 팀리더십을 구현하는 핵심적인 활동이다.

4. 학습공동체를 만들기 위해서는 학교의 교사 조직을 교육과정 중심의 작은 팀 조직으로 만들어야 한다.

5. 교육과정을 함께 설계하고 운영하고 평가하는 자율적 시스템을 통해 학습공동체가 안정적으로 운영될 수 있도록 해야 한다.

6. 학습공동체 정착을 위해서는 교사들이 일상적으로 수업과 교실을 개방하고 교육 실천을 공유하는 문화가 필요하다.

7. 공동체는 서로 합의한 규범을 만들고 지키는 과정을 통해서 서로의 공통성을 확보해야 한다. 존중하고 배려하는 문화는 이러한 과정에서 형성된다.

8. 배움의 공간인 학교는 해야 할 일과 하지 말아야 할 일이 명확해야 한다. 학교의 경계가 분명할 때 학생들이 안전하게 생활할 수 있다.

9. 학습공동체 내에서 교사들이 이해와 상상력을 교환하며 공동으로 연구하고 공동으로 실천하는 단계까지 이를 수 있어야 한다.

10. 교사들이 교육활동에 전념할 수 있도록 학습지원 환경을 구축하는 일은 더욱 질 높은 교육활동을 보장하면서 학교의 지속 가능한 변화를 담보하는 일이다.

05

팀의 갈등 다스리기

갈등 다스리기,
왜 필요한가?

○———○———○

　갈등은 칡덩굴과 등나무가 얽힌 것처럼 서로의 목적이나 이해가 달라 일어나는 대립이나 충돌을 뜻한다. '갈'은 칡을 뜻하며 왼쪽에서 오른쪽으로 감아 올라가고, '등'나무는 오른쪽에서 왼쪽으로 감고 올라간다. 갈등은 그렇게 자연 속에 존재한다.

　학교도 자연의 일부로 수많은 다름과 다름을 만들어가는 구조가 얽혀있다. 교실이라는 단절된 구조, 학년의 분절, 이동이라는 매년 생기는 구성원의 변화, 20대에서 60대의 교사, 나와 다른 성향의 사람과 겪는 불편함, 자주 바뀌는 교장과 교장의 스타일에 따른 '적응-리셋'의 반복, 힘든 노동으로 인한 에너지의 소진, 학부모의 민원, 교사 권위의 약화, 성과급이라는 평가, 승진이라는 경쟁, 정치에 참여할 권리의 부재, 갈수록 힘들어지는 생활지도 등으로 교사는 분리감, 난감함, 두려움, 불안감, 자괴감, 소진, 무력감 등을 경험한다.

　단절, 잦은 변화, 일상적인 경쟁 등은 각자가 가진 문제를 각자가 해결해야 하는 각자도생의 관계로 만든다. 그러니 남의 문제에 마음을 주기 어렵고, 내 문제를 우리의 문제로 인식하기 어렵고, 협력도 낮설다. 각자도생이 기본값이 된 학교에서는 늘 불안하다. 불안 속에서 교사들은 스스로 자기의 이익을 찾아 경쟁해야만 한다. 이러한 경쟁은 갈등의 해결을 가로막게 되고 해결하기 힘든 일상의 갈등 앞에서 교사들은 회피를 선택하고 스스로를 고립시킨다.

경쟁과 고립은 교사를 더욱 힘들게 하고, 지친 교사들은 변화에 소극적일 수밖에 없다. 변화하지 않으면 변화에 적응하기도 어렵다. 변화에 적응하지 못하면 고통은 더 커질 수밖에 없다. 지금 학교는 매우 힘든 상황을 맞이했다. 그 고통에서 살아남기 위해 '경쟁하고 고립을 선택할 것인가?, 아니면 살아남기 위해서 협력하고 서로 연결된 팀이 될 것인가?'라는 모순과 갈등의 기로에 섰다. 그리고 협력을 선택하는 것을 해법으로 여기지만 또 다른 수많은 갈등이 그 선택을 가로막고 있다.

학교에서 발생하는 갈등을 이해관계, 가치관, 니즈(욕구)로 나누고, 그 원인에 따라 사실관계, 상호관계, 구조적 갈등의 여섯 가지 유형으로 분류한 연구도 있다.[1] 하지만 학교에서 살아가다 보면 그 유형이 분리된 것이 아니라 서로 섞여 상호작용을 일으키고 있음을 알게 된다. 욕구가 가치관을 바꾸기도 하고 가치관이 욕구를 바꾸기도 한다. 매우 친하다가도 가치관이 다름을 확인하는 순간 상호관계가 바뀌기도 한다. 구조에 따라 욕구가 조정되기도 하고 욕구가 구조를 조정하기도 한다. 가치관에 따라 이기적 욕구를 포기하기도 하며, 사실이나 정보는 욕구에 따라 다르게 해석되기도 한다. 현상을 여섯 가지의 유형으로 나누어 보았지만, 다시 그 관계를 살펴보면 떨어진 문제가 아니라 모두 연결된 문제임을 알 수 있다.

한편으론 '문제의 성격에 따른 갈등의 여섯 가지 유형'은 욕구를 가지

---

1) 서울시 교육현장 갈등유형별 효과적 대응 및 시스템 구축방안 연구, 강영진 외, 서울특별시교육연구정보원, 2018

고 살아가는 삶, 사회적 존재로서 서로의 관계와 구조 속에서 함께 살아가는 한 우리는 갈등에서 벗어날 수 없음을 말하는 것이기도 하다.

김장균은 이러한 갈등 유형에 따른 갈등 해결 방법을 다음과 같이 정리했다.[2]

갈등 유형에 따른 해결 방법 (김장균, 2022)

갈등 유형	갈등 원인	해결 방법
이해관계	연수 기회, 업무 분장, 포상 등에서 발생, 분배의 문제 등	· 양보나 타협, 절차와 방법 협의, 선행사례, 선행연구, 원칙 세우기 등
가치관	이념, 세계관, 신념 체계, 종교문화, 교육적 의미 등	· 양보나 타협 어려움, 문제의 재구성(목표, 관심사, 욕구에 초점)을 통한 상생적 결과 도모 · 화이부동(和而不同) - 관용, 평화적 공존, '불일치의 영역' 존중 · 존이구동(尊異求同) - 상위의 가치 추구, 상호존중, 공동선 등
욕구 (니즈)	생물학적 욕구, 안전, 정체성, 자기 결정권 등	· 기본적 욕구는 반드시 충족되어야 함. 타협이 어려움 · 상생적 해결책을 찾는 것이 중요함. 욕구의 억압과 침해 해소 방안 · 참여적 의사결정 방법 활용 등
사실관계	사안의 불명확성, 사실에 대한 서로 다른 입장 등	· 상호 간의 오해, 정보나 자료의 부족, 사실에 대한 해석의 차이에서 기인 · 문제 해결의 절차와 방법 → 조사작업 → 조사 결과 검토, 해석 및 적용
상호관계	상대방에 대한 부정적 감정과 태도, 오해나 편견 등	· 의사소통 방식 개선 · 상호 불공정한 관계 개선 · 분명한 역할-권한-책임
구조적 문제	반복적인 문제 발생, 구조적 문제의 해결이 우선	· 시스템이나 구조를 새롭게 변경하거나 재구성, 조직 구성원이나 부서 간의 권한 및 책임 관계 재조정, 상호 간의 역할 재정립, 상호 관계상의 불공정한 요소 바로잡기 · 원활한 의사소통 구조와 문제 해결 시스템 마련 · 지침, 규정, 법규의 정비 등

---

2) 학교 내 인력구조 다양화에 따른 갈등과 과제, 김장균, 서울특별시 교육청 학생교육원 교육현안보고서, 2022

학교 현장에서는 이러한 갈등을 풀어나가기 위해 유형에 따라 분절적으로 해결 방안을 찾기도 하지만 융합하고 종합히는 방법을 쓰기도 한다. 이해관계의 조절이나 가치관의 차이는 업무지원팀 구성이나 민주적인 회의 체계 마련 등의 구조를 변화시켜 해결하기도 하고, 학교의 학습공동체 형성이나 공동의 실천을 통한 상호관계의 개선을 통해 해결하기도 한다. 이와 같은 과정에서 욕구도 변화한다. 배려받고, 함께하고, 참여하고, 결정하며, 실천을 공유하는 과정에서 교사의 내면도 성장하는 것이다. 개인을 바라보는 이기심에서 전체를 바라보는 공공성으로 나아가게 되는 것이다. 나와 너를 분리해서 보던 관점에서 나와 너를 연결해서 바라보게 되는 철학(가치관)의 변화가 일어나는 것이다. 이와 같이 공동체를 형성한 학교에서는 갈등을 아름답게 살아가려는 인간의 속성이라 바라보며 총체적인 흐름 속에서 해결점을 찾아간다. 갈등을 징검다리 삼아 서로 연결되어 팀이 되고, 팀으로서 함께 조직을 성장시키는 즐거움을 누린다.

갈등 다스리기,
어떻게 할까?

혁신적인 리더교사와 구성원 사이의 갈등 다스리기

확장성 있는 구심점

"뭔 소리고? 교장 또 연수받았나?"
"하이고! 연구부장 또 귀신 씻나락 까먹는 소리 하더라."

학교의 리더가 학교의 변화를 꿈꾸며 낯설거나 새로운 시도를 하면 구성원이 비아냥대는 말이다. 교육청이나 학교 밖 기관에서 연수를 받으며 새로운 영감이나 아이디어를 떠올리게 될 때가 있다. 적게는 한두 시간, 때로는 2박 3일 정도의 연수를 받으며 가슴 뛰는 열망을 가지고 돌아왔지만, 학교에 적용하려면 교장에 막히기도 하고 구성원에게 막히기도 한다.

새로운 도전을 큰 갈등이나 패배감 없이 시도할 방법은 없을까? 'EBS 다큐프라임'[3]에서는 하늘을 바라보는 실험을 한다. 세 사람이 함

---

3) EBS다큐프라임, 인간의 두 얼굴 제1부 상황의 힘, 2014.01.06, EBS 방송국

께 하면 누구도 함부로 할 수 없는 힘이 생기고 상황을 바꾸는 전환점이 된다는 '3의 법칙'에 대한 실험이다. 맨 처음 길거리에서 남자 1명이 하늘을 쳐다본다. 그를 보고도 사람들은 그냥 지나친다. 다시 1명이 더 참여하여 2명이 하늘을 쳐다본다. 여전히 사람들은 힐끗 쳐다볼 뿐 그냥 지나친다. 1명이 더 참여하여 3명이 함께 하늘을 쳐다보자 드디어 지나가던 수많은 사람들이 발걸음을 멈추고 하늘을 쳐다본다. 그 실험을 보고 스탠포드대 심리학과 짐바르도 Philip George Zimbardo 교수는 "3명이 모이면 그때부터 집단이라는 개념이 생깁니다. 그것이 이제 사회적 규범 또는 법칙이 되고 특정한 목적을 갖고 있는 것으로 보입니다. 왜 3명이 같은 행동을 하는지 거기엔 그럴만한 이유가 있을 것이라고 생각하죠."라고 말한다. 3명이 상황을 바꾸는 전환점이 된다는 것이다. 의견을 내고 동의하고 재청까지 있으면 그 의견이 힘을 얻는 것처럼 3명이 '해 보자.'고 할 때 '귀신 씻나락 까먹는 소리'가 '뭔가 있을 것 같아.'라는 호기심과 동기를 불러일으키는 것이다. 다음의 두 가지 이야기는 리더가 의도적으로 '3의 법칙'을 활용하여 성공한 사례이다.

2021년 ○○교육지원청에서는 행복학교네트워크를 운영했다. 모양은 있지만 영혼이 없었다. 형해화되어 그 힘을 발휘할 수 없었다. 지원청은 네트워크의 활력을 위하여 기획과 운영의 권한을 네트워크에 위임했다. 네트워크에서는 학교 대표자 한 명이 모이던 구조를 3명 이상이 모이는 구조로 전환했다. 그리고 내용을 채워가기 시작했다. 모이는 횟수가 늘고 모임의 방법이 다양해졌다. 한 유치원은 3명의 리더가 구성원 전체를 이 모임에 참여시켰다. 이들은 토요일에 연수를 만들어 함께 배움의 시간을 이어갔다. 3명의 모임 이후 학교의 구체적인 변화가 활성화되기 시작했다.

사람은 사회적인 존재이다. 살아남기 위해 무리를 이루어 살아오며 본성 깊이 무리를 지향하는 것이다. 2명까지는 무리로 인식하지 않지만, 3명부터는 무리가 되며 조직이 되는 것이다. 옳고 그름의 문제, 취향의 문제, 가치의 문제, 익숙하지 않음에 대한 두려움 등으로 겪는 갈등은 거부와 외면을 불러온다. 그러나 3명이라는 조직 또는 무리가 형성되는 순간 상황이 마음에 영향을 미치기 시작하는 것이다. 3명은 거부에서 동참으로 넘어가는 극적인 전환점이며 거부라는 갈등에서 협력이라는 동조로 넘어가는 심리적 고갯마루이다. 2명이라는 개인보다 3명이라는 팀이 힘이 센 것이다.

리더십을 발휘하는 리더 그룹

각자도생의 불안함은 이기심을 자극하고 학교는 업무와 학년을 정하는 일부터 어려움과 갈등을 겪는다. 힘든 업무와 힘든 학년은 하지 않으려 하고, 많은 행정 업무를 맡는 업무지원팀도 꾸리기 어렵다. 대부분 업무지원팀이란 이름만 있고 내실이 없는 경우가 많다. 변화를 꿈꾸는 혁신학교에서도 마찬가지로 겪는 과정이다.

서로가 각자의 이익을 위해 경쟁한다고 느끼면 불안해진다. 사람은 불안할 때 사익을 추구하게 된다. 하지만 서로 신뢰하고 존중하는 문화에서는 공익을 생각하게 된다. 공동체 전체의 이익을 위하여 자신이 어느 자리에서 어떤 일을 해야 하는지 찾아가게 되는 것이다. 각자의 이익을 추구하는 학교를 공공성의 학교로 바꾸는 작업은 어디서부터 풀어가야 하는가?

C 초등학교에서는 교육의 변화는 교사의 변화에서 출발한다고 생각했다. 그들은 교사를 '또 하나의 우주'라 표현하며, 교사가 바뀌면 그 순간 온 우주가 바뀐 것이라 표현했다. '사회는 내가 행동하는 대로 바뀐다고 믿는다(에릭 리우·닉 하나우어, 2017).'는 말을 믿었다. 그 변화는 교사로서의 정체성을 알고 그 정체성에 따른 삶의 방식을 이해하는 자각에서 출발한다고 생각했다. 그리고 다음과 같이 교사와 그 삶의 영향을 정리했다. 리더의 리더가 누구인지 선배교사는 누구인지 구체적인 이름을 거론하기도 했다.

리더교사가 되고 나아가 선배교사가 되자는 마음의 준비는 부장그룹의 지향점을 명확히 했다. 그리고 리더가 되어갔다. 그들이 리더가 되자 팔로워가 다시 주체로 서고 또 리더로 성장해 갔다. 리더십의 확산은 팀의 신뢰를 두텁게 했다.

C 초등학교의 교사 정체성 분류

교사의 정체성	삶의 방식	영향
객체 교사	· 대상화된 교사 · 지배·관리·평가의 대상	혁신의 대상
주체 교사	· 자기를 성찰하는 교사 · 철학을 세우고, 철학을 수업에 반영하는 교사	혁신의 주체 형성
리더교사	· 구조를 성찰하는 교사 · 정보를 연결하고 판을 짜는 교사 · 혁신을 위해 구조를 바꾸는 교사	혁신의 시작
리더의 리더	· 조직을 진단하고 미래를 만드는 전략가 · 리더를 기르는 리더	혁신의 지속
선배 교사	· 사람을 성찰하는 교사 · 사람을 존중하고 공경하는 사람	미래

교사는 학교의 관료적인 구조, 국가교육과정의 체계, 평가 시스템, 일상의 경쟁 속에서 대상화된 객체로서의 삶을 살고 있다. 내면의 성장보다는 교과서의 내용을 아이들에게 전달해 주는 지식 전달자의 역할을 부여받았고 또 그렇게 살아왔다. 그 일들을 잘하고 있는지 평가도 받고 있다. 교사의 생각이나 철학은 관심 밖이다. 그러니 교사는 객체로서의 존재에 머물게 되는 것이다.

교사가 스스로 주체가 되기 위해서는 먼저 자기의 철학이 필요하다. 그 철학을 수업에 반영하며 교사는 주체가 된다. 철학이 있는 주체로서의 교사는 지배받지 않는다.

주체로서의 교사가 주도적인 영향력을 발휘하며 리더교사가 된다. 철학을 가지고 구조를 성찰하며 자기가 그 구조를 변화시킬 수 있다고 생각하고 구조를 바꾸는 전략이나 장치를 만들어 간다. 여기서 학교의 변화가 일어나고 사회의 변화를 지향한다. 혁신이 시작되는 것이다.

리더는 꿈을 꾸는 존재이다. 그 꿈은 인간의 선함을 지향하는 세상이다. 그러니 리더는 조직 내에 선한 영향력을 끼치며 헌신적인 자리에 먼저 선다. 지향점을 만들어 함께 갈 방향과 실천의 방안을 마련하고, 갈등을 헌신으로 극복하는 리더의 실천은 조직의 신뢰 기반을 넓힌다. 신뢰 기반이 넓어지며 구성원은 이기심에서 공동체 전체를 성찰하는 공공성으로 나아간다. 당신이 먼저 헌신하라는 요구나 도덕적 압박이 아니라, 여러 사람의 앞선 헌신이 구성원의 마음을 움직인다.

리더의 리더는 리더를 기르는 안목을 가진 사람이다. 모두가 리더가 되도록 학교의 시스템을 짜고 전략을 펴는 사람이다. 리더를 기르는 시스템이 운영되면 학교의 혁신은 지속된다.

선배교사는 사람을 사랑하는 사람이다. 아파하는 사람을 품어주고, 아프지 않은 사람도 다독이며 '저기 기대고 싶은 사람이 있다.'는 믿음을 주는 사람이다.

모두의 리더십

규모가 작은 학교에서는 마음이 잘 맞을 수도 있지만 때로는 구성원의 수가 적어서 한 사람 한 사람의 목소리가 클 수도 있고 또 의견에 따라 편이 갈라져 갈등이 더 첨예해지는 경우도 있다. 일부의 교사나 부장이 학교의 변화를 추동하려 하지만 좌절되는 경우도 허다하다. 작다고 쉬운 것은 결코 아니다. 큰 학교에서는 한 사람이 차지하는 몫이 적어서 한 사람의 목소리는 오히려 가벼울 수 있지만 작은 학교에서는 한 사람이 차지하는 몫이 커서 한 사람 이상의 힘으로 작동하는 것이다.

변화를 요청하며 새로운 길, 낯선 길을 제안할 때 대부분의 교사는 이를 흔쾌히 받아들이기보다는 우선 의심하고 한 걸음 떨어지려 한다. 갈등을 줄이기 위해서는 '가고 싶은 만큼 가는 것이 아니라, 갈 수 있는 만큼 간다.'는 방향과 속도의 조절이 필요하다. 학교교육과정에서의 새로운 길은 혼자 가는 것이 아니라 함께 가는 길이기 때문이다. 누군가의 욕심이나 비전이 아니라 구성원 전체의 필요를 만들어 내는 일이 중요한 것이다. 다음의 사례는 8학급 정도의 작은 학교의 변화를 구성원 모두의 리더십으로 만들어 낸 이야기이다.

갈등이 커져가자 깨달았다. 함께하는 학습이어야 함께하는 실천으로 이어질 수 있다는 것을. 3일간의 공감의 과정을 겪은 사람과 단지 그 결과로서 나온 안을 마주한 사람의 느낌과 생각은 너무나 먼 거리가 있다는 것을. 내용이 아니라 과정을 함께하는 것이 좋은 것이고 중요한 것이었다. 좋은 방법이 아니라 함께 하는 과정이 좋은 방법인 것이다. 한 사람의 성장이 아니라 모두가 성장할 때 나도 성장하는 것이었다. 이번에는 결과를 제안하는 대신 시작을 제안했다.

"선생님, 방학 때 작은학교교육연대 연수가 양평에서 있는데 우리 모두 함께 다녀오면 어떨까요?"

놀랍게도 결과에 대해서는 탐탁하게 여기지 않던 선생님들이 시작을 함께 하자는 제안에는 쉽게 동의했다. 12인승 승용차로 양평으로 가는 5시간 내내 평소에 나누지 못했던 가십거리를 나누었다. 인간적인 거리감이 좁혀지는 시간이었다. 3일간의 연수를 받고 내려오는 5시간은 전문적인 교육 이야기였다.

"연수에서 가장 가슴에 와닿았던 것은 무엇인가요?"
"함께 실천했으면 하는 것은 무엇인가요?"

함께 꿈꾸고 함께 설계하고 함께 실천하고 함께 성공하며 성과는 우리 모두의 것이 되었다. 그리고 우리의 신뢰는 더욱 굳건해졌다.

함께하는 학습은 정보의 차이를 넘어 지식의 공유, 철학의 공감, 실천의 공동 기획, 함께 하는 실천을 이끌어 내고 공동체의 기반을 단단하게 한다.

공동체의 생각을 실천하는 것은 개인적인 삶의 측면에서도 누구의 삶, 누구의 생각, 누구의 철학을 실현하는 것이 아니라 바로 나 자신을 실현하는 것이 된다. 그 과정에서 모두가 학교 변화를 주도하는 리더가 되고 또 그렇게 인식한다. 공동체의 성공은 나의 성공이 되며 함께 만족의 행복을 누리게 된다. 스스로를 대견하게 여기고, 서로를 신뢰하고, 함께 성장함을 느끼고, 서로가 서로를 성장시키는 동력임을 깨달아간다. 그 과정에서 믿음을 넘어 감사함을 맛볼 수 있다. 감사함은 도전과 성공에서 온 신뢰를 더욱 깊게 하고 갈등을 새로움의 창조로 연결시킨다.

구성원 사이의 갈등 다스리기

학교의 정체성 선언하기

두 번째도 세 번째도 처음처럼 시작하는 것은 변화를 주도하는 세력을 지치게 한다. 변화를 만들어온 학교에서도 늘 기존 구성원의 반대와 새로 전입한 교사들의 반대에 직면할 때가 많다. 누군가 반대의 목소리를 크게 내면 잠시 자신을 숨겼던 구성원도 호응하며 학교의 논의를 다시 처음으로 끌어당긴다. 숨었던 갈등이 증폭되며 "학교의 혁신이 이런 건가요?"라는 비아냥과 비난을 쏟아내기도 한다. '로마에 가면 로마법을 따르라.'가 적용되지 않는 것이다. 곧 학교의 문화와 정체성이 자리잡히지 않은 것이다. 다음의 사례는 학교의 문화가 자리 잡히지 않은 상황에서 생긴 첨예한 갈등을 정체성을 확고히 하는 기회로 삼아 갈등을 극복하고 빠른 성장으로 나아간 C 초등학교의 이야기이다.

"저는 행복학교 별 의미 없다 생각합니다. 행복학교를 할지 말지 아예 처음부터 논의했으면 합니다."

여기저기서 행복학교에 대한 반대 의견이 나왔다. 그러자 교장이 일어섰다. 평소보다 조금 더 큰 목소리로 단호하게 말했다.

"우리 학교의 정체성은 분명합니다. 행복학교라는 이름으로 새로운 교육을 향해 나아가는 학교입니다. 그것이 못마땅하거나 이해되지 않으면 학교를 옮겨주십시오. 우리는 새로운 길을 나아가기도 벅찹니다. 방해가 되지 말아주십시오. 우리의 정체성은 분명합니다. 행복학교라는 이름으로 교육의 변화를 만드는 것입니다. 그 길에 동참할 수 없다면 학교를 옮겨주십시오. 우리가 우리의 길을 가도록 도와주십시오."

이후 논쟁의 주제가 바뀌었다. '할까 말까?'가 아니라 '어떻게 성장할 것인가?'가 핵심 질문이 되었다. 정체성이 확고해지는 순간 비전이 명확해지고 갈 길이 확고해졌다. 그러자 성장에 속도가 붙었다. 더 이상 뒤로 끌어당기는 소모적 논쟁은 하지 않게 되었다.

문화란 수많은 경험을 통하여 공동체의 습관이 된 사고 양식이며 행동양식이다. 그런 만큼 강한 구속력을 가지고 있다. 그런데 학교의 변화는 문화를 구축할 만한 경험과 시간을 축적하지 못했다. 문화를 통한 구속력을 가지기가 어렵다는 말이다.

정체성이란 나 또는 우리를 그 무엇으로 인식하는 것이다. 존재의 본질을 설정하는 자기 깨달음이다. 그것은 가치를 지향하는 힘이 된다. 정체성은 비전을 만들며 어떻게 살아가야 하는지 그 행동의 지침이 되기도 한다. 곧 우리의 삶에 많은 영향을 끼치게 된다. 내가 연필이라는 정체성이 있으면 쓰는 일을 받아들이게 되고, 내가 지우개라는 정체성이 있으면 지우는 일을 받아들이게 된다. '나의 존재가 변화를 추구하는 존재'라 인식하면 변화를 추구하고, '우리 학교가 공동체성을 지향하며 협력한다.'라고 인식하면 힘들어도 그렇게 스스로를 변화시켜 간다. 습관이 된 문화도 행동에 영향을 강하게 미치지만 정체성도 행동에 강한 영향을 미친다. 혁신의 문화가 정착되지 않았을 때 정체성을 확고히 하는 일은 조직 내부의 갈등과 개인 내부의 갈등을 줄이는 중요한 일이다.

결과를 모를 때 미리 정하는 약속

민주주의 사회에서 다수결은 갈등 상황에서 어느 한쪽을 선택하거나 결정하는 가장 일반적인 방법이다. 그러나 찬성이 선택되면 반대가 마음이 상하고 반대가 선택되면 찬성이 좌절한다. 무엇을 할지는 정해졌지만, 그 결정이 모두의 결정이 되기는 어렵다. 결정은 되었지만 갈등은 여전히 존재한다는 것이다. 이와 같은 갈등을 최소화하는 방법은 없을까? 다음은 치열한 논쟁과 갈등의 상황을 공동체의 자긍심을 높이는 기회로 삼은 예이다.

C 초등학교 선생님들은 학교에 대한 자긍심이 높았다. 그래서 교육대학교의 실습협력학교를 만들어 후배들을 교육할 필요가 있다고 주장했다. 반대하는 입장도 강했다. 마지막 결정을 하는 전체 회의에서도 찬반 의견은 매우 팽팽했다. 모든 토론이 끝나고 투표를 하기 전 부장교사인 김 교사가 한 가지 제안을 했다.

> "투표는 우리의 안을 정하는 과정입니다. 투표한 결과는 자기의 생각과 다르게 결정되더라도 존중하고 곧 나의 안이라고 받아들여 줘야 한다고 생각합니다. 토론과 투표의 과정은 더 나은 결정을 위한 우리의 자랑스러운 과정이라고 저는 생각합니다. 만약 찬성안이 통과된다면 준비위원회를 꾸릴 것입니다. 그런 경우 반대 입장을 밝힌 사람이라도 그 위원회에서 일해주셔야 합니다. 그 동의를 바탕으로 결정하는 것이 공동체라 생각합니다. 저의 안에 동의합니까?"

> 모두 동의했다. 매우 중요한 제안이었고 공동체성을 잃지 않고 스스로를 자랑스럽게 여길 결정적인 순간이었다. 실습협력학교 신청을 하기로 정해졌고, 준비팀에는 반대하던 사람도 들어와서 열심히 일했다. 반대하던 사람이 찬성측과 협력하여 한 팀이 되었다는 그 사실이 모두를 자랑스럽게 했고 공동체를 또 한 번 단결시켰다.

미국의 정치학자 존 롤스 John Rawls 는 『정의론』에서, "정의를 고민하는 올바른 방법은 원초적으로 평등한 상황에서 어떤 원칙에 동의하겠는가를 묻는 것"이라고 주장한다. C 초등학교에서도 서로의 위치가 무엇인지 정해지지 않은 상태, 무엇이 선택될지 모르는 상황에서 좋은 가치를 제안했고 모두에게 거부감 없이 받아들여졌다. 이긴 자가 제안한 것이 아니라 질지도 모르는 자가 제안한 것이다. 이런 상황에서의 선택이었기에 한쪽의 입장을 옹호하기보다 모두가 존중받는 상황을 추구하는 도덕적이고 가치 지향적인 기준을 만든 것이다. 공동체에 가치를 부여하는 과정에서 내면의 윤리가 발현되고, 자발적인 윤리성의 확보는 주체의 확립에 기여한다. 주체는 자발적으로 평등한 상호관계를 맺으며 공동체에 영향을 미치는 주도자, 즉 리더가 된다.

교장과 구성원 사이의 갈등 다스리기

권한위임과 갈등 해결

부장회의 결과를 교장이 뒤집는 순간 팀은 사라진다. 내 의견, 우리의 의견이 존중되지 않는 순간 창조적인 관계는 사라지고 지시와 순종의 계급사회가 된다. 구기욱은 이런 상황을 '결정자와 실행자를 분리하는 상황이 되면 필연적으로 주종관계가 형성된다. 이것은 또한 성취를 빼앗는 것이 되기도 한다.'라고 말한다.[4] 구성원은 자기의 의지가 꺾이게 되고 자신의 욕구가 좌절됨을 느낀다. 자발성은 사라지고 더 이상 시너지를 기대할 수 없다. 1+1이 2 이상이 되는 시너지를 내는 팀워크도 사라진다.

자발성은 나의 의지가 조직에 반영되고 나의 행위의 결과가 나의 성과라고 느껴질 때 생겨나고 성장한다. 누군가의 고민의 결과를 수행하는 것이 아니라 내가 고민하고 결정에 직접 참여했을 때, 그 어려움을

---

4) 반영조직, 구기욱, 쿠퍼북스, 2022

겪으며 만들어 낸 고통의 결과로서의 결정일 때 자발적 윤리성이 생기고 자발적 실천의지가 강해지는 것이다. 팀리더십으로 시너지를 내기 위해서, 획일적인 사고가 아니라 집단의 지성으로 화이부동(和而不同)의 공동체를 만들기 위해서는 구성원이 직접 결정하게 해야 한다. 무엇을 행할지 스스로 결정하게 해야 한다. 리더는 명령이 아니라 리더십을 발휘해야 한다. 외로운 갈등이 아니라 모두가 함께하는 갈등으로 전환해야 한다. 모두가 함께하는 갈등은 더 이상 갈등이 아니다. 그뿐만 아니라 그것은 도전이고 성장이고 성공이 된다. 다음은 권한의 위임으로 갈등을 성장으로 전환한 C 초등학교의 사례이다.

6시까지 회의를 했지만 결론이 나지 않았다. 부장들은 모두 짜증이 났고 결정하지 못한 채 회의가 끝이 났다. 김 교사는 교장에게 리더의 역할을 해 달라고 요청해야겠다 결심하고 회의 직후 바로 교장실로 갔다.

"회의에서 서로 의견이 팽팽하여 결정하지 못할 때, 그 결정을 내리는 것이 교장의 역할로 알고 있습니다. 왜 마무리 짓지 않았습니까?"

"오늘처럼 부장님들의 의견이 팽팽할 때 교장이 어느 한쪽을 선택하는 것이 바람직하다는 것을 저는 믿을 수 없습니다. 다시 회의를 열어 결정해주세요. 그것이 어떤 결과든 저는 존중하겠습니다."

교장은 결정권을 부장회의로 명확하게 넘겼다. 부장들은 결정을 내려야만 했다. 결국 학년 선생님들의 의견을 더 청취하고 다시 협의해야만 했다. 결정해야만 한다는 주체가 되자 태도가 달라졌다. 스스로 책임을 져야 한다는 상황이 되자 마음이 더 신중해졌다. 그리고 결정을 내렸고 그 결정대로 실행했다.

결정의 권한이 부장그룹으로 넘어오자 부장들은 다시 구성원에게 그 결정권을 넘겼다. 부장의 생각이 아니라 구성원의 생각이 중요해졌다. 학교의 생각이 교장의 생각과 같을 때가 있었고, 학교의 생각이 관리자와 부장들의 생각이라 여길 때도 있었다. 그러나 지금 학교의 생각은 나의 생각이고 우리 모두의 생각이 되었다. 갈등은 누군가가 해결해 줘야 할 남의 책임이 아니라 내가 해결해야 할 나의 책임이 되었다. 힘들지만 우리를 성장시키는 일이 되었다.

이러한 구조에서는 교장 대 부장그룹, 교장 대 구성원의 대립적 관계는 사라진다. 교장 또한 한 구성원으로 그 회의에 참여할 수 있다. 비로소 교장을 포함한 하나의 팀이 탄생하는 것이다.

전략을 쓰는 리더

교장의 심리 상태가 교장과 구성원 사이의 갈등을 만들어내는 원인이 되는 경우가 종종 있다. 구성원 한 사람이 까칠하면 그 관계의 불편함이 영향을 미치는 범위가 좁지만, 최종 결재권을 가진 결정권자가 까칠하면 학교의 모든 일들을 추진하기가 힘들어진다.

교장은 학교에서 가장 큰 권한을 가지고 있으며, 결정 권한을 가지고 있기에 '눈치'를 봐야 하고, '복심'이 무엇인지 살펴봐야 하고, '취향'이 또 무엇인지 정보를 수집해야 일 처리가 원활하다고 생각한다. 교언영색(巧言令色), 말을 꾸며서 듣기 좋게 하고, 얼굴을 꾸며서 보기 좋게 하지만 그것이 신뢰를 쌓는 일은 아니다. 오히려 '환대'가 필요하다. 사람이 사람을 존중하는 마음이 필요하다. 건강한 관계 속에서 마음이 안정된다. 안정되어야 비로소 한 팀이 되어 도전할 수 있다.

학교는 교장을 정점으로 '교사-부장교사-교감 교장'이라는 구조로 이루어져 있다. '교사-교장'은 심리적으로 상당한 거리감이 있다. 그래서 교장실엔 일상적인 이야기와 좋은 이야기보다는 어쩔 수 없이 해야만 하는 일로 찾게 된다. 주로 골치 아픈 이야기들이다. 해결하려다 문제가 커져서 낭패를 당하겠다 싶은 경우, 개인의 이익이 다른 사람의 이익과 상충하여 해결이 필요할 때, 교사가 처리할 수 없는 학생의 문제가 생겼을 때 등 안 좋은 일로 주로 방문한다. 골치 아픈 결정 거리와 나쁜 이야기가 오고 간다. 쉽게 해결할 수 없는 문제 앞에서 사람은 감정의 소모를 겪는다. 그 감정의 소모는 구성원에 대한 불신으로 이어지기도 한다.

교장과 구성원 사이의 거리감을 좁히고 교장 또한 일상적인 소통의 장으로 초대해야 한다. 교장실은 나쁜 이야기뿐만 아니라 즐거운 이야기도 늘 오고 가는 곳이 되어야 한다. 즐거운 이야기는 에너지를 북돋우고 구성원에 대한 믿음을 가지게 한다. 일상의 소통은 권한에 대한 존중뿐만 아니라 사람에 대한 존중감을 키운다. 서로 존중하는 관계는 민주적인 회의문화와 공동체의 학교문화를 형성하는 중요한 기반이 된다. 교장도 학교에서 환대받아야 한다. 그 환대의 기반 위에 민주주의의 팀은 더 강화된다.

누군가는 학교라는 민주주의 정원의 정원사가 되어야 한다. 그 정원사는 사회는 내가 행동하는 대로 바뀐다고 믿는다.[5] 학교를 다듬어가는 정원사는 교장과 구성원 간의 거리감을 좁히며 존중과 민주주의의 팀을 만들어간다. 그 일은 리더십이기도 하며 팔로워십이기도 하다.

---

5) 민주주의 정원, Eric Liu & Nick Hanaue, 김문주 역, 웅진지식하우스, 2017

즉 누구나 할 수 있는 일이다. 다음은 그런 정원사의 역할로 팀워크를 만들어 가는 한 예이다.

신설학교라 교가 가사를 결정해야 하는 시기가 되었다. 교무부장인 박 교사는 교장에게 역할을 부탁했다.

"교장 선생님, 교가 가사는 공모를 거쳐 결정해야 하는 마지막 회의를 남겨두고 있습니다. 지금까진 제가 회의를 진행했지만, 마지막 회의는 교장 선생님께서 진행해 주시고 결론을 만들어주십시오."

교장은 기분 좋게 동의했다. 그리고 회의를 진행하고 교사의 가사를 결정했다.

그냥 교사 회의에서 결정하고 결재만 받아도 될 일이었지만, 뜻깊은 결정에서 오는 성취의 기쁨을 교장에게 돌렸다. 팀의 리더가 존재감을 드러내고 스스로 책임을 다하고 있다고 느끼게 배려했다. '사회적 역할'을 부여하며 환대한 것이다.

다음은 구성원 모두가 공동체에 영향을 끼치도록 역할을 부여하며 팀을 만들어가는 박 교사의 전략을 엿볼 수 있는 사례이다.

박 교사는 매월 한 번 열리는 교직원 회의에서도 안건과 관련하여 교장이 5분 정도 학교교육과정의 철학에 기반하여 지향점을 말하는 순서를 넣었다. 교장의 철학과 교사들의 실천이 맥락을 가지게 했다.

4월 회의에서는 5월 어린이날을 즈음하여 학부모와 함께하는 어린이날 행사 진행 안건을 다루었다.

"선생님들의 의견을 정확히 알아들으며 정리하는 것이 지금 좀 어렵군요. 혹시 저 대신 지금 이 회의를 누가 진행해 주시면 좋겠습니다."

다른 회의에서와 달리 이번 회의에서 박 교사는 좀 지친 듯 보였고, 구성원의 의견에 집중하지 못하는 듯 보였다.

"제가 해 볼게요."

놀랍게도 그 말이 떨어지기가 무섭게 3학년 부장이 앞으로 나갔다. 박 교사보다 더 밝은 표정으로 더 간명하게 회의를 이끌어갔다.

박 교사는 전체 회의를 디자인할 때 구성원들에게 역할을 분담해왔다. 도움반 선생님과 교감 선생님에게는 회의실 탁자 위에 깔 예쁜 보를 구입해서 깔아달라고 요청했고, 각 학년의 선생님들에게는 매월 회의의 음식 준비를 맡겼다. 학교에서 가장 예쁜 화분을 물색해 회의 탁자에 올리기도 했다.

학교 회의엔 구성원이 동원되는 경우가 많다. 심지어 교장도 안건을 모른 채 동원되기도 한다. 그러나 위의 학교에선 미리 안건이 공유되고 회의를 만들어가기 위해 모두가 동참한다. 동원에서 참여로 그 사회적 위치가 전환되었다. 회의의 장이 '환대의 장'이 되도록 팀을 만들고 있다. 얼핏 회의를 축제로 만들어가고 있다는 느낌도 든다. 좋은 분위기로 갈등을 미리 해결하고 심지어는 참여를 넘어 구성원이 리더십을 발휘할 수 있도록 주도권을 넘기기도 했다. 수평적 네트워크의 팀이 되도록, 각자의 역량이 공동체에 영향을 미치도록 세밀하게 전략을 구사하는 것을 볼 수 있다.

진정한 리더는 공동체의 마음을 품어주는 사람이다. 지위의 높고 낮음이 아니라 사람이 살아가는 공동체의 가치를 추구하는 사람이다. 구성원의 심리를 안정시키고 구성원의 강점을 드러내며 자긍심을 높여가는 전략을 다음의 예에서 찾아볼 수 있다.

박 교사는 점심시간이면 종종 교장실에 가서 차를 마신다. 대부분의 교사나 교직원이 싫어하는 일을 박 교사는 즐기는 듯 보였다.

"교장 선생님, 6학년 2반 선생님이 빈 교실을 꾸며놓고 아이들의 상담 장소로 이용하고 있습니다. 한 번 둘러보시고 칭찬 한 번 해주십시오."

"교장 선생님, 요즘 어린이자치회에서 강당 이용 규칙을 정했습니다. 자치회 임원들 칭찬해 주십시오."

"교장 선생님, 제가 강당 체육 물품들을 깔끔하게 정리해 두었습니다. 가셔서 살펴보시고 혹시 창고정리의 더 좋은 방법이 있으면 알려주십시오."

박 교사가 교장실에 방문하는 날은 좋은 이야기가 있는 날이다.

늘 나쁜 일, 골치 아픈 일로 의논하는 장소를 좋은 이야기가 오고 가는 웃음의 장소로 만들었다. 나쁜 이야기가 주로 전달되면 교장도 스스로 책임을 다하지 못하고 있다는 생각을 하게 되고 또 구성원에 대

한 불만도 커진다. 좋은 이야기가 오고 가면 교장의 역할을 잘하고 있다는 메시지로 들린다. 전자에서 욕구 불만을 느끼지만 후자에선 만족감을 느낀다. 중용 26장에서 순임금의 위대함을 말하며 '은악이양선(隱惡而揚善)'을 들었다. '허물은 덮어주고 잘한 것은 드러낸다'라는 말이다. 허물만 너무 말하지 말고 그보다 잘한 점을 하나하나 찾아서 나누는 것이 더 좋은 리더인 것이다.

교사와 교장 사이의 갈등을 예방하고 해결하는 것이 중요하다. 교장이 구성원으로부터 존중받고 교장의 의견이 중요하게 받아들여지는 느낌을 받을 때 학교의 협력구조를 유지할 수 있다. 학교에서는 누구나 리더의 관점으로 바라보고, 나아갈 바를 고민하고, 사람들이 사회적인 자리에 반듯하게 설 수 있도록 배려해야 한다. 그래야 행복하다. 행복한 사람이 더 많이 배려한다.

사람과 사람 사이의 갈등 다스리기

경청과 나 전달법

우리가 일상적으로 짧게 또는 길게 주고받는 말이 소통이 아니라 더 이상 소통하지 말아야겠다는 판단을 내리는 근거가 되기도 하고, 서로에게 상처를 주는 칼날이 되기도 한다. 말은 업무갈등 이전에 관계갈등을 생산한다. 토머스 고든Thomas Gordon은 『교사역할훈련Teacher Effectiveness Training』에서 '소통을 가로막는 12가지 대화법' 예시를 들고 그것을 극복하는 방법으로 '적극적 듣기'와 '나 전달법'을 권하고 있다.

적극적 듣기는 상대방의 느낌에 민감하게 반응하며 말하는 방법이다. 상대방의 구체적인 말과 느낌을 피드백하는 것이다. 이럴 때 발신자는 상대방이 자신을 경청하며 이해하려 애쓰고 있다는 느낌이 들며 자신의 속내를 조금씩 더 드러내게 된다. 소통이 시작되는 것이다.

적극적 듣기

발신자의 마음	부호	수신자의 해석
걱정, 두려움, 부끄러움, 긴장	"꼭 다른 사람 앞에서 발표해야 하나요?"	긴장

< 관계를 개선하는 적극적 듣기, 경청 >

수신자: 다른 사람 앞에서 발표할 것을 생각하니 긴장되시는가 보군요.
　　　　　(내용 반영)　　　　　　　　　　　　(느낌 반영)

'나 전달법 I Message'은 교사의 문제를 해결하는 방법으로 교사의 감정을 중심에 둔다. '소통을 가로막는 12가지 대화법'을 벗어나 나의 감정을 전달하고 책임을 떠넘기기보다는 도움을 요청하는 형식이다. 이 방법에서는 상대방의 구체적인 행동과 그에 따른 구체적인 결과, 그리고 자신이 느끼는 솔직한 감정을 표현한다. 반면 '너 전달법 You Message'은 상대를 책망하는 의사전달법으로 책임을 상대에게 전가한다.

나 전달법 (I Message)

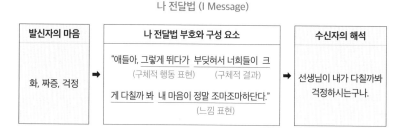

너 전달법 (You Message)

발신자의 마음		너 전달법 부호		수신자의 해석
화, 짜증, 걱정	➡	"몇 번을 말해야 알아듣니? 정말 그따위로 뛰어다닐래?"	➡	선생님이 나를 나쁜 아이라 생각하고, 미워하는구나.

학생들이 뛰어다니는 상황에서 교사가 요구하는 것은 뛰지 않는 것이다. 바람은 같지만 너 전달법은 부정적인 해석을 불러일으켜 갈등을 유발한다. 그러나 나 전달법은 걱정이라는 상대방을 위하는 긍정적인 메시지를 전달하여 관계에 부정적인 영향을 끼치지 않는다.

'적극적 듣기'와 '나 전달법'은 나의 감정을 살피고 너의 감정을 이해하며 서로 존중하고 존중받는 대화의 방법이다. 자칫 말로 빚어질 오해를 극복하고 나와 너의 속마음을 읽어주며 갈등을 넘어 서로를 위로하고 지지하게 된다. 이 대화법은 비폭력대화, 회복적생활교육의 바탕이 되기도 한다. 말은 소통되어야 말이다. 좋은 대화법이 좋은 관계를 만든다.

사람의 유형 분석

'저 사람 왜 저러지?', '어떻게 저렇게 할 수 있지?', '정말 답답해 미치겠군!', '정말 무례하기 짝이 없어.', '어떻게 저렇게 흠을 파? 미치겠다.', '저 따위로 대충 일해버리면 우리는 도대체 어쩌라는 거야?', '사람이 스트레스다. 사람이!'

우리는 공동체에서 사람과 만나며 수많은 갈등을 겪는다. 그러나 사람마다 행동의 양식이나 타고난 기질이 다름을 알고 그 기질에 따른 행동의 유형을 분석하고 보면 '도대체 이해할 수 없는 행위'들이 이해되기 시작한다. '아, 저 사람 이런 유형이구먼. 딱 보니 알겠네.' 오해가 풀리고 어떻게 만나고 대해야 할지 그 방법을 알게 되면 시너지를 내는 긍정적인 관계를 형성해 갈 수 있다.

사람의 심리에 따른 행동양식을 분류한 검사는 다양하게 있다. DISC 유형 분류에서는 사람의 성격을 D(주도형), I(사교형), S(안정형), C(신중형)으로 분류한다. MBTI 유형 분류에서는 외향형(E)과 내향형(I), 감각형(S)과 직관형(N), 사고형(T)과 감정형(F), 판단형(J)과 인식형(P)의 네 가지 척도로 16가지 유형으로 분류한다. ESTJ는 열정적인 중재, INFP는 엄격한 관리자 등으로 부른다. 이 외에도 에니어그램 등 다양한 성격이나 심리의 유형을 구분하는 검사가 있다.

간단하게 4가지 유형으로 나누어 보는 DISC 검사만 해보아도 도저히 이해할 수 없었던 상대방의 행동이 이해되기 시작한다. 그리고 그 사람의 스타일에 따라 나의 행동이나 말을 바꾸어 대할 수 있다. 상처로 다가오던 말과 행동이 그냥 표현 방식이라고 이해된다. 그리고 그 사람의 유형에 따라 어떤 일을 맡기고 어떻게 협력하면 좋을지 등의 전략도 수립할 수 있다. 다름을 이해하면 조화를 만들 수 있다.

갈등 다스려
성장으로 나아가기

○—○—○

갈등과 만나기

교실에서 어쩔 수 없이 만나야만 하는 수많은 갈등에 지친 교사들은 학교 구성원들 사이에 생기는 갈등을 외면하기도 하고, 또 직접 해결하기보다는 부장이나 관리자에게 넘기며 해결해 주기를 기대하기도 한다. 갈등이 생기는 사람을 피해 다른 학년을 선택하고, 더 좋은 방법을 만들어 내기보다는 주어진 엄격한 규칙에 맞추어 사는 소극적인 적응을 선택하기도 한다. 자기가 맡은 업무는 기존의 방법이나 결재받은 서류에 따라 일을 집행해버리기도 한다. 업무담당자나 관리자의 입장에서는 모두가 이야기를 쏟아내는 혼돈의 장을 만들기보다는 위원회나 학교장 중심의 소그룹 회의에서 결정한 것을 통보하고 집행하여 논란의 여지를 피해가기도 한다. 갈등이 두려운 것이다.

갈등을 두려워하면 갈등의 상대와 거리를 좁히기 어렵다. 불편한 관계가 된다. 그렇게 관계가 멀어지면 갈등은 억압된 채 내재된다. 그런 관계에서는 도전할 수 없다. 새로운 길로 나아기기 어렵다. 그러니 그 갈등을 자연스러운 다름으로 인식하고 불편하지만 마주해야 한다. 외면이나 미룸이 아니라 갈등을 공동체의 일부로 받아들여야 한다. 갈등을 삶의 일부로 받아들이면 마음이 조금 잔잔해진다.

그리고 내 마음을 다독여 보자. 두려워하지 말고 갈등을 만나자고 나를 일으켜 세워보자. 갈등은 그 자체로 존재하는 것이 아니라 나와 너 사이에 존재하는 것이니 나와 너의 소통을 통해 해소해 갈 수 있다고 나를 격려해 보자. 그러고도 서로의 의견이 달라 꽉 막혀 풀리지 않을 때, 더 이상 말할 기운조차 없을 때는 다음과 같이 주문 외우듯 말해 보자.

"대화가 끊긴 곳에서 진짜 대화가 시작된다. 우리 다시 이야기하자."

그럼 다시 시작할 수 있는 용기가 생긴다. 말문이 막힐 때, 다시 시작한다. 소통은 그때 필요한 것이다. 갈등을 두려워하지 않으면 다시 갈등을 만나는 일이 가슴을 뛰게도 한다.

거의 모든 학교에서 겪는 가장 큰 갈등 중 하나는 학년과 업무의 배정에 관한 것이다. C 초등학교에서는 그 문제를 끊임없는 대화로 끈질기게 풀어간다. 의논하여 정하고, 정한 것을 실행하고, 또다시 의논하며 수정한다. 매년 되풀이하며 더 많은 사람들이 만족할 수 있는 길을 찾아간다. 다음은 D 교사의 2023년 11월 다모임 후기의 일부이다.

10월에 망한 다모임을 성찰하며, 11월에는 정말 선생님들이 우리 학교 업무 분장이 너무 이상적이고 불편한지, 그냥 다른 학교처럼 명확한 기준을 원하는지 들어보는 것이 필요하다고 생각했다. 각자의 입장이 다를 때가 진짜 '소통'이 이루어질 때이고, 11월 다모임은 무전제로 모두가 터놓고 이야기하고, 듣는 것 자체를 목적으로 두고 준비했다. 물론 여러 선생님들과 학년의 도움을 받아 함께 계획을 하며 이번 다모임이 제대로 될 수 있을지, 혹시 날선 대화가 이어지다가 지나치게 감정적으로 흘러가진 않을지 걱정되었다. 하지만 그건 기우에 불과했다. 선생님들은 어떤 상황이 생겼을 때 이를 직면하고 함께 헤쳐 나갈 수 있는 경험과 의지를 가지고 있기에, '장'만 제대로 만들어주면 되는 것이었다.

어떤 절차나 다양한 기법보다 더 중요한 것이 있다. '당신의 말을 듣고 싶다. 우리가 이야기로 풀어가자.'는 그 마음과 방향이다. 그것이 좋은 방법보다 더 좋은 만족을 만든다. 갈등의 해결 과정에서 자기의 개혁이나 정화가 일어나는 것이다. 갈등을 두려워하지 않으면 갈등의 당사자들과 만날 수 있고, 만나면 해결할 수 있다. 함께 해결해가며 더 강한 팀이 된다.

갈등 활용하기

"이렇게 하면 더 좋았을 텐데.", "이렇게 하면 어떡해?" 이런 아쉬움과 안타까움은 공적인 자리에서 당사자와의 대화가 아니라 뒷자리에서 일어나는 경우가 허다하다. 갈등을 피할 수는 있지만 성장을 마주할 수는 없다. 서로 같을 수 없는 나와 너가 함께 살아가는 공동체에는 반드시 갈등이 있기 마련이다. 여름의 더운 바람이 숲을 풍성하게 하고 겨울의 찬 바람이 나무를 단단하게 하여 숲을 건강하게 하는 것처럼 공동체에서는 서로의 다름과 다름이 만나 일어나는 갈등을 활용하여 새로움을 만들어 나간다. 불편한 논쟁, 익숙하지 않은 다름을 만나며 공동체도 개인도 성장하는 것이다.

대니얼 코일 Daniel Coyle 은 갈등을 피하지 말자며, 오히려 성공적인 팀 문화에서는 갈등을 포용해 팀워크를 단련하는 연료로 쓴다고 했다. 그 방법으로 다음과 같이 네 가지를 제안하고 있다.[6]

❶ 갈등과 긴장을 반기자 : 함께 문제를 해결할 좋은 기회다.

❷ 관계적 갈등과 업무상 갈등을 구분한다 : 관계적 갈등은 대부분 비생산적이나 업무상 갈등은 혁신을 위한 엔진으로 더욱 권장되어야 한다.

❸ 실수를 편히 말하는 분위기를 만들자 : 실수는 일종의 항해 표지로 사용할 수 있다. 실수를 통해 배울 수 있다.

❹ 집단의 핵심 갈등을 활용한다 : 혁신과 전통에 대한 갈등 – 물론 이런 긴장 때문에 정말 힘들 수도 있다. 하지만 난관을 함께 헤쳐 나가면, 팀은 물론 구성원 개개인이 성장하고 성공하는 데 도움이 된다.

---

6) 최고의 팀은 무엇이 다른가, Daniel Coyle, 박지훈·박선령 역, 웅진지식하우스, 2018

다음은 C 초등학교에서 갈등을 만들어 학교 공동체가 살아 움직이게 하는 사례이다. 이 학교의 사례에서 위의 방법이 어떻게 적용되고 있는지, 또 한 구성원이 팀을 단련해 가는 의도적 개입을 살펴볼 수 있다.

김 교사는 그냥 넘어갈 이야기, 합의가 다 되어가는 일에도 다른 의견을 내어서 결론을 내기까지 더 많은 시간을 사용하게 했다. 자신의 의견이 채택되지 않아도 불쾌하게 여기지 않았고, 때로는 자신의 의견이 타당성이 부족했다고 스스로 물러서는 일도 쉽게 해버렸다. 그의 의견은 갑작스럽게 쳐들어온 바람처럼 구성원의 정서적 연대를 깨버리고, 쉬운 결론을 유보하게 만든 다음 당연한 것을 당연하지 않게 만들어버렸다. 구성원은 다시 그들의 생각을 다른 관점에서 검토해야만 했다.

"음, 화장실 화장지의 문제가 학생자치회에서 결정할 문제인가요? 그래도 되는 것인가요?"

이미 교직원 다모임, 학생자치회 회의의 절차를 밟아 끝난 이야기를 뒤늦게 치고 들어왔다. 그 질문 앞에 구성원은 옳은 길이 아니라 편하게 문제를 외면하는 길을 선택한 것을 깨달았다. 그리고 학생자치회와 협력하여 프로젝트 수업을 진행했고, 800여 명의 전교생이 모이는 최초의 전교생 토론회를 열었다.

김 교사는 갈등을 자주 일으키지만, 그가 일으키는 갈등은 관계적 갈등이 아니라 업무와 관련된 것임을 알 수 있다. 쉽게 의견이 모아지면 다른 관점을 제시하여 더 깊이 생각하도록 하고, 검토가 이루어지면 쉽게 자신의 의견을 철회하여 결정을 지지한다. 그리고 학교의 혁신이 세세한 실천의 과정에서 제대로 실행되도록 핵심 질문을 던지고 있다. 서로의 다름을 존중하며 우리의 가치를 찾아가는 존이구동(尊異求同), 획일적이기보다는 다름을 모아 조화롭게 만들어가는 화이부동(和而不同)을 꾀하고 있는 것이다. 획일적인 생각이 아니라 다양한 생각을 조화롭게 하며 공동체의 균형감각을 기르도록 그는 갈등을 적극적으로 활용하고 있는 것이다. 그 과정에서 팀은 함께 토론하고 결정하며 리더십을 발휘하게 된다.

공동체의 이야기

업무와 관련된 갈등이라도 각자의 경험이나 철학과 관련된 믿음이 있는 경우, 그 갈등은 긴 시간 서로를 불편하게 할 수도 있고 해결이 어려울 수도 있다. 하지만 갈등이 깊을수록 깨달음 또한 커진다. 공동체의 이야기는 그 갈등의 해결, 마음 따뜻해지는 의미, 새로운 세상으로 나아감이 있을 때 성립된다. 그 이야기는 전설이나 신화처럼 힘이 있다. 다음은 E 초등학교의 사례이다. 교사의 갈등이 교사의 자부심으로 전환된 이야기이다.

"어린이날 모범어린이 교육감 표창장을 거부합시다."

양 교사의 말에 회의에 참석한 선생님들은 당황했다. 모두가 말하는 토론을 진행했다. 그 누구도 자기의 사상을 감출 수 없게 만들었다. 교사의 철학이 부딪히는 토론이었다. 결과는 부결이었다. 그 토론 후 선생님들의 마음속에는 늘 짐처럼 교육감 표창장에 대한 갈등이 무겁게 남아있었다. 일 년이 지난 다음에도 그 갈등은 다시 불거졌다. 거부에 동의하는 사람이 한둘 늘어나 갈등은 더 첨예해졌다. 그들은 그 갈등에서 벗어나기 위해 아이들이 토론하고 결정하면 그 결과에 따르기로 합의했다.

"인성이는 피리를 잘 불고, 보성이는 마음이 착하고, 지은이는 그림을 잘 그리고, 태현이는 달리기를 잘해요. 모두가 다 모범인데 어떻게 한 사람의 모범어린이를 뽑을 수 있어요? 우리는 모두가 서로에게 모범이에요."

아이들이 스스로 교육감 표창장을 거부해버렸다. 그 결과에는 패자가 없었다. 모두가 승자였다. 그들이 교육한 아이들이 너무나 훌륭해 보였다. 교사들은 가슴이 벅찼다.

E 초등학교는 존재의 새로운 국면으로 이행하는 '확장적 전환'에 도달한 것이다.[7] 교사의 문제라고 여겼던 것이 결국은 학생의 문제였고, 학생들 또한 선한 생각이 있고 그 생각에 경청하고 함께 논의해야 한다는 학교 구조의 새로운 국면을 인식한 것이다.

우리가 있으면 갈등이 있고, 갈등이 있어야 공동체가 성장하며 함께 갈 길이 있다. 그렇게 함께 가는 길이 인생이고 학습이다. 갈등에 의미를 부여하고 갈등에서 성공한 경험을 공동체의 이야기로 기억하면 그 이야기는 길이 된다. 눈치 보며 모순을 외면하는 것이 아니라 질문을 던지며 새로운 모델을 만들어 간다. 그들은 모든 교사가 말하게 했고, 또 모든 학생도 말하게 했다. 공동체의 성공적인 이야기 속에서 학생과 교사 모두가 한 팀이 된다. 함께 세상을 바꾸는 주체가 된다.

---

7) Engeström, Y. (2001), Expansive learning at work: toward an activity theoretical reconceptualization, Journal of Education and Work, 14(1), pp.133~156.

갈등을 다스리는 기술

1. 뜻을 같이 할 세 사람을 만든다. 집단이 되는 최소한의 인원이 3명이다. 개인이 아니라 팀이 이끌 때 더 효과적이다.

2. 회의 전 책을 읽고 자기의 생각을 드러내게 한다. 가치 있는 말들이 만나 우리의 지향점이 된다. 지향점을 향하는 갈등은 가치를 만든다.

3. 모두가 처음부터 함께 작당한다. 누구의 의견을 따를 때보다 나의 의견에 모두가 함께해 줄 때 더 행복하다. 나와 우리의 의견을 같게 하라.

4. 소모적 갈등은 근원을 자른다. 우리의 합의 자체를 부정하는 반대, 앞으로 나아가는 데 뒤에서 잡아당기는 제동이라면 누군가 결단해야 한다.

5. 누구의 이익이 될지 모를 때 정의로운 기준을 미리 세운다. 정의로운 기준을 만들고 시작하면 상처가 없다. 자랑스러울 뿐이다.

6. 당신이 교장이라면 결정권을 부장그룹에 넘기자. 그러면 부장그룹은 그 결정권을 구성원에게 또 넘긴다. 결정하는 사람은 리더십을 발휘한다.

7. 교장이 아니더라도 교장처럼 하자. 리더는 공동체의 이익을 생각하며 전략을 행한다. 그 전략의 핵심은 사람을 존중하는 일이다. 존중은 갈등을 줄이는 가장 큰 미덕이다.

8. 다른 관점의 의견을 내고 검토하길 요청한다. 갈등에 친숙해지고 토론에 익숙해지고 합의에 유연해지는 내면의 힘이 길러진다.

9. 아이들에게 물어보자. 학교는 아이들의 교육이 본질이다. 아이들은 깨달음을 주기도 하고, 내 의견을 내려놓을 좋은 핑계가 되기도 한다.

10. 함께 모여 대화한다. 끝까지 대화한다. 상황을 바꾸거나 나를 바꾸거나 모두를 바꾸거나, 대화는 변화를 만든다.

06

진단과 성찰로 가꾸는
학교조직문화

II 팀리더십,
어떻게
만들 것인가?

학교조직문화의 진단과 성찰,
왜 필요한가?

○─────○─────○

학교의 토양, '학교조직문화'

연말쯤 다른 학교로 전출해야 하는 시기가 오면 많은 교사들은 옮기고자 하는 학교의 속사정에 대해 다양한 경로로 알아보며 그 학교로 갈 것인지 말 것인지를 결정한다. 그 결정의 과정에서 가장 큰 영향을 미치는 것 중 하나는 '그 학교의 관리자는 어떤가, 그 학교의 분위기는 어떠한가.'하는 점이다. 이는 학교의 조직문화는 어떠한가라는 질문과 맞닿아 있다. 학교조직문화의 유형이나 특성에 따라 구성원의 삶이 크게 달라질 수 있음을 익히 알고 있기에, 교사들에게 학교조직문화의 중요성은 매우 클 수밖에 없다.

에드거 샤인 Edgar Schein 은 조직문화를 '한 집단이 외부 환경에 적응하고 내부 문제를 해결하는 과정에서 배우며 함께 가지게 된 기본 가정'이라고 정의한다. [1] 조직문화는 조직 내에서 공유되고 실천되는 가치, 믿음, 행동 패턴 등의 집합으로, 조직 구성원들의 행동과 의사결정에 큰 영향을 준다.

---

1) 기업문화 혁신전략. Edgar Schein. 일빛. 2006

"식물이든 사람이든, 문자적으로든 상징적으로든 무언가를 키워내는 데
는 '토양'이 매우 중요합니다. 조직문화도 그와 같습니다. 어느 토양은
평범한 사람이 위대한 일을 하도록 하고, 범인을 비범한 인재로 변모시
키는가 하면, 어떤 토양은 초롱초롱 빛나던 눈을 고주망태와 같은 상태
로 만들기도 합니다 (김성준, 2019)." [2]

위 비유는 조직에서 문화가 얼마나 중요한 역할을 하는지를 잘 보여
준다. 토양이 식물의 성장과 발달을 결정하듯, 조직문화는 교사와 학
생들이 어떤 방향으로 성장할지를 결정한다.

긍정적인 조직문화는 교사들이 자신의 역할에서 만족감을 느끼고,
더 나아가 교육에 대한 열정을 불태우게 만든다. 반면, 부정적이고 억
압적인 조직문화는 교사들의 스트레스와 불만을 증가시켜 결국 교육
의 질까지 저하시킬 수 있다.

학교조직문화와 팀리더십

학교의 문화는 어떻게 만들어질까? 스티브 그루너트와 토드 휘태커
Steve Gruenert&Todd Whitaker 는 그들의 저서『학교 문화 리더십』에서 다음
과 같이 설명하고 있다.

"한 집단이 오랜 시간 함께할 때, 각자 맡은 역할과 기대가 정해지며 이
는 집단의 균형을 유지하는 데 도움을 준다. 집단은 구성원을 구별하기

---

2) 조직문화 통찰, 김성준, 클라우드나인, 2019

위한 규칙을 만들고, 이를 보상과 제재로 강화하며 안정성을 확보한다. 일상적인 활동과 의식을 통해 예측 가능성과 편안함이 유지되며, 갑작스러운 변화는 대체로 거부된다. 이러한 과정을 통해 집단의 문화가 형성된다.

- 스티브 그루너트, 토드 휘태커

이러한 과정을 통해 집단은 독특한 문화와 규범을 가지게 되며, 구성원들은 그 기준에 맞춰 교류하고 협력하게 된다. 즉, 조직의 문화는 구성원들이 일정한 기대를 충족시키고, 안정적이고 예측 가능한 환경을 유지하려는 노력의 결과물이라고 할 수 있다.

학교의 조직문화는 교육적인 가치와 목표를 중심으로 형성되며 교사와 학생들이 고유의 정체성을 만드는 데 중요한 역할을 한다. 구성원들끼리 소통하고 행동하는 방식뿐 아니라 학교가 목표를 이루는 데도 영향을 주게 되는데 이러한 문화는 학교 운영에 대한 주요한 신념과 기대를 반영하고, 구성원 간의 상호작용 속에서 자연스럽게 드러난다. 이것은 단순한 분위기 이상의 의미를 가지며, 구성원들의 삶의 질과 직업 만족도, 성장 가능성과도 연결된다.

그러나 급격한 환경 변화와 다양한 도전에 대응하여 성장과 발전을 가능하게 하려면 조직문화의 적응력과 유연성이 필요하다. 다만, 안정성을 중요시하는 집단의 특성 때문에 갑작스러운 변화가 받아들여지지 않고 거부되는 경향이 있을 수 있다. 이때 팀의 리더는 팀원들이 새로운 변화를 두려워하지 않고 협력과 공감 속에서 팀 문화에 자연스럽게 적응할 수 있도록 도와야 한다. 조직의 효율성은 조직의 비전과 전략이 모든 구성원에게 공유될 때 성과를 극대화할 수 있기 때문이다.

대부분의 교사들은 자신의 전문성을 추구하면서 동시에 교육활동에 대한 독립성과 자율성을 보장받기를 원한다. 따라서, 구성원이 자유롭게 의견을 제시하고 잠재력을 발휘할 수 있는 환경을 만들어 조직과 구성원의 동반 성장을 이끌고, 궁극적으로 학교 전체의 발전을 도모해야 한다. 이는 단순한 규칙 변경이나 외부적인 변화만으로는 이루어질 수 없는, 내적인 변화를 요구하는 과정이다.

팀리더십은 과거의 경험이나 관행에 의존하기보다는 구성원들의 자율성과 수평적 의사결정에 기반해 협력적이고 참여적인 문화를 지원한다. 학교조직문화를 제대로 이해하고 이를 바람직한 방향으로 이끌어나가는 것은 학교의 지속 가능한 발전과 구성원들의 성장을 위한 팀리더십 구축의 핵심 과제 중 하나라 할 수 있다.

학교조직문화 진단의 의의

중학교의 교무부장을 맡고 있는 윤 교사는 11월이 되자 머리가 지끈지끈 아파 온다. 학교평가의 계절이 왔기 때문이다. 교육과정에서부터 수업, 생활, 각종 행정에 이르기까지 세세한 평가 계획을 세워야 하고, 각 부서장과의 협의뿐만 아니라 각종 설문조사부터 시작해서 정성평가 작성까지, 하나하나 쉬운 일이 아니다.

그런데 막상 그런 복잡다단한 평가의 과정을 거쳐서 정말로 그 결과가 학교의 변화에 도움이 되는가를 생각해 보면 답은 매우 회의적이다. 학교평가 업무에 대한 고민은 윤 교사 혼자만 떠안고, 결과는 그저 보고서 안에만 남아 아무도 읽어보지 않은 채 파일철 어딘가에 처박힐 뿐이다. 윤 교사 자신 역시 학교평가에 대해 그저 업무 덩어리로만 생각될 뿐 효용이나 가치를 느끼지 못하고 있다.

그런데 구성원 스스로 수행하는 학교조직문화 진단이라니, 안 해도 될 일을 굳이 더 늘리는 것이 아닐까?

학년말이 다가오면 모든 학교의 담당부장들은 학교평가 준비로 분주해지기 시작한다. 학교교육과정 운영 및 체제 전반에 대한 세밀한 평가 계획을 세우고 부서별 활동을 진단하고 평가하는 과정을 거쳐 두툼한 보고서를 작성해야만 한다. 그러나 그 방대한 업무 수행의 과정에서 실제로 학교 운영 및 조직문화에 대한 깊이 보기가 제대로 이루어지지 않는 경우가 많다. 현재 실시하고 있는 학교평가는 주로 교육청에서 제시한 획일적인 지표에 의존하여 학교를 평가하기에 다양한 학교의 특성과 고유한 문화를 진단하는 데에는 어려움이 있다. 또한 어쩔 수 없이 해야만 하는 일로 생각하여 형식적으로 진행하는 경우도 없지 않다. 이를 보완하기 위해서는 학교의 모든 구성원이 협력하여 조직의 실제적인 문제를 파악하고, 개선 가능성을 찾는 데 집중해야 한다.

조직 진단은 현재의 문제를 명확히 파악하고, 이를 해결하기 위한 구체적인 방안을 설계하는 과정이다.[3] 학교 조직의 경우, 진단을 통해 학교의 특성과 운영 실대를 면밀히 살펴보고, 이를 바탕으로 조직의 목표와 환경에 적합하도록 재구성할 필요가 있다. 학교조직문화 진단의 역할을 살펴보면 다음과 같다.

첫째, 학교의 문제를 정확히 파악하고 해결하는 과정으로, 특히 의사소통 부재나 협업 부족 같은 문제를 발견하고 개선할 수 있게 해준다. 이 과정은 구성원들이 현재의 상황과 해결 과제에 집중하게 하며, 학교가 나아가야 할 방향에 대한 공감대를 형성하게 한다.[4]

둘째, 조직의 철학과 가치체계를 구성원들과 함께 만들고 유지·발전시키는 데 중요한 역할을 한다. 구성원들의 인식과 공감 속에서 조직문화가 형성될 때, 그 문화는 실질적인 영향력을 가지게 된다.[5]

셋째, 조직의 철학을 바탕으로 구성원들과 함께 미래를 설계하는 과정이다. 학교가 직면한 다양한 문제를 해결하고 성과를 향상시키며, 구성원들의 공감과 참여를 통해 조직의 비전과 목표를 실현하는 데 핵심적인 역할을 한다.

체계적인 진단은 구성원들이 현재 상황과 문제에 집중하도록 하며, 조직이 나아가야 할 방향에 대한 의미를 함께 인식하도록 한다. 구성원들은 이 과정에 참여하면서 변화의 필요성을 인식하고 주체적으로 행동하게 되며, 협력적인 환경을 조성할 수 있다.[6]

---

3) 공영진, 학교조직효율화 진단모형 개발과 개선방안에 관한 연구 : 경기도교육청 소속 학교 사례를 중심으로, 공영진, 강원대학교 석사학위논문, 2015
4) 장이선, 조직건강론의 관점에서 본 학교조직진단 도구 개발, 강원대학교 석사학위논문, 2023
5) 손창훈, 조직문화의 힘, 컬처캔버스, 가인지캠퍼스, 2023
6) 장이선, 앞의 논문

학교조직문화 진단과 성찰,
어떻게 할까?

○——○——○

학교조직문화 진단을 위한 도구들

그동안 학교 조직을 이해하려는 시도는 주로 교육부나 교육청 등 행정기관이 계획하고 주도하는 학교평가나 학교컨설팅 등의 정책을 통해 위에서 아래로 이루어졌다. 학교 자율화 정책이 확대됨에 따라 교육지원청이 학교 역량 강화를 위한 지원 컨설팅의 방식으로 학교조직 진단에 관심을 보였으나, 이러한 컨설팅 역시 정책 형태의 하향식 진행으로 학교 현장에서 크게 환영받지는 못하는 실정이다.[7]

이 장에서는 학교 현장에 대한 적용력이 높은 진단 도구를 소개하고 그 활용 사례를 함께 제시하여 조직문화 진단과 성찰의 실행 방법을 구체적으로 알아보고자 한다.

조직문화 진단 도구는 구성원들이 직접 참여하여 건강한 조직으로 발전하려는 동기를 부여하고, 공통된 의미를 형성하는 데 기여해야 한다. 또한, 학교 조직의 자율적 의사결정력을 강화하고, 실제 사례를 기

---

7) 장이선, 앞의 논문

반으로 한 결정을 지원하며, 구성원들이 주체적으로 진단 과정에 참여할 수 있도록 사용이 쉽고 편리해야 한다.

조직문화를 진단하는 방법은 크게 두 가지로 나눌 수 있다. 첫 번째는 널리 알려진 공신력 있는 조직문화 진단 모델을 사용하는 것이고, 두 번째는 우리 학교의 특성을 반영한 자체 제작 진단 프레임워크를 활용하는 방법이다. 이 두 방법은 각각의 특징과 장단점이 있으므로, 학교의 상황과 목적에 따라 적절한 선택이 필요하다.

널리 알려진 공신력 있는 조직문화 진단 도구 사용

여러 검증 과정을 거쳐 신뢰성이 입증되어 널리 사용되고 있는 도구들은 학교가 별도의 검증 과정을 거칠 필요 없이 곧바로 적용할 수 있어 시간과 비용이 절감된다. 체계적인 설문 문항을 통해 조직의 특성과 강점을 진단하고, 구체적인 데이터를 기반으로 개선 방향을 제시한다. 결과가 비교적 객관적이며 다른 학교나 조직과의 비교 분석도 가능하다.

반면에 대부분 일반 조직을 대상으로 설계되었기 때문에 교육적 가치관을 중시하는 학교 조직의 특수성이 충분히 반영되지 못할 수 있다. 또한, 외부 도구를 사용하는 경우 예산 부담이 따를 뿐만 아니라 학교 구성원들이 진단 결과를 충분한 이해하거나 공감하지 못할 수도 있다.

다음은 학계와 연구계에서 많이 사용하는 조직문화 측정 도구이다.

OCAI(Organizational Culture Assessment Instrument)

미시간 대학교의 킴 카메론 Kim Cameron 과 로버트 퀸 Robert Quinn 이 개발한 이 조직문화 평가 도구는 경쟁가치모델 Competing Values Framework 을 기반으로 하여 개발되었다. 경쟁가치모델 CVF 은 조직 심리학에서 널리 알려진 모델로 조직문화와 관행을 형성하는 네 가지 주요 가치가 있다는 전제를 기반으로 하며 내부-외부 지향성(세로축)과 안정성-유연성 차원(가로축)을 통해 조직문화를 네 가지 유형으로 구분한다. 내부-외부 지향성은 조직이 내부 통합과 조정에 중점을 두는지, 외부 시장과 기술 변화에 중점을 두는지를 나타내고, 안정성-유연성 차원은 조직이 구조와 계획을 중시하는지, 아니면 유연성과 적응력을 중시하는지를 보여준다.

 네 가지 조직문화 유형은 협업 collaboration 문화, 창조적 creation 문화, 통제 control 문화, 경쟁 competition 문화로 분류되며 상황에 따라 적합한 문화 유형이 다를 수 있다(박원우, 2017). 공동체형 Clan 문화는 내부 결속과 협력을 중시하는 가족주의 문화이고, 혁신형 Adhocracy 문화는 변화, 혁신, 창조를 강조하는 문화라고 할 수 있다. 위계형 Hierarchy 문화는 질서와 내부통제를 중시하는 위계질서형 문화이고, 시장형 Market 문화는 조직의 목표 달성을 추구하는 성과지향형 문화이다.

조직문화 유형

유연성 및 자율성

공동체형 문화 (collaboration)	혁신형 문화 (creation)
위계형 문화 (control)	시장형 문화 (competition)

내부지향성   외부지향성

안정성 및 통제성

출처: OCAI 홈페이지

구성원들은 설문조사를 통해 현재의 조직문화를 어떻게 인식하고 있으며, 어떤 조직문화를 선호하는지를 파악할 수 있게 된다. 이를 통해 자신이 속한 조직의 문화를 객관적으로 평가하고, 선호하는 조직문화를 스스로 성찰할 수 있는 기회를 가진다.

설문조사는 두 가지 관점에서 개별 진단을 실시하여 현재의 조직문화를 바라보는 시각과 선호하는 조직문화를 동시에 살펴본다. 각 문화 요소에 대해 현재 수준과 이상 수준을 동시에 응답하도록 요구하여, 이를 통해 현재 문화와 이상 문화 간의 차이를 분석할 수 있다.

조직문화 특성 파악 설문지(일부 발췌)

1. 조직문화의 주된 특징	현재의 문화	선호하는 문화
A. 우리 조직은 매우 인간적이며, 가족적인 분위기에서 지낸다. / 구성원들은 많은 부분을 서로 공유한다.		
B. 우리 조직은 매우 역동적이고 기업가적이다. / 구성원들은 기꺼이 위험을 감수한다.		
C. 우리 조직은 결과지향적이며, 일을 마무리하는 데 주 관심이 쏠려 있다. / 구성원들은 매우 경쟁적이며 성취지향적이다.		
D. 우리 조직은 매우 통제적이며 구조화되어 있다. / 일반적으로 공식적 업무절차가 구성원들의 행동을 지배한다.		
합계	100	100

출처: Kim Cameron & Robert Quinn, 2011

응답 방식은 4개 문화 요소를 측정하는 문항(A, B, C, D)을 두고 그 4개 문항에 부여하는 점수의 합이 100이 되도록 한다. 이 측정 도구를 활용하여 현재의 특성이 어떠하고 향후 바람직한 특성이 어떠해야 하는지를 계속적으로 진단한 후, 이상적인 조직문화의 방향에 따라 현재 문화의 변화를 추구하여야 한다.

설문 결과가 다음 그림과 같다면, 파란색의 현재 문화(■)는 안정성 및 통제성과 성과지향성을 추구하는 문화인데, 구성원이 선호하는 문화(■)는 보다 더 가족주의적이면서 혁신성이 증대되는 것이라고 해석할 수 있다.

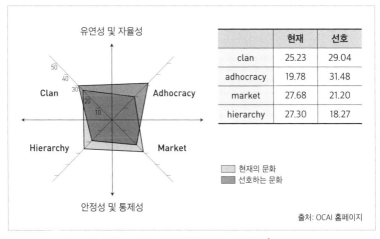

	현재	선호
clan	25.23	29.04
adhocracy	19.78	31.48
market	27.68	21.20
hierarchy	27.30	18.27

현재의 문화
선호하는 문화

출처: OCAI 홈페이지

조직문화 진단 결과

이러한 분석은 조직문화의 변화가 필요한 요인을 알아내는 데 유용하며, 종합적이고 현실적인 대안을 제시하는 데 도움을 준다. 또한, 구성원들의 구체적 리더십 역량을 개인별 혹은 집합적으로 도출하여 활용할 수 있는데, 이 평가를 바탕으로 조직 내 구성원의 리더십 역량의 수준과 지향점을 파악하고, 조직문화의 개선 방향을 명확히 설정할 수 있다.[8]

---

8) 조직문화 측정의 대표적 도구와 구체적 활용방법, 박원우, 경영논집, 51, 51-91. 2017

자체 제작 진단 프레임워크 사용

최근 학교 조직에서는 자율성과 공적인 개방성이 더욱 강조되고 있다. 단위 학교 차원에서 교육과정의 설계와 운영, 자율적 학교 경영 등 학교 자치에 대한 기대가 높아지고 있다. 이에 따라 각 학교의 고유한 조직문화를 진단하기 위해 구성원들이 조직문화를 구성하는 다양한 요소들을 체계적으로 설계하고 조직의 특성을 고려한 진단 도구를 자체적으로 구성하여 평가하는 방법이 요구된다.

이 방법은 학교의 교육적 목표와 구성원의 특성을 고려하여 설문 문항을 설계하고, 학교 운영에 대한 구체적인 진단을 진행할 수 있다. 학교의 구성원들이 중요하게 생각하는 가치와 목표를 충분히 반영한 진단 도구는 학교의 실제 조직문화를 더욱 깊이 이해하는 데 도움을 준다. 구성원들의 공감을 얻기 쉬우며, 진단 결과에 대한 수용도와 신뢰도가 높다. 그러나 새로운 진단 도구를 개발하기 위해서는 충분한 연구와 기획이 필요하며, 설계된 도구가 실제로 효과적인지 검증하는 과정도 필수적이다.

학교평가가 본격적으로 시행되는 11월부터 학교 운영 전반에 대한 의견을 설문조사로 모으고, 12월에는 진단 도구를 활용하여 교육과정 수립 1차 워크숍을 진행한다. 학교조직문화의 현재 상태를 진단하고, 한 해 동안 운영한 교육과정을 성찰하며 점검한 후 강점과 약점을 파악, 변화를 이끌기 위한 구체적인 방안을 마련한다. 이 과정에서 모든 구성원들은 학년말 성적 처리와 여러 가지 업무로 바쁜 와중에도 모두 참여하여 각자의 의견을 제시한다. 이들이 진단의 필요성을 충분히 이해하고 적극적으로 협조하지 않으면 진단 결과의 신뢰성이 떨어질 수 있으며, 다음 해 교육과정 수립을 위한 밑그림에 모두의 의견을 담을 수 없다. 워크숍 시작과 함께 진단의 목적과 중요성을 명확히 설명하고, 관계 맺기를 통해 구성원들이 심리적 안정감을 가지고 의사소통에 적극적으로 참여할 수 있도록 유도하는 것도 이 때문이다.

A 초등학교의 진단 도구는 경기도교육청의 미래교육 핵심 키워드와 A 초등학교의 비전 및 교육목표를 적절히 통합하여 평가 영역 및 요소를 정하였다. 학교의 비전과 전략, 학교 시스템, 리더십, 학교교육과정 운영, 의사소통, 혁신 등 다양한 요소를 포함하였으며, 요소별로 세부 영역을 구성하고, 각 영역에 대해 키워드를 정해 학교 조직을 종합적으로 평가한다.

영역별로 0점부터 3~5점(10점)까지 구성한 그래프에 키워드별로 "매우 그렇다"에서 "전혀 그렇지 않다"까지 점수를 주고 특별히 낮거나 높은 점수를 준 키워드에 대해서는 평가에 대한 근거나 추가 설명을 작성한다. 수집된 데이터는 통계적 방법을 통해 분석되며, 요소별로 강점과 약점을 파악하고 분석이 이루어진다.

A 초등학교 학교조직진단 도구

진단1 - 자율과 협력의 학교 문화 조성

* 꺾은선 그래프로 진단해 주세요.

키워드 / 척도	민주적 학교문화 조성				전문적 학습 공동체 활성화			교육활동 중심 학교 시스템 구축				자율과 참여의 학교평가와 성찰		
	철학과 비전 공유와 실천	참여와 소통의 회의 문화	보호자 단체 주체적 참여와 소통	학생 자치 활성화	학교 조직의 학습 조직화	공동 연구와 공동 실천	수업 나눔과 공유	교육과정 권한 위임	교육과정 중심 인사	교육 목표와 연계한 자율 과제 운영	교육활동 중심 예산 운영과 자율적 편성	학교 문화 진단과 개선	평가와 성찰을 통한 성장	학교 평가의 환류
5														
4														
3														
2														
1														
0														

진단2 - 안전하고 평화로운 학교 시스템 구축

* 꺾은선 그래프로 진단해 주세요.

핵심 키워드		1	2	3	4	5	6	7	8	9	10
기초학력 학습 복지 강화	체계적인 기초학력 진단										
	학생 맞춤형 학력 향상 지원										
	심리 정서 지원										
건강하고 안전한 교육환경 조성	행복한 교실을 위한 문화 형성										
	교육3주체 생활 약속 합의와 실천										
	공동체의 협력적 지원										
교육활동 보호 노력 (인권과 교권의 균형)	상호존중과 배려의 따뜻한 학교문화 조성										
	교육활동보호 지원 시스템 구축										
	회복적 생활교육 시스템 구축										

진단3 - 미래교육 기반 조성

* 키워드 1개당 1점씩 점수를 매겨 마름모 모형으로 진단해 주세요.

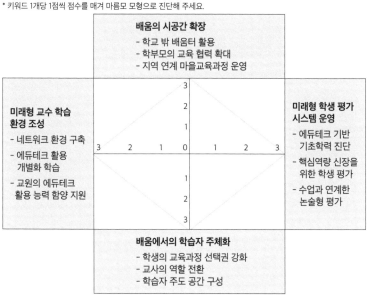

진단4 - 미래형 교육과정 운영

* 막대그래프로 진단해 주세요.

교육 과정 실천도	핵심 키워드	미래역량 중심 교육과정 설계와 운영	주도성을 키우는 교육과정 운영	문화 감수성 교육	더불어 사는 삶을 위한 교육	학교 자율과정 실천 (지속가능 발전 생태교육)	학생 맞춤형 진로교육	디지털 시민역량 교육과정 (디지털 문해교육)	디지털 창의역량 교육과정 (AI교육)
5									
4									
3									
2									
1									
		미래역량을 키우는 학교 교육 비전 실현						디지털 시민교육	

□ 사전 협의

A 초등학교는 조직 진단에 앞서 부장들이 각 진단 도구의 영역별 핵심 키워드에 대해 논의하며, 정확한 진단을 위한 사전 협의를 진행한다. 이 과정에서 각 부장은 하나씩 진단 도구를 맡아 이를 구성원들에게 설명할 수 있도록 교육과정 운영 상황과 관련 자료를 공유한다. 또한, 학교가 추구하는 가치와 목표가 키워드에 어떻게 반영되었는지를 점검하는 시간을 갖는다.

□ 진단

진단 도구는 각 2장씩 총 8개를 준비하며, 교직원들을 8팀으로 나누어 배정한다. 각 팀의 부장이 진단 방법을 설명하고, 팀원들은 각자 다른 색의 매직펜으로 점수를 주고 그래프를 그린다. 진단이 끝난 후에는 점수가 높은 키워드와 낮은 키워드에 대해 구체적인 사례를 공유하며, 원인과 개선안을 아래의 양식에 따라 작성한다.

잘 실천되는 것	어려운 것	개선안
점수가 높은 키워드	점수가 낮은 키워드	점수가 낮은 키워드에 대한 원인 → 대안 모색

진단이 완료되면, 팀장을 제외한 팀원들은 다른 진단 도구가 있는 테이블로 이동해 다음 진단을 진행한다. 모든 구성원이 4개의 진단 도구를 진단하는 것이 이상적이나, 시간이 부족할 경우 최소 2개 이상의 도구를 진단하도록 한다.

□ 공유

진단 후, 팀별로 결과를 발표하며 조직의 강점과 문제점을 함께 돌아본다. 이를 통해 구성원들은 변화와 개선 가능성을 탐색하는 시간을 갖는다.

□ 성찰 및 피드백

진단 결과에 대한 성찰과 피드백은 조직문화 개선의 핵심 과정이다. 이어지는 교육과정 수립을 위한 제3차 워크숍에서는 1차 워크숍의 조직문화 진단 결과와 2차 워크숍의 교육과정 운영 결과를 비롯해 각종 교육과정 성찰록, 행사 평가 자료, 학교평가 설문 결과 등을 공유하며 구성원들 모두가 함께 살펴보는 시간을 가진다. 검토한 자료들을 토대로 다음 학년도의 학교교육과정 운영을 위한 제안서를 핵심 교육활동 영역별로 작성한다.

자율과 협력의 학교 문화 조성

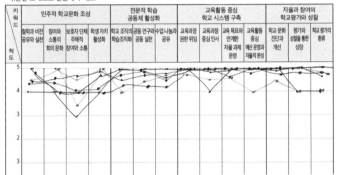

2. 자율과 협력의 학교 문화 조성 분석과 대안 토의

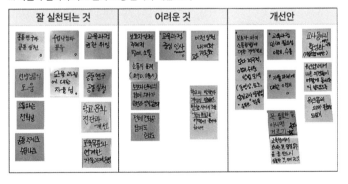

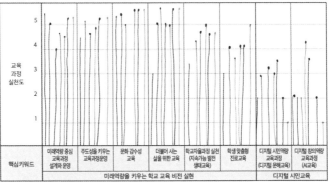

미래형 교육과정 운영

* 막대그래프로 진단해 주세요.

핵심키워드	미래역량 중심 교육과정 설계와 운영	주도성을 키우는 교육과정운영	문화 감수성 교육	더불어 사는 삶을 위한 교육	학교자율과정 실천 (지속가능 발전 생태교육)	학생 맞춤형 진로교육	디지털 시민역량 교육과정 (디지털 문해교육)	디지털 창의역량 교육과정 (AI교육)
	미래역량을 키우는 학교 교육 비전 실현						디지털 시민교육	

2. 미래형 교육과정 운영 분석과 대안 토의

2023학년도 조직진단 결과, 미래형 교육과정 운영 중 디지털 시민교육 영역의 점수가 특히 낮게 나타났다. 이를 반영하여 2024 교육과정 제안서를 준비하기 위한 제3차 워크숍에서는 "디지털 교육과정" 영역을 신설하고, 중점 교육활동과 학년별 실천 내용을 작성하였다.

이후 작성된 최종 제안서에는 목표 설정, 실행 방안, 측정 지표 등이 보다 구체적으로 계획·작성되었으며, 이는 다음 학년도 교육과정 작성을 위한 기초 자료로 활용되었다.

교육활동 제안서

영역 : (디지털 교육과정)

1. 철학적 가치
   시대의 변화에 대응하기 위한 교육

2. 핵심역량
   미래역량, 디지털 문해력, 지식·정보 처리 역량

3. 중점 교육활동
   ○ 에듀테크 활용 능력
   ○ AI·로봇 교육
   ○ 사이버 윤리 교육

4. 학년별 실천 과정

학년	실천 내용		예산/시기 등	교과/연계
	현재 하고 있는 것 중 가져갈 것	2024 제안		
1	기본 책읽능력 강화★	챗GPT 유료 구입	유효 소프트웨어 구입	
2		질문하는 능력	다이파이 현명구축	미술, 음악, 큐어 ··
3		교과 연수 (자른교과, 연계지원)	교육청 재정	
4	스마트폰 AI 학교교학	사이버 윤리교육	스마트개발 구축	_역역
5	패들릿 미리 캔버스 자주 쓰 & 만큼자료 노행맹시,8번 만들기	사이버 예절교육	개인 태블렛 지점	
6	코딩교육 구연상 PPT.	게임에 대한 공정관 현명편성	디지털 핀쏘 역량의 격차 메정	실과

5. 예산

6. 기대효과
   누함 저장편의

조직의 변화와 자발적인 혁신 역량을 강화하기 위해서는 학교가 나아가야 힐 방향과 조직을 유지하는 구성원, 학교가 추구하는 바를 달성하기 위해 필요한 역량을 갖추는 것이 중요하다. 이를 통해 지속적으로 문제를 개선하고 발전을 이끌어 나갈 수 있다. 이러한 과정에서 학교의 총체적인 질을 관리하고 평가할 수 있는 효과적인 조직진단 도구가 필요하다.[9]

다양성을 살리기 위한 구성원의 특성 진단 워크숍

학교조직문화 진단이 조직 전체의 특성을 파악하고 개선하고자 하는 것이라면, 구성원의 특성을 진단하는 것은 각 개인에 주목하며 조직 전체의 문화를 조율하려는 목적으로 이루어진다. 학교 내에서 각 구성원이 가진 다양성을 어떻게 바라보고 수용하느냐에 따라 조직문화가 건강하게 발전할지, 아니면 정체될지가 결정된다. 인적 자원인 구성원들의 특성을 정확히 파악, 개발하고 발전시키는 것이 조직문화 발전에 필수적이므로 다양성에 대한 포용적이고 긍정적인 시각은 구성원들이 서로의 차이를 존중하고 협력할 수 있는 기반을 마련해 주며, 이는 곧 조직의 팀리더십 성장으로 이어진다.

이를 위해 새 학년 준비 기간인 2월에 모든 구성원을 대상으로 성격 진단 검사를 포함한 워크숍을 진행한다. 성격 유형 진단 검사는 다양한 종류가 있으며, 각기 다른 특성을 가지고 있다.

---

9) 학교조직진단 모형과 지표 개발을 위한 연구, 성병창 외, KEDI 한국교육, 2011

DISC 검사: 환경을 어떻게 인식하고 또한 그 환경 속에서 자기 개인의 힘을 어떻게 인식하느냐에 따라 인간의 행동을 주도형Dominance, 사교형Influence, 안정형Steadiness, 신중형Conscientiousness, 즉 DISC 행동유형으로 분류함.

버크만 진단: 개인의 행동 특성은 물론 근본적인 동기 요인, 욕구와 스트레스 상황에서의 반응을 심층 분석함. 조직 구성원의 의사소통 방식 및 직무 적합성을 파악하여 리더십 역량 향상 및 조직 활성화를 위한 도구로도 활용됨.

MBTI 검사: 성격을 16가지 유형으로 분류하여 개인이 선호하는 의사소통 방식, 의사결정 스타일, 에너지 원천 등을 분석함. 자기 이해와 대인 관계 개선에 자주 사용됨.

에니어그램Enneagram: '회피 욕구'가 미치는 영향을 인식하여 자신을 더 잘 이해하고 이를 관리하는 방법을 배우는 것을 목표로 하며 사람들의 성격을 9가지 유형으로 분류하여 이해하는 심리적 모델.

조직의 구성원들은 공동의 업무를 수행하기 위해 모였지만, 그 결과물은 구성원들 간의 관계에 따라 크게 달라질 수 있다. 이들 검사는 개인의 성격적 특성을 이해하고, 성격 차이가 어떤 영향을 미치는지를 탐구하여 관계의 역동성을 이해하는 데 도움을 준다. 다양한 경험과 배경을 가진 구성원들이 서로 다른 관점을 표현할 수 있는 기회를 제공하면, 창의적이고 슬기롭게 문제를 해결할 수 있는 통찰력을 얻게 된다. 또한, 다양한 리더십 스타일을 존중하고 활용하는 환경이 조성되면 팀은 변화하는 상황에 유연하게 대응할 수 있다.

나와 팀원의 성향이 다르거나 나의 욕구가 충족되지 않아 마음이 불편할 때 서로의 욕구에 대해 이야기함으로써 자신과 다른 사람들과 조화롭게 일할 수 있는 다양한 관점과 기술을 배우는 기회가 될 수 있다. 2월에 진행되는 이 워크숍은 새로운 구성원이 합류하는 시점에 맞춰, 서로를 이해하고 서로 다른 성격적 특성을 살필 수 있는 기회를 제공한다. 이러한 노력은 구성원들의 다양한 리더십이 발휘될 수 있는 여건을 마련하는 데 기여할 것이다.

학교조직문화
진단을 위한 제언

학교조직문화 진단 시 고려할 점

많은 학교들이 학교조직문화에 대한 구성원들의 의견을 듣기 위해 다양한 방법을 사용한다. 수시로 구성원들의 행동과 상호작용을 관찰하고 분석하는 방식으로, 각종 주요 행사 후 이루어지는 성찰의 시간이나 회의, 업무 모임 등의 상황에서 구성원들의 의견을 듣고, 특징을 파악하기도 한다. 이러한 결과는 비공식적이긴 하지만 조직의 관계 개선을 위한 자료로 사용되며 상황에 따라 필요한 리더십이 개입되기도 한다.

가장 흔히 사용되는 방법 중 하나는 설문조사이다. 설문조사는 비교적 간편하고 익명성을 보장할 수 있어 솔직한 의견을 얻기도 쉽다. 또한, 대규모로 진행할 수 있어 많은 구성원의 목소리를 한 번에 수집할 수 있다는 장점이 있다. 하지만 이런 방식은 모든 구성원의 목소리를 제대로 반영하지 못할 수 있다는 한계가 있고 때로는 표면적인 의견만을 담을 수 있어 깊이 있는 통찰을 얻기 어렵다. 특히, 설문조사에 적극적으로 응답하지 않는 사람들의 의견은 간과되기 쉬우며 이는 학교조직문화 진단이 소수의 참여자들만을 위한 것이 될 위험이 있다.

학교조직문화를 제대로 진단하기 위해서는 다음과 같은 사항을 고려해야 한다.

　첫째, 진단 기준을 다양화하고, 수치화할 수 없는 정성적 요소들도 함께 고려해야 한다. 교사와 학생들의 만족도, 학교의 협력적 분위기, 혁신적인 교육 실험 등이 진단에 포함되어야 한다. 이러한 요소들을 반영하기 위해서는 모든 구성원들의 의견을 수렴하는 과정이 필수적이다. 정기적인 설문조사와 인터뷰를 통해 그들의 목소리를 듣고, 이를 진단에 반영해야 한다.

　둘째, 학교마다 고유한 특성과 문화를 존중하는 진단 방식을 도입해야 한다. 이를 위해서는 표준화된 진단 기준 외에도, 각 학교가 자율적으로 설정한 목표와 가치에 따라 진단받을 수 있는 시스템이 필요하다. 예를 들어 학교가 '협업 문화'를 중시한다면, 그 학교의 진단에서는 '의사소통 활성화 및 민주적 의사결정 과정'을 주요 지표로 삼아야 할 것이다.

　셋째, 진단의 목적을 단순히 성과 측정이 아닌, 지속적인 개선과 성장을 위한 방향 제시로 바꾸어야 한다. 진단 결과는 단순한 등급 확인으로 끝나는 것이 아니라, 학교가 앞으로 나아가야 할 방향을 제시하고, 개선할 부분을 구체적으로 안내하는 역할을 해야 한다. 이를 통해 학교는 진단을 두려워하지 않고, 오히려 이를 발전의 기회로 삼을 수 있게 될 것이다.

　마지막으로, 진단과 함께 성찰의 문화를 강화해야 한다. 진단이 끝난 후에는 진단 결과에 대한 심도 있는 성찰이 이루어져야 하며, 이를 통해 학교 구성원들이 스스로의 활동을 돌아보고, 개선할 수 있는 방향을 찾도록 도와야 한다. 성찰은 단순히 잘못된 점을 지적하는 것이 아니라, 잘한 점을 칭찬하고, 더 나아갈 수 있는 방법을 제시하는 건설적인 과정이어야 한다.

조직문화의 긍정적 변화

구성원들은 조직에 변화가 다가온다는 말을 들으면 '내게 어떤 영향을 미칠까'를 먼저 고려한다. 대부분 '불편을 감수해야 하는 상황을 겪지는 않을까? 무언가를 잃지는 않을까?'라는 걱정을 한다. 따라서, 조직문화 진단 결과를 효과적으로 활용하려면, 구성원들의 자발적인 참여와 성찰이 반드시 필요하다.

우리 모두가 원하는 조직문화가 무엇인지를 상기시켜 개선 이유와 필요성을 구성원들과 함께 논의하고, 점진적인 계획을 세워 변화를 긍정적으로 받아들일 수 있도록 돕는 것이 중요하다. 이를 통해 변화를 실행하기 위한 과정을 구성원들과 함께 진행해야 한다.

변화를 위한 지속적이고 의도적인 노력이 이어질 수 있도록 작은 성과에도 서로 축하해주고 격려한다. 구성원들이 얻는 이점을 직접 경험할 수 있도록 하고, 이를 공유하며 동기를 부여해야 한다. 구성원들의 의견과 피드백을 꾸준히 수렴하여 개선 과정에 반영함으로써 신뢰를 쌓아야 한다. 이러한 접근은 변화를 두려워하기보다 성장의 기회로 받아들이게 만들며, 조직 전체가 협력과 공감을 바탕으로 새로운 문화를 정착시킬 수 있도록 돕는다.

진단과 성찰로 가꾸는 학교조직문화

1. 학교조직문화는 학교의 구성원들이 함께 외부 환경에 적응하고 내부 문제를 해결하는 과정에서 배우며 공유하게 된 가치, 규범, 의미 체제를 의미한다.

2. 학교조직문화는 학교의 성과와 교사들의 행복과 성취감, 직업 만족도에 큰 영향을 미친다.

3. 학교조직문화를 제대로 이해하고, 이를 바람직한 방향으로 이끌어 나가는 것은 학교의 지속 가능한 발전과 구성원들의 성장을 위한 팀리더십 구축의 핵심 과제이다.

4. 학교조직문화의 진단은 현재의 문제점을 파악하고 개선할 수 있다. 학교의 지속 가능한 발전과 구성원들의 성장을 위해 필수적이다.

5. 학교조직문화의 진단과 성찰을 통해 학교가 지속, 발전시켜 나가야 할 점과 극복해야 할 과제를 파악하고, 구성원들이 느끼는 조직 내 분위기와 상호 작용을 명확하게 이해한 후 결과를 토대로 실질적 전략을 수립하고 구체적인 개선 방안을 마련할 수 있다.

6. 조직문화 진단을 위해서는 OCAI Organizational Culture Assessment Instrument 와 같은 기존의 진단 도구를 활용할 수도 있고, 자체 진단 도구를 만들어 이를 활용할 수도 있다.

7. 구성원들의 다양한 성격과 배경을 존중하는 다양성 중심의 조직문화는 팀리더십의 성장을 촉진하는 중요한 요소이다.

8. 조직문화 진단 후에는 진단 결과를 구성원들과 공유하고, 이를 바탕으로 조직문화를 개선하려는 노력이 필요하다. 이때 구성원들의 자발적인 참여와 성찰, 투명하고 수평적인 의사소통이 조직문화 개선의 핵심이다.

9. 조직문화의 변화는 구성원들의 참여와 성찰을 바탕으로 긍정적인 계획을 세우고, 신뢰와 참여를 통해 협력과 공감을 이루며 지속적인 성장을 이끄는 과정이다.

07

팀이 되는 최고의 순간: 합의와 성찰의 교육과정

II 팀리더십,
어떻게
만들 것인가?

합의와 성찰의 교육과정 만들기, 왜 필요한가?

개인의 리더십을 넘어 팀리더십으로

학교구성원이 진정한 팀이 되는 최고의 순간 중 하나는 합의와 성찰을 통해 학교교육과정을 함께 설계할 때이다. 팀리더십은 단지 교육과정을 함께 설계하고 실행하는 동력이 될 뿐만 아니라, 결과적으로 구성원들이 하나의 팀으로 결속되는 중요한 순간을 만들어 낸다.

2010년 이후 혁신교육의 물결이 학교 현장을 뒤흔들면서, 가장 두드러지게 변화한 것 중 하나가 바로 교육과정리더십이다. 어느 시대보다 복잡하고 어려운 과제를 안고 있는 지금 학교는 어떤 리더십이 필요한가? 우리는 이 질문에 대해 학교교육과정을 설계함에 있어 교사리더십을 넘어 팀리더십으로 나아가야 하는 몇 가지 이유를 들어 응답하고자 한다.

G 초등학교 연구부장인 김 교사는 구성원들의 의견을 수렴하여 계획하고 편성하라는 담당자 연수를 받고 와서 머리가 아프다. 학교의 빛깔 있는 교육과정을 담아 창의적으로 설계하라고 하지만 우리 학교의 상황은 구성원들이 함께 모여 교육과정을 설계한 경험이 없다. 특히 학년 부장들은 학교교육과정은 교무나 연구부장들이 하는 것이라고 여기고 얼른 학교교육과정 편성 기준을 정해주면 학년교육과정을 그 기준대로 작업하겠다고 이야기하고 있다.

혼자서 어떤 교육과정을 설계해야 할지도 막막하고 연구부장인 김 교사 혼자 결정할 경우 또 안 하던 일들을 벌인다고 불만스런 이야기가 나올 수도 있다. 특히 우리 학교는 오랫동안 시범학교나 연구학교 등을 해오던 터라 기존의 교육과정들의 양이 너무 많고 버려야 한다고도 한다.

학교의 구성원들이 생각하는 교육과정을 잘 모아내고 교육적 효과가 없어서 정리해야 할 활동들을 함께 모여서 정리하는 좋은 방법은 없을까?

팀리더십으로 나아가자고 하는 첫 번째 이유는 이제 탁월한 소수 리더의 리더십만으로 학교를 운영하는 시대는 저물고 있기 때문이다. 구성원 모두의 협력과 수평적 연대에 기반한 팀리더십이 필요하다. 학교교육과정이 리더 한 명의 변화나 요구만으로 온전히 움직여지거나 실현되는 것이 아님을 우리는 잘 알고 있다. 현장의 최일선에서 교육과정을 행하고 실현하는 것은 교단에 선 각각의 교사들이기 때문이다.

개인의 리더십이 아무리 탁월하다고 해도 어느 한 사람의 지휘체제에 자신의 열정을 다해서 일할 사람은 많지 않다. 소수의 리더에 의해 구성되거나 위로부터 내려온 다양한 교육활동이 교실의 문턱을 넘지 못하고 형식적 또는 일회성 사업으로 학교를 떠돌게 되는 이유 중 하나이다. 학교는 교실 또는 학급을 단위로 교사 리더가 온전히 교육과정을 구성하고 가르치는 권한을 가진다는 특수성을 갖고 있다. 구성원 모두가 리더이고 리더십을 발휘해야 하는 이유가 여기에 있다. 문제는 교사 개개인의 리더십이 작동된다고 해도 그것이 학교의 지향을 향해 모아지고 함께 나아가는 것은 또 다른 차원이라는 데에 있다. 개개인이 탁월한 능력과 리더십을 가졌을지라도 학교가 하나의 팀으로 연결되는 것은 쉽지 않다. 모래알처럼 흩어져 개별적으로 일할 수밖에 없는 구조적이고 문화적인 문제를 안고 있는 것이다.

팀리더십이 필요한 두 번째 이유는 학교교육과정은 아이들의 현재의 삶과 미래를 담은 총체적 설계도이기 때문이다. 비전을 실현하는 교육과정을 논하기 전에 그것이 무엇인가에 대한 질문을 다시 해볼 필요가 있다. 학문적 또는 행정적 정의가 아닌 교사 한 사람 한 사람의 마음속에 있는 살아있는 질문 말이다.

'학교교육과정을 생각하면 마음이 설레는가?' 간혹 이런 질문을 동료들에게 툭 던져본다. 대다수의 교사들은 이 질문을 매우 기이하게 느낀다. 학교교육과정을 함께 만들고 숙의하면서 마음이 설레고 한 해가 기대되는 느낌을 경험하는 교사들은 매우 드물기 때문이다. 그런데 질문을 바꾸어 이렇게 다시 물어본다. '학교교육과정이 누군가의 인생 스케줄을 짜는 일이라면 가슴이 설레는가?' 한 명도 아니고 몇십 명, 많게는 몇백 명 아이들의 삶을 디자인하는 일이라면 이 일은 분명 설렘을 넘어 떨리고 두렵기까지 한 일이다. 그렇다, 학교교육과정은 아이들의 삶을 어떤 방식으로 설계하는가에 관한 일이다. 아이들이 무엇을 배워야 하는가에 대해 교육적 지향과 철학적 질문을 던지며 숙의의 과정을 거치고 실천하는 가슴 떨리는 일이다. 개개인의 역량과 리더십에 의존하여 교육과정을 설계할 수 없는 이유가 여기에 있다.

학교 철학을 중심으로 공동체가 팀리더십을 발휘하여 머리를 맞대고 학교교육과정을 개발한다면, 그때의 교육과정은 죽어있는 문서가 아닌 학교교육의 설계도이자 길잡이 별이 된다. 학교 구성원 모두의 생각과 지혜가 담긴 교육과정은 매해 새로이 거듭나게 된다. 이를 통해 교육과정의 지속성을 담보하고 시대가 묻는 질문에 응답할 수 있을 것이다.

팀리더십 개발의 세 번째 이유는 창의성의 실현에 관한 것이다. 팀리더십은 교육과정의 창의성 실현을 위해 학교가 갖추어야 할 구조와 문화적 바탕을 만들어 줄 수 있다. 팀리더십의 궁극적 목표 중 하나는 아이들의 삶을 가꾸는 창의적 교육과정의 개발과 실천이다. 그런데 창의적이란 단어는 학교에서 왜 그렇게 구현이 어려운 것인가? 학교에서 일하는 방식에 있어 교사의 참여나 자발성, 협력을 일으키는 시스템과 문화가 부재한 것이 주요 이유 중 하나이다. 소수의 몇몇에 의해 교육과정이 작성되는 구조는 교육과정의 다양성을 담보하지 못하고 문서로만 존재하는 낡은 교육과정이 되게 한다. 교육공동체가 함께 참여하여 교육과정에 살아있는 질문을 던져보자. 이를 기반으로 교육과정을 함께 개발하고 공동으로 실천할 때 학교교육의 창의성은 구현 가능하다. 그러나 교육과정에 대한 근원적 질문에 다가가기엔 개인주의와 관료성으로 굳어진 학교문화와 시스템의 철벽은 너무나 무겁고 높다.

2022 개정 교육과정의 특징 중 하나는 교육공동체가 함께 참여하여 창의적인 학교자율시간을 개발하고 개설하도록 하고 있다는 점이다. 교과서 중심의 체제를 넘어 학교만의 빛깔 있는 교육과정을 설계하는 것은 교사들의 오랜 염원이자 다가오는 시대의 요구이다. 또한 교육과정에 대한 현장의 주체성을 회복하는 일이기도 하다. 그러나 현재 교육과정에 대해 개별적으로 접근하는 구조는 학교자율시간을 개발하고 실천하는 데 한계가 분명하다.

이러한 문제점과 한계를 넘기 위해 우리는 이 장에서 팀리더십에 기반하여 교육과정을 만들어가는 구체적이고 세부적인 형식을 제안하고자 한다. 구성원 모두가 권한을 가지고 서로에게 묻고 답하는 과정을 통해 학교교육과정의 창의성을 실현하는 바탕을 만들어 보고자 제안한다.

팀리더십을 고민하는 네 번째 이유는 많은 교사들이 혁신학교에서 열정과 헌신을 다해 만든 교육과정이 지속 가능할 수 있도록 하기 위한 것이다. 혁신학교를 경험하면서 많은 교사들의 고민은 함께 숙의하며 만든 교육과정을 어떻게 지속할 것인가 하는 데에 있었다. 또한 리더교사가 핵심 주축이 되어 교육과정을 개발하고 변화와 성과를 만들어 낸 경우, 리더교사의 소진도 지속적인 문제로 대두되었다. 소수의 탁월한 리더십에 의존하는 형태로는 학교교육과정 및 문화를 지속해 나가기 어렵다. 많은 혁신학교에서 교장 또는 리더교사가 떠난 후 학교의 동력이 사라지고 창의적인 교육활동이 무너지곤 하였다. 교육과정을 중심으로 구성원 모두가 리더이고 리더십을 발휘해야 하는 이유이다.

팀리더십 기반 교육과정 설계의 마지막 이유는 교사의 주체성과 자율성을 발휘하는 구조를 만들기 위해서다. 교사를 관리와 통제의 대상이 아닌 교육과정 설계의 주체로 보고 교육과정에 대한 주권을 부여해야 할 때이다. '학교교육과정의 자율'은 그간 국가교육과정 등 공식 문서상에서 꾸준히 강조되어 왔다. 그러나 강력한 국가교육과정 체제에서 학교와 교사의 실질적인 교육과정 자율권은 미약했고 교육과정과 교과서에 종속된 양태는 쉽게 극복되지 못했다.

교육과정 혁신의 성패는 교사와 학교가 얼마만큼의 자율성과 공적 책무성을 갖고 혁신의 길에 동참하느냐에 달려있다. 특히 합의와 성찰의 과정을 통해 제안한 교육과정들이 번복되거나 침해되지 않도록 권한을 공유하는 것은 교육과정 중심의 팀리더십 구현에 매우 중요한 일이다. 결정권이 없는 일에 주체적으로 자신의 아이디어를 내고 교사 정체성을 드러내며 참여하는 일은 기대하기 어렵다.

팀리더십 기반 교육과정, 어떻게 구현할 것인가?

○───○───○

앞 장에서는 팀리더십의 구축 전략으로서 서로를 환대하고 공감하는 관계를 만들고 학교가 나아가야 할 비전을 함께 수립하며, 소통하는 학교를 위해 회의문화를 만들고, 동료성을 바탕으로 교사의 전문성을 키우는 학교조직의 학습공동체를 구축하는 일을 제안했다. 마지막으로 학교조직문화를 진단하고 성찰하는 일 등은 학교가 개인주의를 극복하고 팀리더십을 발휘하게 하는 바탕을 만드는 과정이었다.

그러나 팀리더십을 구축하기 위해서는 마지막 관문인 교육과정과 수업을 개발하고 생산하는 단계로 나아가야 한다. 그렇지 않을 경우 팀리더십의 구축은 학교교육의 변화 없이 민주적 학교문화에 안주하는 편의주의로 머무를 수도 있다. 학교 변화의 중요한 조건이었던 민주적인 학교문화와 팀리더십의 가장 큰 차이는 여기에 있다. 민주적 학교문화가 제도와 절차 그리고 좀 더 포괄적으로 관계의 민주성까지 구현함을 목표로 둔다면 팀리더십은 동료성을 바탕으로 비전과 목표를 실현하는 데에까지 나아가고자 한다. 팀리더십 기반 교육과정을 설계하고 궁극의 목표인 비전을 실현하기 위해서는 일하는 방식의 변화를 구체적으로 모색할 필요가 있다. 이 장에서는 그간 학교에서 실행해 온 학교교육과정 설계 로드맵과 워크숍들을 제시히여 교육과정 설계를 위한 팀리더십을 고민하는 이들에게 도움을 주고자 한다.

팀 기반 학교교육과정 로드맵 설계

교육과정을 구성원들이 주체적으로 만들어가기 위해서는 공동체가 함께 교육과정을 설계하는 형식과 절차에 대한 고민이 필요하다. 삶을 위한 교육, 미래를 여는 교육과정과 수업의 가능성을 높이려면 집단지성이 발현되는 바탕을 먼저 조성할 필요가 있다.

학교에서 교사는 혼자 학급과 교육과정을 오롯이 짊어지고 책임지며 한 해를 겪어내어야 하는 상황에 놓여 있다. 학교 단위의 교육과정 큰 그림을 함께 설계하기 위해 학교 구성원 모두가 한 팀이 되어 리더십을 발휘할 수 있도록 하는 로드맵을 설계할 필요가 있다. 학교 구성원이 함께 참여할 수 있는 1년 단위의 장기 로드맵을 설계하고 실행하는 과정이 해마다 반복될 때 시스템은 형식과 절차를 넘어 학교의 문화가 될 수 있다. 그 속에서 교육과정을 중심으로 자율성과 자발성이 살아있는 팀리더십 또한 구현될 수 있다.

다음 글에서 보여주는 조현초, 운산초, 의정부여중 세 학교의 교육과정 설계 사례는 혁신학교를 운영하며 오랜 세월 반복해서 실천하는 과정을 통해 학교교육과정 로드맵이 역사성을 가지게 된 예이다.

나눔과 공유로 만드는 조현초 교육과정

조현초 교육과정 로드맵

❶ 12월 교육과정 설문
❷ 12월 교육과정 평가회: 7형태 교육과정 운영에 대한 쟁점 나눔
❸ 2월 삶과 철학을 나누는 교육과정 워크숍
❹ 나눔과 제안으로 교육과정 엮어내기
❺ 공유로 교육과정 엮어내기

조현초등학교는 오랫동안 혁신학교를 운영하며 교육과정의 창의성
과 역사성을 함께 만들어가고 있다. 학년 초에 계획된 교육과정을 매
월 돌아보고 교육과정에 따른 활동 내용을 공유하고 문제를 제기하며
교육과정 운영의 방향이 흔들리지 않도록 만들어가고 있다. 또한 월말
평가에서 제기되는 쟁점 사항은 1학기 교육과정 평가회를 통해 다시
집중적으로 논의한다. 이때 교사로서 '나에게 배움이 된 순간', '나눔의
행복을 느낀 순간', '수업에서 깊이 있는 배움이 있었던 순간', '수업에서
나눔을 경험한 순간' 등 교사로서의 삶을 돌아보며 함께 나눈다.

이러한 과정은 12월 교육과정 평가로 이어진다. 주요 쟁점 사항이
나 새롭게 제기되는 교육활동을 제안서 형식으로 사전에 제출하여 구
성원들이 미리 고민해 볼 수 있는 시간을 확보하고, 적극적인 참여와
내용의 깊이를 이끌어 낸다. 유의미하게 보아야 할 부분은 평가와 토
론이 문서나 설문으로 그치지 않고 살아있는 이야기들로 진행되며 쟁
점 사항에 큰 의미를 두고 있다는 점이다. 이를 통해 교육과정은 고인
물이 되지 않고 계속해서 새로워지게 된다. 특히 방학을 이용하여 전

교원이 참여하는 2박 3일 워크숍에서 공유하며 새 학년도 교육과정 그림을 그리는 활동은 자연스레 비전 공유와 교육공동체가 나아가야 할 방향을 모색하는 장이 된다. 이런 과정을 통해 굳건한 실천적 토대와 조현만의 특징을 가진 7형태 교육과정[1]이 만들어지고 다듬어져 이어지고 있다.

조현초의 교육 방향이 흔들리지 않고 가는 이유 중의 하나는 철학과 방향에 대한 공유 워크숍이다. 사전 제시된 토론 주제들을 바탕으로 동료 교사들과 자신의 교육철학을 이야기하고 삶의 경험과 교사로서의 역량을 나누는 시간은 동료 간에 깊은 관계와 신뢰를 낳는 초석이 되기도 한다.

다음은 2024년 2월 교육과정 워크숍에서 함께 나눴던 토론 질문이다. 이러한 질문들을 통해 학교가 무엇을 어떻게 가르칠 것인가에 대한 방향을 묻고 함께 나누며 조현초만의 교육과정을 엮어내고 만들어 간다.

> 66
>
> - 10~20년 뒤의 세상은 어떻게 될까?
> - 그 세상을 살아갈 우리 조현 아이들에게 필요한 교육은 무엇일까?
> - 디지털 미디어 교육에 대한 생각은? 왜? 어떻게?
> - 평가는 왜, 무엇을, 어떻게 해야 할 것인가?
> - 요즘 아이들의 문제점은? 생활교육 하면서 힘든 점은?
> - 우리 학교의 2024년에 대한 바람, 원하는 학교 모습은?
> - 우리 학교는 매점도 있는데, 먹을거리 교육 어떻게?
>
> 99

---

1) 디딤돌 학습, 체험형 통합학습, 발전학습, 문화예술교육, 생태교육, 온작품 읽기, 학생 자치 활동(동아리, 어울마당, 학생회)

조현초 교육과정의 힘은 모두 함께 참여하고 제안하며 끊임없이 평가와 성찰의 시간을 거치고 서로의 철학을 묻고 답하는 데에서 나온다. 제안과 공유 과정의 자세한 설계와 진행이 조현초의 교육과정의 든든한 바탕이다.

　　학교교육과정을 수립하는 데 있어 로드맵의 유무는 매우 큰 차이를 만들어 낸다. 로드맵은 목표 또는 바라는 결과를 이루기 위한 전략적인 지도와 같다. 그 지도는 일의 방향과 절차를 알려줌과 동시에 단계적으로 매듭을 지어갈 수 있게끔 일정을 관리해준다. 로드맵이 없이 학교교육과정을 수립할 때는 중장기적인 계획이 되지 못할 가능성이 높고 당해 연도에 단기적으로 수립되기 급급한 계획이 되기 쉽다.

　　학교는 매해 사람이 들어오고 나가는 곳이다. 구성원의 변화가 적을 때는 새로운 인원이 학교의 문화와 시스템을 알아가고 적응할 수도 있지만, 구성원의 변화가 큰 해에는 종종 구성원들이 학교교육의 비전과 철학을 공유하는 데에 어려움을 겪으며 철학과 리더십이 크게 흔들리기도 한다. 이때 오랜 시간에 걸쳐 검증된 로드맵이 존재한다면 보다 안정적으로 학교교육과정을 수립할 수 있으며 어느 정도 수준 이상의 교육과정을 보장할 수 있다.

자신의 언어로 만들어가는 운산초 교육과정 로드맵

운산초 교육과정 수립 로드맵

❶ 2학기 말이 되면 교육과정을 중심으로 대토론회, 설문조사, 조직 진단 등 학교평가 과정을 거친다.

❷ 학년교육과정에 대한 평가 결과를 공유하고 내년 교육과정을 개선하기 위한 교육과정 워크숍은 보통 12월에 2~3차에 걸쳐 이루어진다.

❸ 위 1, 2번의 평가 결과가 공유되고 나면, 교육과정 리더들(부장단)이 주체가 되어 주제별 교육활동 제안서를 나눠 맡아 정리하고 리더 워크숍까지 제출한다.

❹ 리더 워크숍에서는 리더 그룹이 긍정적인 관계 형성을 바탕으로 교육과정에 대한 철학을 공유하고 관점을 맞추는 것이 중요하다. 이때 제안서 최종 협의를 하고, 새 학기 워크숍에서 전체 선생님들을 맞이할 준비를 한다.

❺ 2월 전 직원 출근일 이후에는 중점 교육활동을 위한 전체 전학공 연수, 학년 한해살이 밑그림 그리기, 3월 개학 준비 등이 이루어지고 3월 말까지 학교, 학년교육과정 운영 계획서를 제출한다.

아무리 훌륭한 학교교육과정이 만들어지더라도 개별 구성원이 그 의미와 취지를 이해하지 못해 제대로 실행하지 못한다면 그것은 좋은 교육과정이라 할 수 없을 것이다. 학교교육과정은 특정한 소수가 아이디어를 독점하고 강제하는 것이 아니라 모든 구성원의 참여와 토론을 거쳐 만들어지고, 다듬어지고, 완성된다. 그렇게 만들어진 학교교육과정은 형식적인 문서로만 존재하지 않고 일 년 동안 학년, 학급 교육과정을 운영할 수 있는 길잡이로 기능한다. 또한 다시 아래로부터 위로 환류가 일어나 전체 학교교육과정의 아쉬웠던 부분을 반성하고 개선할 수 있다.

2024학년도에 새롭게 운산초등학교의 중점 교육활동이 된 글쓰기 교육, 디지털 창의 교육 등은 2023년에 1~3차 교육과정 워크숍을 거치면서 대두된 주제들이다. 그 필요성에 대해 구성원들이 공감하고 실천 방안을 제시했기 때문에 학년별로 개성 있게 펼쳐질 수 있었으며 학기가 진행될수록 더욱 힘있게 실천될 수 있었다.

결국 학교교육과정 로드맵이 주는 의미는 학교 구성원 모두가 학교교육에 대해 '왜 해야 하는지', '어떻게 실행해나갈지'를 자기 언어로 이해하게 되고 개별 교사의 교육과정 구성력을 높이는 기회를 제공하는 것이라고 할 수 있다. 교사들은 학기 말부터 다음 학기 초에 걸쳐 진행되는 이러한 과정을 몸소 겪은 덕분에 개별 교실에서 벗어나 학교교육 전체를 조망할 수 있는 시야와 안목을 갖추게 되며, 학교교육 안에서 내가 어떤 위치에 서고 어떤 역할을 해내고 싶은지 내적인 동기를 갖게 해주었다.

성찰과 합의로 만들어가는 의정부여중 숙의 교육과정 로드맵

의정부여중 교육과정 로드맵

❶ 학교와 나(교사)의 존재 이유 질문하기
❷ 우리학교 돌아보기
❸ 학교 철학 구체화하기
❹ 공동체 성찰을 통한 차기 연도 목표 수립
❺ 교육공동체가 함께 준비하는 2월 새 학기 준비의 달

1단계는 '학교란 무엇인가? 우리는 왜 교육하는가?'란 철학적 질문을 가지고 구성원 모두가 모여 서로의 생각을 공유하는 것으로 학교교육과정의 설계가 시작된다. 매년 똑같은 교육과정의 반복이라 생각할 수도 있지만 매년 아이들은 달라지고 함께 교육과정을 설계하는 선생님들도 달라진다. 교사의 본질, 학교의 존재 이유를 묻는 작은 질문들은 다음과 같다.

- 나는 최근 1년 동안 학교 안에서 무엇 때문에 실망하고 화가 났었는가?
- 교사로서 좌절과 한계를 느꼈던 순간은 언제인가?
- 나는 최근 1년 동안 학교에서 언제 행복하다고 느꼈는가?
- 교사로서 보람과 긍지를 느끼는 순간은 언제인가?
- 우리 학교 아이들은 어떤 아이들로 성장하기를 바라는가?
- 내 교과를 통해 아이들이 배우기를 원하는 내용과 가치는 무엇일까?

2단계에서 이루어지는 우리학교 돌아보기는 강점과 약점을 찾고 우리 학교 학생에게 필요한 교육은 무엇인가를 묻는 과정으로 학교교육과정을 구체화하는 데 있어서 매우 중요한 소통의 절차이다. 학기가 끝날 때면 학생, 학부모, 교사공동체 교육과정 평가회를 진행하고 교사는 학년별 평가회 이후 전체 평가회를 진행한다. 또한 그룹별 평가회를 통해 정리된 내용에 대해 공유하며 환류하고 공유된 의견을 분석해서 다음 해 계획에 반영한다. 키워드로 읽는 의정부여중 공동체의 답을 보면 이 학교가 무엇을 추구하고 있고 구성원들의 내면에 이러한 가치들이 어떻게 체화되어 있는지를 엿볼 수 있다.

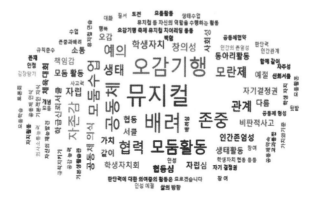

"학생들은 학교에서 무엇을 배워야 하는가?"
"의여중 교육과정의 우수성은 무엇인가?"

3단계 학교 철학을 구체화하고 교육과정에 녹여내는 과정에서 문화와 시스템을 개선하기 위한 토의 과정을 가진다. 특히 업무경감을 위해 무엇을 없애고 뺄지 고민하는 시간은 교사들에게 실질적 업무개선을 넘어 업무에 중압감을 덜어주는 심리적 효과를 낳기도 한다.

마지막 단계에서 교육과정을 설계하는 2월 새 학기 준비의 달은 교육공동체가 '따로 또 같이' 마음과 생각을 모으는 시기이다. 학생의 학습권, 교사의 교육권 보장을 위한 공동체 생활 약속 세우기는 규범과 경계를 세워 학교가 흔들림 없이 안정적으로 나아갈 수 있도록 해주므로, 생활 약속을 중심으로 학생, 학교, 보호자의 경계를 세우고 학교와 가정이 연계하는 생활교육 강화를 약속하는 것은 새 학기를 시작하는 데 중요한 과정이 된다.

평화롭고 안전한 배움이 있는 교실을 만들기 위한 의여중의 평화 약속

교사의 약속
• 수업 시간 잘 지키겠습니다. • 수행평가 시간 충분히 확보하겠습니다. • 수업 시간에 학생에게 집중하겠습니다. • 감정적으로 혼내지 않겠습니다. • 학생의 이야기에 경청하겠습니다. • 상담 비밀 지켜주겠습니다. • 차별하지 않겠습니다. • 학생을 진심으로 존중하겠습니다.
학생의 약속
• 수업 준비 미리 하겠습니다. • 수업 시간에 불필요한 물건 집어넣겠습니다. • 모둠활동 시 적극적으로 참여하겠습니다 • 수업 시간에 관련된 말과 행동하겠습니다. • 친구 비난하지 않겠습니다. • 선생님께 예의 바르게 행동하겠습니다. • 학교시설 청결하게 사용하겠습니다, • 교내 흡연하지 않겠습니다.
보호자 약속
• 가정에서 좋은 말을 쓰고, 모범이 되겠습니다. • 아이의 말을 잘 들어주고, 바른 판단을 할 수 있게 돕겠습니다. • 우리 아이 중심이 아닌 교육공동체 관점에서 생각하고 행동하겠습니다. • 선생님, 아이들, 다른 학부모와 감정이 아닌 이성적으로 배려하며 대화하겠습니다. • 선생님의 시간과 공간을 존중하겠습니다. • 학교의 교육활동에 관심을 가지고 지지하며 참여하겠습니다.

  세 학교의 학교교육과정 로드맵을 살펴보면 유의미한 공통점이 몇
가지 있다. 관계와 신뢰 형성을 위한 환대의 시간으로 학교교육과정
로드맵을 시작한다. 또한 학교문화와 시스템을 돌아보고 새롭게 세우
는 워크숍을 전반부에 배치해서 교육과정의 기반을 조성하는 것이 특

징이다. 특히 학교 철학을 공유하기 위한 세부적인 질문을 가지고 한 방향으로 나아가기 위한 워크숍은 공동체의 지향을 모아가는 데 중요한 역할을 한다. 창의성과 다양성을 확보할 뿐 아니라 교육과정의 민주성을 담아내는 부분은 제안서 쓰기 과정이다. 구성원 모두가 제안하고 합의하는 과정에 결정권을 가지고 참여하는 것은 자발성과 참여를 이끌어내는 핵심 활동이다.

팀 기반 학교교육과정 워크숍

이 장에서는 구성원들이 자율권과 주체성을 가지고 제안하고 참여함으로써 팀리더십을 발휘하는 구체적 형식과 방법들에 대해 이야기하고자 한다.

마이클 애플은 그의 저서 『민주학교』[2]에서 '교육은 내용이 아니고 형식이다.'라고 이야기하고 있다. 절차와 구조들은 잠재적 교육과정을 구성한다. 그리고 사람들은 이 잠재적 교육과정으로부터 정의, 권력, 존엄성, 그리고 자존감에 대해 중요한 교훈을 학습하게 된다. 민주적 교육과정은 폭넓은 수준에서 정보에 대한 접근권이 보장되어야 하며 다양한 집단들의 의견이 표출될 수 있어야 한다. 우리가 교육과정을 만들어가는 방식과 절차에 있어 민주적 형식과 참여 과정을 중요하게 여기고 세심하게 준비해야 하는 이유 중 하나이다.

그렇다면 팀리더십 기반 교육과정은 어떻게 개발할 수 있는가? 앞

---

[2] 민주학교. Michael W. Apple·James A. Beane, 강희룡 역, 살림터, 2015

의 6개의 장에서 우리는 팀리더십을 개발하기 위한 6개의 전략을 기술하였다. 이 장에서는 학교교육의 핵심인 비전을 실현하는 학교교육과정을 개발함과 동시에 결과적으로 팀리더십도 개발할 수 있는 방안에 대해 구체적 실천 사례를 기반으로 기술하고자 한다.

교육과정 비전 공유 워크숍

공동체가 함께 수립한 비전이 문서에서만 작동되는 한낱 구호가 되지 않으려면 비전을 실현하는 교육과정이 일관성있게 설계되어야 한다.

> 어떤 세상을 만들어가야 하는가?
> 어떤 삶이 좋은 삶인가?
> 아이들은 무엇을 배워야 하는가?

교육과정에 던지는 철학적 질문은 많은 교사들의 마음에 숨겨져 있는 교육에 대한 열정을 깨우는 신호탄이었다. 그 어느 공간보다 학교는 자신의 삶과 아이들의 미래, 세상의 변화 등에 질문을 던지고 함께 사유하며 나아가야 하는 곳이다. 그럼에도 실제로 어떻게 살아갈 것이며 우리가 무엇을 꿈꾸는지에 대해 질문하는 것이 참으로 어려운 공간이기도 하다. 그러한 질문과 탐색의 과정들은 교사 개인의 내면에 깊이 잠들어 있거나 열의를 가진 이들이 모인 학교 밖 연구모임에서나 이루어지곤 한다. 그렇기에 학교 안에서, 학교 공동체 구성원들과 함께 비전을 수립하고 교육과정과 연결해서 함께 실천할 수 있는 구조적 시스템이 필요하다.

비전을 공유한다는 것은 비전이 담고 있는 핵심 가치와 우리가 가고자 했던 길을 묻는 것이기도 하지만, 그렇게 실천하고 살아내었는지를 되묻는 시간이기도 하다. 비전의 공유는 말을 통해서 잠정적으로 그려지고 실천 과정을 통해 실제로 이루어진다. 비전을 중심으로 한 해를 돌아보는 성찰의 과정은 한 해 동안 우리가 실천했던 학교교육과정의 궁극적 목적에 응답하는 시간이다. 학년말, 교육과정의 실천이 우리의 방향과 맞는지 또는 새로운 한 해를 설계하기 위해 학교 철학과 핵심 가치에 담겨 있는 의미와 방향을 함께 되묻는 과정이다. 이러한 과정을 통해 비전은 한낱 구호에 머무르거나 문서에 잠들어 있는 죽어있는 문구가 아닌 살아 움직이는 방향타가 될 수 있다. 비전과 학교의 핵심 가치를 담은 교육활동이 공허한 문서가 아닌 실제로 실천될 때 이것이 미치는 영향은 실로 크다. 수백 명 또는 수천 명의 아이들을 학교라는 한 배에 싣고 삶이라는 긴 여행을 떠날 때 어디로 나아가야 할지를 정하는 이정표이기 때문이다. 그러기에 우리는 매 순간 매 활동에서 우리가 세운 비전대로 행하고 있는지, 어디로 어떻게 나아가야 할지 질문해야 한다.

교육과정이 담고 있는 비전을 공유하는 방법은 매우 다양하다. 다음 예시는 학교에서 실천해 볼 수 있는 몇 가지 아이디어이다. 그중 비전 공유 워크숍과 교육과정 관점 진단, 학교 헌장 만들기 등 몇 가지 사례를 아래에 제시하고자 한다.

단계	워크숍 흐름	길잡이
1단계	**1. 마음 열기** • 내 삶의 비전과 핵심 가치 메모하기 - 내가 꿈꾸는 삶은? • 새해 나의 버킷리스트 3가지 • 모둠별로 발표하기 • 전체 공유 - 우리 모둠 구성원의 특징 3가지 발표하기	• 개인 삶의 비전을 중심으로 먼저 공유한다. • 내 삶의 비전 실현을 위한 구체적인 목표를 버킷리스트를 중심으로 메모하고 발표함으로써 자연스럽게 학교 비전 공유로 연결한다.
2단계	**2. 교육과정에 비전으로 질문하기** • 우리 학교 비전을 닮은 프리즘 카드 고르고 학교 비전의 의미 나누기 • 우리 학교 핵심 가치의 의미 정의하기 • 우리는 비전을 어떻게 실현하고 있는가? • 각각의 교육과정은 어떤 가치와 맞닿아 있는가? • 우리 아이들의 모습은 비전을 닮아가고 있는가? • 학교 비전 잘 실천되는 것, 아쉬운 것, 개선아이디어 나누기	• 몇 개의 질문을 가지고 월드카페 형식으로 서로의 생각을 나눈다. • 교육과정 비전 수립 때 사용한 질문을 다시 던지며 비전대로 교육활동이 이루어지고 있는지 되묻는 활동을 통해 비전과 교육과정 일치 여부를 점검
3단계	**3. 공유하기** • 전체 공유할 내용 모둠별로 정하기 • 모둠별로 토의한 내용 발표하기 4. 전체 서클로 소감 나누기	• 주제별로 이야기 나눈 내용 중 중요하거나 의미 있는 내용을 선택해서 카페지기가 전체 앞에서 발표한다.

교육과정 관점 공유 워크숍

학교의 교육과정 철학과 비전은 때로 개인의 교육과정에 대한 철학과 불일치하기도 한다. 내가 추구하는 교육적 철학과 패러다임이 무엇이고 실제 현실에서는 어떤 생각을 가지고 있는지 간단한 진단 도구를 통해 살펴보는 것도 도움이 된다. 이야기를 나누며 개개인의 방향을 다시 성찰하고 그 간극을 좁히는 것은 학교교육과정의 방향을 공유하고 함께 나아가는 데 매우 유용하다. 한혜정·조덕주는 "가르침이라는 말의 정확한 의미를 찾는다는 것은 '왜 가르치고 배우는가'에 대한 교사 자신의 영혼이 담긴 답을 찾아가는 과정이다."라고 정의하고 있다.[3] 특히 교육과정을 바라보는 관점을 4가지로 바라보고 있다.

첫 번째 관점은 자유교육에 기반한 것으로, 교과와 인류의 문화유산을 강조하며 교사를 지식의 전달자로 바라본다. 교과를 가르치는 것을 중시하며 교육의 역사상 가장 오래 지지받아 왔다. 둘째는 지원적 관점으로 학습의 주체를 학생으로 바라보고 있다. 지식은 학습자의 마음 안에서 성장해 나가는 것이며, 학습자가 스스로 의미를 만들어 갈 수 있도록 지원해주는 것을 교사의 주요 역할로 보고 있다. 셋째 관리적 관점은 교육을 미성숙한 학생에게 사회에서 필요로 하는 지식과 기능을 가르치는 것으로 본다. 즉 그들을 사회의 유능한 일원으로 키우는 사회화의 과정으로 보고 있다. 정해진 교육목표를 충분히 달성할 수 있도록 교육의 시작부터 끝까지 관리하는 것을 중요하게 여긴다. 마지막은 해방적 관점이다. 정의로운 사회에 대한 비전을 세우고 사회, 경제, 정치가 일치되는 교육과정을 구성해야 한다고 본다. 학습자는 교사가 제시하는 지식을 수동적으로 학습하는 것이 아니라 다른 구성원과 상호작용을 통해 스스로 의미를 구성한다고 보고 있다.

관련 진단 도구를 활용하면 위의 네 가지 관점에 대한 자신의 선호도를 알아볼 수 있다. 동일한 관점에서도 교육 목적, 교육 내용, 교육 방법, 교육평가, 교사의 역할, 학습자의 역할에 대해 자신이 일관되지

---

3) 교육과정, 한혜정·조덕주, 학지사, 2016

않은 생각을 가지고 있다는 것을 알 수 있다.

이 도구를 활용하여 교육과정의 관점을 녕료히 파악해 보는 과정을 통해 교육과정에 대해 개인의 생각을 넘어 공동체의 지향과 개인의 지향 간의 차이를 좁힐 수 있으며, 어떠한 관점이 우리 학교의 학교교육과정의 비전과 일치하고, 어떤 관점으로 나아가야 하는지에 대한 생각도 나눌 수 있다.

교육과정 관점 공유 워크숍 예시

순서	워크숍 흐름	길잡이
1단계	**1. 마음 열기** • 내가 꿈꾸는 수업은? • 내 생애 최고의 수업은?	• 포스트잇에 메모하기 • 모둠 서클로 이야기 나누기 • 전체 공유하기
2단계	**2. 나의 교육과정 관점 진단하기** • 네 가지 의견 중에서 자신의 마음에 드는 순서대로 순위를 매긴다. • 2번 표에 자신의 순위를 ○으로 표시하고 가로로 점을 연결해 보자.	• 개인별 A4 진단지로 체크한다.
3단계	**3. 우리 분임 교육과정 관점 공통점 3가지 함께 찾기** • 포스트잇에 각자 메모하기 **4. 소감 나누기**	• 개인의 진단에서 모둠의 공통점을 찾는 과정에서 구성원들의 생각을 연결하여 공동체로 나아가게 하는데 의미가 있다.

나의 교육과정 관점은?

1. 다음 표에는 교육 목적, 교육 내용, 교육 방법, 교육평가, 교사의 역할, 학습자의 역할에 대한 의견이 각 항목별로 네 가지가 제시되어 있습니다. 네 가지 의견 중에서 자신의 마음에 드는 순서대로 순위를 매겨 봅시다.

항목	의견	순위
교육 목적	학교는 축적된 문화유산을 후 세대에게 전달해 주어야 한다.	
	학교는 학습자의 발달단계를 고려하여 학습자의 필요와 흥미에 따라 학습자의 적합하고 즐거운 교육 환경을 제공해 주어야 한다.	
	학교는 젊은이가 사회의 능력 있는 일원으로서 기능하는 데 필요한 지식을 효과적으로 가르쳐 주어야 한다.	
	학교는 학습자로 하여금 사회의 문제를 인식하고 더 좋은 사회에 대한 비전을 가질 수 있도록 하며, 정의로운 사회를 만들기 위하여 실천할 수 있도록 해야 한다.	
교육 내용	가장 가치 있는 지식은 시대를 불문하고 가치 있는 것으로 인정되어 온 구조화된 지식 체계다.	
	가장 가치 있는 지식은 학생 자신이 자신과 세계에 대해 가지고 있는 의미이며, 그것은 개인과 세계의 직접적 상호작용을 통하여 창출된다.	
	가장 가치 있는 지식은 각 개인이 사회적 기능을 수행하는 데 필요한 구체적인 지식이나 기능이다.	
	가장 가치 있는 지식은 좋은 사회에 대한 비전, 그러한 사회적 비전에 대한 헌신과 실현 방법에 대한 이해다.	
교육 방법	교사가 학습 내용을 가장 정확하고 명확하게 이해하고 있을 때 학습은 가장 효과적으로 일어날 수 있다.	
	학생이 스스로 지식을 창출하고 자신이 알고 있는 세계를 이해할 수 있는 경험에 적극적으로 참여할 수 있을 때 학습은 가장 효과적으로 일어날 수 있다.	
	학생에게 적절한 자극과 자료, 적극적인 강화가 주어질 때 학습은 가장 효과적으로 일어날 수 있다.	
	학생이 실제 사회적 문제에 대해 정확히 알고 그 문제에 대한 해결 과정에 참여하게 될 때 학습은 가장 효과적으로 일어날 수 있다.	

교육 평가	평가는 학생이 어느 정도의 지식을 습득하였는가를 개관적으로 결정하기 위해서 이루어진다. 지식을 가장 많이 습득한 학생부터 가장 적게 습득한 학생에 이르기까지 순서가 매겨진다.
	평가는 학습자의 필요와 성장을 계속적으로 진단하여 학습자에게 학습 환경을 최적의 조건으로 만들어 주기 위해 필요한 것이다. 그것의 목적은 정해진 기준에 의거하여 학습자 간 서열을 매기는 데 있는 것이 아니다.
	평가는 학습자가 특정 기술을 수행할 수 있는지 없는지를 누구에게나 객관적으로 인정될 수 있는 방법으로 이루어져야 한다. 그것의 목적은 학생의 특정 과업 수행 능력을 정확히 측정하는 데 있다.
	평가는 학생의 발전 정도를 스스로 점검해 보도록 하기 위해 필요하며, 개별적으로 이루어지기보다 집단적 상호작용 속에서 이루어진다.
교사의 역할	교사는 지식이 풍부한 사람으로서 자신이 알고 있는 것을 아직 그것을 모르는 학생에게 전달하는 사람이다.
	교사는 학생 각자가 스스로 의미를 찾을 수 있는 경험을 제공함으로써 학생의 학습을 돕는 조력자다.
	교사는 학습을 관리하고 학습이 최대한 잘 일어날 수 있도록 효과적인 교수·학습 전략을 개발해야 한다.
	교사는 학생이 살고 있는 학교 밖 환경을 충분히 고려하면서 가르쳐야 한다.
학습자 의 역할	학습자는 인류의 위대한 문화유산을 공부하기 위한 이성적 능력을 발달시키는 과정 중에 있는 사람이다.
	학습자는 자신의 내재적 본성, 필요, 욕구 등에 따라 자아를 실현해 가는 과정 중에 있는 사람이다. 초점은 미래의 성인 생활에 있는 것이 아니라 현재 학습자 자신에게 있다.
	학습자는 한 사회의 능력 있는 구성원으로서 살아가게 될 성인 생활을 준비하기 위해 공부하는 사람이다.
	학습자는 자신과 사회 모두의 발전을 위해 비판적 안목을 발전시키는 과정 중에 있는 사람이다.

2. 다음 표에 자신의 순위를 ○으로 표시하고 가로로 점을 연결해 봅시다.

		목적	내용	방법	평가	교사	학습자
자유교육적 관점	1						
	2						
	3						
	4						
지원적 관점	1						
	2						
	3						
	4						
관리적 관점	1						
	2						
	3						
	4						
해방적 관점	1						
	2						
	3						
	4						

출처: 『교육과정』 한혜정·조덕주. 학지사. 2016

학교 헌장 수립으로 명문화하라!

학교비전과 교육과정이 구성원의 합의와 성찰의 과정을 통해 수립되고 실천되고 있다면 이것을 지속 가능하게 하는 것도 중요하다. 학교 비전과 철학, 교육과정의 방향 등에 대한 원칙과 약속을 학교 헌장 또는 교육원리 등으로 명시화하여 구성원 모두가 공유하는 것도 효과적이다. 이는 초기에 만든 교육과정과 학교 철학을 전입해 온 교사에게 가치나 방향이 훼손되지 않고 온전하게 전할 수 있는 방법이기도 하다. 또한 헌장 제정 과정 자체가 비전의 공유 과정이 된다는 점에서 중요성을 가진다. 학교 구성원의 철학과 비전이 담긴 학교 헌장은 교육목표 달성을 위한 세부 교육활동의 방향 및 방법과 평가에까지 영향을 미치게 된다.

학교 헌장 제정 워크숍 예시

순서	워크숍 흐름	길잡이
1단계	**1. 마음 열기: 프리즘카드 고르기** • 현재 우리 학교는? • 내가 꿈꾸는 학교는?	• 질문에 대한 두 장의 카드를 고르게 하고 왜 선택했는지 이야기 나눈다.
2단계	**2. 주제별 분임 토의** • 우리학교 교육철학은? • 어떤 학교문화를 만들어야 하는가? • 교육과정, 수업, 평가의 운영 방향은? • 학생상, 교사상, 학생상은? • 교육공동체가 함께 지킬 것은? • 학교운영의 중요 원리는? • 학교 생활공동체 방향은? • 지역과의 협력관계는?	• 헌장에 담을 내용에 관한 질문을 헌장에 담고자 하는 중요 내용으로 구성하여 분임 토의한다. • 질문별로 큰 포스트잇에 생각 메모하기 • 유목화하여 정리된 문장을 플로터로 출력하기
3단계	**3. 공유 및 가치 투표하기** • 동의하는 모든 내용에 이름을 써서 투표한다. • 최종 합의된 내용을 다시 T/F 중심으로 수정하고 플로터로 출력하여 최종 공유한다.	

운산초등학교 헌장

운산초등학교는 2000년 9월 개교하고 2011년 혁신학교 지정 및 2015, 2019, 2023년 혁신학교 재지정된 학교로서 공교육의 정상화를 통해 학생, 학부모, 교사 등 모든 구성원이 서로 존중하고 함께 어울려 배우는 행복한 학교 만들기를 위해 노력한다. 이를 위해 초·중등교육법 제61조 및 동법 시행령 제105조에 의거 학교 헌장을 제정하며 이에 근거하여 우리는 구성원의 참 배움과 성장 중심의 교육을 실현하고 미래와 더불어 현재의 행복한 삶을 살게 하는 교육을 실천한다.

1장 학교 철학과 문화

1조 우리는 협력, 공동체, 다양성, 능동적 교육철학을 지향하고 실천한다.

2조 우리는 구성원들의 자발적인 참여와 소통을 바탕으로 민주적인 토론과 협의의 과정을 중시하고 교원협의회를 통해 결정된 사항을 실천한다.

3조 교육구성원 모두는 민주적인 리더십을 발휘하여 자율적인 학교문화를 조성하고 교육과정 중심의 학교를 만들기 위해 적극 노력한다.

4조 우리는 서로의 다양성을 인정하고 존중하며 학교의 가치를 지키기 위해 책임을 다한다.

2장 학교 운영

1조 주요 교육활동의 기획 및 운영은 학교 비전에 근거하여 학년 중심의 스몰스쿨제로 자율적으로 운영하며 정기적인 만남을 통해 협력하고 공유한다.

2조 교사 전문성 신장을 위해 학교, 학년 단위로 학습공동체를 구축하고 공동연구, 공동실천을 통해 모두의 성장을 추구한다.

3조 학교 행정과 예산은 학생과 교사의 교육활동 지원을 우선으로 한다.

3장 교육과정

1조 교사는 학생의 배움과 삶의 연결을 중시하고 협력적 배움이 일어나도록 돕
는다.

2조 우리는 평가를 학생 개개인의 성장을 돕기 위한 과정으로 생각한다. 그러
므로 경쟁에서 협력으로, 결과 중심에서 과정 중심으로, 자신의 생각을 보
다 깊고 넓게 표현할 수 있도록 하는데 중점을 둔다.

3조 우리는 다양한 체험과 생태·문화예술 교육을 통해 학생들의 창의성과 감수
성을 기른다.

4조 학교는 학생들의 꿈과 진로에 관심을 가지며 개개인의 가능성을 열어주는
교육의 장을 제공한다.

4장 학생 생활

1조 교사는 학생들이 학교 안 어디에서나 안전하고, 차별받지 않도록 노력하
며, 상호 존중과 배려의 교실공동체 문화를 만들기 위해 노력한다.

2조 학교는 평화·인권교육과 회복적 생활교육을 통해 평화로운 공동체가 되도
록 노력한다.

3조 학생은 함께 만든 규칙을 준수하여 존중과 배려의 학급문화를 만들기 위해
노력한다.

5장 연대와 협력

1조 학부모는 학교교육에 대한 권리와 책임을 동시에 갖는 교육의 주체로서 자
발적으로 학교교육에 참여하고 지원한다.

2조 학교는 마을 교육공동체와 연대하고 협력하는 문화를 만들기 위해 힘쓴다.

3조 교사는 마을의 다양한 인적, 물적 자원을 활용하여 마을 교육과정을 운영
한다.

학교교육과정 비우기

학교교육과정 비우기는 간단한 과정이면서도 교사들에게 새로운 실천을 낳는 동력을 만들어준다. 기존에 운영하던 활동들을 재정비하지 않고 관성에 의해 운영할 경우 학교교육과정은 의미를 상실한 채 교육적 효과와 거리가 먼 누더기 교육과정이 될 수도 있다.

관성이 된 교육과정은 어느 한 개인의 결정으로 정리하기 매우 어렵다. 이 과정이야말로 함께 머리를 맞대고 팀이 되어야 하는 순간이다. 때로 이 워크숍이 집단지성이 아닌 편의주의로 흘러 유용한 교육활동까지 멈출까 우려하는 시선도 있지만, 비우기의 기준을 명확히 함으로써 그런 우려에 대해 경계를 세울 수도 있다. 학교 철학과 비전에 반하는 것, 교육의 방향이 산업사회의 패러다임에 갇혀있는 활동들, 교육적 효과가 없는 것 등 다양한 기준을 함께 세우고 그러한 활동들을 샅샅이 찾아내어 정리하는 시간은 새로운 교육활동 제안을 할 수 있는 여백을 만들어 낸다.

학교교육과정 비우기 워크숍 예시

순서	워크숍 흐름	길잡이
1단계	**1. 관계 맺기** • 나의 리더십 카드 한 장 고르기 • 모둠원 모두에게 리더십 카드 1장씩 선물하기 • 내가 고른 카드에 대해 이야기하기 • 돌아가며 카드를 선물한 이유 들려주기 • 경청과 공감, 눈맞춤으로 서로를 환대해주기	• 카드는 씨앗카드 등 다양한 강점카드를 활용한다. • 한 사람이 자신의 리더십 카드를 고른 이유를 이야기하면 나머지 구성원이 선물한 카드를 고른 이유를 들려준다.
2단계	**2. 교육과정 비우기 활동** • 포스트잇에 표에 있는 4가지 질문에 대해 메모하기 • 모둠끼리 메모한 내용 이야기 나누기 | 지속할 것	버릴 것	개선할 것	새롭게 시도할 것 | |---|---|---|---| | | | | |	• 질문 1개당 2~3개 정도 메모하되 없는 경우 생략한다. • 학교의 철학이나 비전에 반하는 내용들을 버릴 수 있도록 찾아본다. • 개선할 것은 일부 수정하여 지속해서 할 것을 메모한다.
3단계	**3. 전체 공유 및 합의하기** • 전체 워크시트에 유목화하여 붙이기 • 발표 및 공유 • 질문과 토의를 통해 합의하기	• 유목화한 내용에 대해 발표 및 합의의 시간을 가진다.

다양성과 창의성을 구현하는 교육과정 제안서

교육과정의 창의성은 팀리더십이 추구하는 다양성과 집단지성에서 나온다. 학교교육과정이 고인 물이 되지 않고 늘 새롭게 살아 움직이기 위해서는 시대적 요구와 아이들의 상황과 필요를 담은 교육과정에 대한 제안의 장을 여는 일이 필요하다.

교육적 활동들을 이어가는 교육과정의 역사성도 매우 중요하지만 새로운 방향과 의미를 담은 교육과정을 개발하는 창의성 또한 중요한 지점 중 하나이다. 공교육의 특성상 학교마다 차이는 있지만 매년 30~40% 정도의 교사가 전입하고 전출한다. 그 학교의 교육과정이 아무리 뛰어나고 훌륭할지라도 누군가가 설계한 교육과정을 따라 하거나 이어가는 행위로 교사의 심장을 울리고 살아있는 실천을 요구하기는 어렵다. 교사 내면에 잠들어 있는 교육에 대한 기대와 열정을 믿고 함께 둘러앉아 이야기 나눌 때 서로에게 기대어 함께 깨어날 수 있다. 생각과 경험을 공유하고 제안하는 과정을 통해 다양성과 지혜들이 모이고 공공선을 실현하는 교육과정을 만들어 낼 수 있다.

그렇다. 교사가 곧 교육과정이며 한 명의 교사가 학교로 온다는 것은 그의 전문성과 교사로서의 총체적 삶이 학교로 온전히 들어오는 것이다. 위로부터 내려오는 교육과정을 영혼 없이 받아들이는 삶, 문서 따로 실천 따로인 삶이 교사의 영혼을 얼마나 잠식해가는지 우리는 알고 있다. 함께 둘러앉아 서로의 생각을 묻고 교육과정을 제안하는 자리야말로 민주성과 창의성을 동시에 구현하는 중요한 장이 될 수 있다.

교육과정 제안 워크숍 예시

단계	워크숍 흐름	길잡이
1단계	**1. 마음 열기** • 낱말 카드로 요즘 근황에 대해 질문 만들기 • 모둠 질문 중에서 한 가지 선택해서 답하기	• '배우다'란 낱말을 골랐다면 '요즘 당신이 가장 열심히 배우는 것은?'이라는 질문을 포스트잇에 쓴다.
2단계	**2. 제안서 주제 선택하기** **3. 모둠별 제안서 작성(형식은 자유롭게)** • 전지에 자유로운 형태로 작성 ( )**교육활동 제안서** 분임( ) 1) 핵심 가치와 방향 2) 학년별 실천 과정 | 학년	실천 내용	예산/시기 | |------|------|------| | 1학년 | | | | 2학년 | | | | 3학년 | | | | 4학년 | | | | 5학년 | | | | 6학년 | | | 3) 기대효과 • 제안서의 틀에 작성	• 제안서 워크숍 전에 주제에 대한 연구, 자료 수집과 고민의 시간을 가진 후에 진행하는 것이 풍성한 아이디어 도출에 효과적이다. • 아이디어 제안 시 비판금지, 양 추구, 모두 제안 1인당 3장 이상 사용
3단계	**4. 발표 및 가치투표** • 스티커를 이용하여 매우 공감하는 것에는 3개, 공감 2개, 보통은 1개의 스티커를 붙인다. **5. 소감 나누기**	• 전체 발표 후 제안서 중 동의하는 모든 곳에 가치 투표하여 생각을 모아 나간다.

학교교육과정 평가와 성찰 워크숍

교육과정에 대한 성찰과 피드백은 학교교육과정 개선의 핵심 과정이다. 한 해 동안 이루어진 학교교육을 함께 돌아보는 과정을 통해 교육과정의 강점 및 문제점을 이해하고 변화와 개선 가능성을 함께 찾을 수 있다. 설문이나 온라인을 통해 평가가 이루어지는 경우 교사들의 마음속에 살아있는 이야기들이나 평가 내용을 온전히 드러내는 것에는 한계가 있다. 함께 둘러앉아 1년 동안의 교육과정을 돌아보고 이야기 나누며 한 걸음 나아가기 위해 무엇을 해야 할지 논의하는 과정은 교육과정의 성과와 한계를 팀 전체의 시선으로 인식하게 해준다. 구성원이 함께 문제를 인식하면 해결을 위한 새로운 실천 또한 빠르고 방법도 다양해진다. 또한 그간의 실천에 대한 자부심을 느끼게 하는 시간이기도 하거니와 교육과정이 고이지 않고 새롭게 나아가는데 큰 밑거름이 된다.

다음 예시는 운산초등학교 1학기 교육과정 나눔과 평가회 워크숍 사례이다. 교육과정 나눔, 학년별 평가, 부서별 평가 등 총 3차에 걸쳐 진행되었다. 1차는 교육과정 나눔 및 토론을 통해 다양한 교육과정들을 깊이 있게 나누는 방향으로 진행되었다. 특히 지역의 1급 정교사 연수과정에 있는 교사들과 교대 재학 중인 예비교사 중 참관을 희망하는 교사들이 있어 30여 명에게 나눔과 평가의 과정을 개방함으로써 함께 성장하는 시간을 가졌다. 평가와 개방이 학교와 교사의 성장을 촉진할 수 있음을 구성원 모두가 느낀 소중한 시간이었다. 2차는 업무 부서별 돌아보기 시간으로 부서별 교육활동을 위한 지원, 운영상의 어려움, 건의 사항 협의 및 개선 방안을 찾는 시간으로 활동하였다. 3차는 학년별 돌아보기 시간으로 학년별 핵심 가치와 역량을 확인하고 기대하는 삶의 모습대로 아이들이 살고 있는지 점검했다. 또한 2학기에 반영할 것들을 살피고 성찰하는 시간이었다. 3차에 걸쳐 진행하며 얻은 가장 큰 성과는 교사들의 실천이 주는 자부심과 효능감이었다. 실천을 통해 생긴 이러한 교사 내면의 힘은 새로운 도전을 낳는 동력이 된다.

학교교육과정 평가와 성찰 워크숍 사례

단계	워크숍 흐름	길잡이
1단계	1. 인사 나누기 2. 교육과정 나눔 및 평가회 의미 공유 3. 교육과정 실천 사례 발표 주제 • 자존감 프로젝트, 생태 교육, 시 프로젝트와 글쓰기, 온작품 읽기, 인권 교육, 주제별 체험학습과 생활 글쓰기, 에듀테크 활용 교육	• 학년별로 고민과 질문이 있는 주제를 1가지 선택하여 프로젝트 수업 발표
2단계	4. 주제별 분임 토의 주제 • 긍정적 자존감을 갖도록 돕는 방법? • 생태 프로젝트의 내면화와 꾸준한 실천? • 학교교육에서 시를 가까이하는 방법 • 우리 아이들 수준에 맞는 읽기 자료? • 인권 감수성과 실천의 연결 • 의미 있는 체험학습 운영하기 • 에듀테크 홍수 속 나만의 관점 세우기	• 각 교실로 이동 및 분임별 워크시트 활용 토의 • 관계 맺기 • 포스트잇에 메모하여 워크시트에 붙이기
3단계	5. 전체 공유 및 참여 소감 나누기	• 분임별 토의 자료 발표

팀리더십 기반 교육과정 설계를 위한 제언

우리는 학교에서 대부분 동일한 8시간의 수업과 일을 하지만 교사로서 느끼는 만족감이나 효능감이 매우 다른 경우를 종종 본다. 함께 협력적 팀을 이루고 리더십을 발휘할 경우 동일한 노력과 시간에도 실제 어려움을 체감하는 강도가 낮거나 심지어 매우 행복해하는 색다른 경험을 하기도 한다. 이것이 팀리더십이 주는 행복한 에너지 중 하나이며 '함께 일하기'를 배워야 하는 이유이기도 하다. 학교교육과정에 대한 공동체 중심의 팀리더십을 키움으로써 관계와 신뢰를 형성하고 동료들과 협력하며 나아갈 때 새로운 에너지와 힘을 서로에게서 얻을 수 있다. 또한 학교에서 일하는 방식을 팀 중심으로 바꾸어 갈 때 아이들을 가르치는 이곳은 일터로서의 존재 가치를 넘어 관계와 협력에 기반한 진정한 삶터로 자리매김할 수 있다.

그러나 유의해야 할 것은 시스템이 팀리더십을 발현시키는 문화가 되고 문화가 다시 시스템이 되는 것에는 긴 시간의 반복과 경험의 축적이 필요하다는 점이다. 학교교육과정 개발은 단위학교 차원에서 이루어지는 협력이므로 전체 교사들의 동참을 유도하기 위한 리더그룹의 설득 과정이 필수적이다.[4] 교사들의 오해와 선입견을 극복하고 전체 교사들이 참여의 필요성에 공감하도록 설득하는 과정에서 교사들은 내·외적 갈등에 직면하게 된다. 따라서 갈등이 불가피함을 이해하고 협력을 강요하기보다는 촉진에 중점을 두며 장기적인 안목을 가지고 설득해 나가는 전략이 필요하다. 다양한 사례와 학교 구성원의 다양성, 학교문화 등을 고려하여 한 번에 한 걸음씩 시도하고 반복적으로 실천한다면 이 과정은 학교교육과정을 새롭게 개발하고 나아가게 하는 강력한 시스템이 될 수 있다.

4) 학교교육과정 개발 사례에 나타난 교사학습공동체의 전문적 자본 구축에 대한 연구, 현성혜, 이화여자대학교 박사학위 논문, 2018

팀 기반 교육과정 설계 10원칙

1. 학교교육과정에 대한 팀리더십을 키움으로써 교사 개개인의 실천을 넘어 학교가 지향하는 비전과 철학을 실현하고, 한 방향을 향해 힘차게 나아갈 수 있는 에너지와 힘을 서로에게서 얻을 수 있다.

2. 학교 철학을 중심으로 공동체가 팀리더십을 발휘하여 머리를 맞대고 우리 학교 아이들에게 맞는 창의적 교육과정을 설계하고 촘촘하게 개발할 때 학교교육과정은 죽어있는 문서가 아닌 학교교육의 길잡이 별이 된다.

3. 교육과정에 있어 교사의 주체성과 자발성을 발휘하는 일은 교육과정에 대한 교사의 주도권과 교육과정을 중심으로 자치를 구현하는 일이다.

4. 교육과정 개발 시스템을 학교 상황에 맞게 구축하고 구성원들의 생각을 담고 성찰하는 과정이 해마다 반복될 때 시스템은 형식과 절차를 넘어 학교의 문화가 될 수 있으며 교육과정을 중심으로 자율성과 자발성이 살아있는 팀리더십 또한 구현될 수 있다.

5. 공동체가 함께 수립한 비전이 문서에서만 작동되는 한낱 구호가 되지 않으려면 비전을 실현하는 교육과정이 일관성 있게 설계되어야 한다.

6. 교육과정 관점 진단 워크숍을 활용하여 서로의 생각을 공유하고 나누는 시간을 통해 한 방향으로 나아가는 힘을 얻을 수 있다.

7. 학교 비전과 철학, 교육과정 중심의 학교문화, 핵심 가치 등에 대한 원칙과 약속을 학교 헌장 또는 교육원리 등으로 명시화하여 구성원 모두가 공유하도록 한다.

8. 학교교육과정 비우기는 간단한 과정이면서도 교사들에게 새로운 실천을 낳는 동력을 만들어주는 시간이다.

9. 학교교육과정 제안 워크숍은 학교교육과정이 고이지 않고 늘 새롭게 살아 움직이는 힘을 준다.

10. 교육과정에 대한 성찰과 피드백은 학교교육과정 개선의 핵심 과정이다. 한 해 동안 이루어진 학교교육을 함께 돌아보는 과정을 통해 교육과정의 강점 및 문제점을 이해하고 변화와 개선 가능성을 함께 찾을 수 있다.

III

팀리더십
실행의 실제

- 교방초등학교 이야기 -

교방초등학교는

<hr/>

　1970년 학교의 문을 열었다. 학교의 서편엔 무학산이 가까이 있고, 주변의 밭에서는 우리나라에서 처음으로 상업적 국화재배가 시작되었다. 학교 주변엔 기차역이 있고, 기차역 주변으로는 '하꼬방'이라 불리는 작은 판자집이 즐비했다.

　2020년경 학교 주변은 높은 아파트와 공무원 임대 아파트가 있었고, 오래된 아파트를 헐고 재개발이 시간차를 두고 두 곳에서 이루어졌다. 학교와 담장을 맞대고 있는 마을은 팔을 뻗으면 두 벽면이 닿을 만큼 좁은 골목길이 있고, 주차장도 없는 5층 아파트, 개량한 2~3층 주택과 상가가 형성되어 있다. 학교의 규모는 40여 학급이며 교실이 없어서 학생 수가 많아도 학급을 증설할 수 없는 상황이다. 그린스마트미래학교로 선정되어 그 절차를 밟고 있는 중이다.

　학교운영위원회에서는 학교의 발전을 위해 학교장 공모를 하기 시작했다. 2012년, 2014년엔 교장 자격증 소지자를 대상으로, 2018년과 2022년엔 교장 자격 미소지자를 대상으로 했다.

　학교혁신 정책, 곧 경남의 행복학교 정책이 시행되는 첫해인 2015년엔 행복학교 준비학교인 행복맞이학교를 운영했고, 2016년부터는 행복학교를 운영했다. 그리고 2020년부터는 행복학교의 거점학교인 행복나눔학교를 운영해오고 있다. 교사들이 찾아오지 않아서 점수가 낮거나 외부에서 들어온 교사가 발령 나는 학교였으나 지금은 교사들이 성장을 꿈꾸며 찾아오는 학교가 되었다. 학교 만기나 지역 만기를 채운 교사들은 잠시 학교나 지역을 옮겼다가 다시 찾아오며 학교의 정체성을 지속시키는 데 힘을 보태고 있다.

교사들은 이 학교의 성공이 다른 학교에도 긍정적인 영향을 미치기를 바라고 있다. 이들은 단순히 콘텐츠의 일반화를 목표로 하는 것이 아니라, 교사의 리더십이 세상을 변화시킬 수 있다고 믿으며, 변화를 주도하는 리더교사를 양성하는 학교를 지향하고 있다. 이러한 전략을 그들은 '저수지 전략'이라고 부른다. 이는 마치 저수지가 물을 모아 주변에 공급하듯, 한 학교에서 키운 리더교사들이 다른 학교에도 영향을 미쳐 변화를 확산시키는 방식을 의미한다.

교방초등학교의
팀리더십 성장기

○────◇────○

환대와 공감의 관계 리더십

학교 공동체는 환대의 문을 열고 시작된다. 환대란 켜켜이 쌓여 있는 마음을 한 겹 한 겹 만나는 일이니 일회성 체험으로는 실현할 수 없다. 일상에서 공유된 경험이 축적되며 만든 관계 속에서, 서로 공감하며 만든 신뢰 속에서 확인되는 것이다.

일상의 만남에서 회의를 시작하기 전에 "지난 주말 뭐 하고 보내셨나요? 뭐 행복한 일 있었나요?" 그렇게 묻는다. 일꾼 이전의 사람에 대한 관심이고 경청이다. 각각의 삶에 공감하며 가벼운 추임새로 응원하며 일이 아니라 사람으로서 먼저 만난다. 그래야 일이 사람다워진다. 논쟁보다는 배려와 협력을 추구하며 회의가 즐거워진다.

업무지원팀 운영은 가르침에 대한 교사의 본질에 대한 환대이다. 담임교사가 교육의 본질을 추구하도록 업무지원팀이 비본질적인 일을 더 많이 맡아서 처리해준다. 그렇게 업무부담이 줄어든 공간에서 다양한 도전과 성장이 일어난다. 업무지원팀은 교육과정의 성장에서 자긍심을 느끼고 '더불어숲'이라는 부장회의와 학습시스템으로 리더십을 단련한다. 더불어숲은 학교의 리더를 기르는 시스템으로 모두가 인식하고 있다.

새로운 구성원이 환대받는 느낌이 들 수 있도록 학교의 규정을 개선하고 시스템을 운영한다. 40여 학급의 학교에선 매년 적게는 10여 명에서 많게는 15명 정도의 인사이동이 있다. 그 혼란 속에서도 존중받고 배려받는 느낌이 들면 더 빠르게 공동체의 일원이 될 수 있다. 학년 배정에 있어서 한 학년에 전입 교사가 1명 이상 배치되도록 인사 규정을 정한 것은 기존 교사의 개인적 이익을 내려놓은 결과이며, 학교교육과정의 지속성이라는 공공성도 함께 고려한 것이다. 학년의 부장 등 주요 업무는 기존의 교사가 맡아 새로운 교사가 학교교육과정에 스며들 수 있도록 하고 있다. 이런 일은 기존 교사의 헌신을 필요로 한다. 학교 전체를 바라보는 리더교사가 많을 때 이러한 인사 배치가 가능하다. 담임이 나눠가지는 업무도 있다. 그 업무는 학년 배치 후 학년 회의를 통해 담당자를 결정한다. 누군가가 일방적으로 부여하지 않는다. 결정권이 학년으로 넘어간 것이다.

2월의 새학년 교육과정 워크숍은 5일간 진행된다. 전입교사가 모두 참여하여 함께 비전을 점검하고 철학을 살펴보고 지난 1년간의 교육과정 성찰에 참여한다. 주어진 대로 살아가는 것이 아니라, 교방교육과정 역사의 끝에서 함께 서서 나아가는 방향을 바라보는 것이다. 교육과정의 큰 틀은 있지만 구체적인 수업 방법이나 계획은 주어지지 않는다. 교육과정의 철학과 교방 교육의 역사 위에서 교사의 창의성, 학생들의 요구가 만나 구체적인 수업이 계획되고 실행된다. 구성원 한 사람 한 사람이 자신을 주도적으로 발현할 수 있는 여백이 있다. 만들어진 교육과정을 운영하는 수동성에서 교육과정을 만들어가며 주도적인 존재로의 전환이 있다.

비전을 이끄는 리더십

학교의 비전은 '다른 우리가 모여 함께 빛나는 학교'이다. 2월 교육과정워크숍에서 매년 학교의 비전을 살펴보고 수정하다가 세 번째 워크숍에서 정해진 비전이다. 이 문구는 신규 발령을 받은 선생님이 제안하였고 채택되었다.

학년교육과정의 실천을 살펴보며 학년 군 교육과정 운영의 핵심 철학도 세웠다. 미덕교육, 발도르프교육, 학부모와의 협력 등의 수업을 하는 1, 2학년은 존재 그대로를 존중하는 '환대'를 철학으로 삼았고, 3, 4학년에서는 마을에서 배우기와 환경교육 등의 프로젝트가 활발히 이루어지고 있어 '공존'을 교육과정의 철학으로 삼았다. 그리고 이 세상의 주체로 살아가는 민주시민으로서의 교방어린이를 지향하며 5, 6학년에서는 '민주시민'을 철학으로 삼았다. '환대-공존-민주시민'은 학교교육과정의 뼈대를 이루고 있다. 이러한 학교의 철학이 지속될 수 있도록 1학년과 6학년은 본교의 철학을 잘 이해하고 있는 기존의 교사들로 구성하였다.

비전	덕목	마음	가치	교육과정	철학
다른	인	측은지심	연민	생활교육	환대 1-2
우리가	의	수오지심	협력	교육과정 재구성	
모여	예	사양지심	감사	더불어숲	공존 3-4
함께	지	시비지심	공유	전문적학습공동체	
빛나는	신	광명지심	도전	행복나눔학교	민주시민 5-6
학교	시민	인내천	평화	성장중심평가	

학교의 비전과 교사의 수업 철학은 다시 동양의 전통 사상과 연결지어 해석을 달았다. 교육이란 결국 인간을 향하는 것이라 생각하였고, 우리의 전통 사상이 그것을 잘 담아내는 철학이라고 보았다. 다음은 교육과정에 담긴 비전 해설의 일부이다.

• 다른(仁): 측은지심(惻隱之心)

인(仁)은 人과 二로 이루어진 글자이다. 두 사람이 하나가 되는 것이 仁이다. 다른 둘이 하나가 되는 것은 공명이요, 공감이다. 상대방의 아픔에 공감하며 우리는 하나가 된다. 우리 생활교육의 어여삐 여기는 마음은 연민의 정이며 측은지심이다.

둘이 하나가 되어, 서로 기대어 사람이 된다는 것은 '나'라는 존재는 '너'라는 존재를 통해 비로소 존재할 수 있다는 것이다. 人+人 이렇게 서로 기댄 사람이 또 그런 존재와 만나서 관계를 만들어가는 것이 仁이다. 측은지심은 상대방을 도구로 사용하는 것이 아니라 온 몸을 기울여 경청하여 '너'로 인지하는 것이다.

우리는 서로 단지 '그것'의 그냥 스치는 무엇이 아니라 서로에게 의미가 있는 '나'와 '너'가 있는 공동체를 만들어가고 있다. 존재 그 자체를 한 우주로 인정하는 '환대'를 만들어가고 있다.

• 우리(義): 수오지심(羞惡之心)

우리는 적이 아니다. 서로 실패하길 기원하는 경쟁의 관계가 아니라 서로의 성공을 기원하는 협력의 관계로 살아가는 공동체다. '경쟁에서 협력으로'란 의로운 깃발(義) 아래 우리는 하나가 된다. 수단과 방법을 가리지 않고 이기려는 경쟁의 마음을 부끄러워하고, 다른 사람의 실패를 간절히 바라는 착하지 못함을 미워하며 사람다운 사람이 되어간다.

경쟁의 사회에서 이겨야 할 '적'으로 간주한 '그들'은 협력의 관계 속에서 이제 '너'가 되어 나를 존재하게 하는 근원이 된다. 그 관계 속에서 우리는 평화롭고 그 평화로움으로 우리는 두려움을 넘어 도전에 직면할 것이다. 경쟁을 버리고 협력으로, 나쁨을 버리고 착함을 선택했다.

우리는 서로 의지하며, 서로 기대며 살아감을 깨달으며 서로에 대한 책임감을 느끼고 협력으로 나아간다. 그 과정은 그 자체로 아름답다. 그 결과도 아름답다. 우리는 '너'가 있음으로 '나'가 존재함을 깨닫는다. '환대'로 살아가는 삶이 된다.

- 이하 생략 -

이와 같은 교육과정의 철학은 교육과정 함께 읽기로 공유하고, 각 학년의 교육과정에 구체적으로 반영하고 실천한다.

수평적 회의문화와 분산적 리더십

교방초등학교의 '너불어숲'이라는 시스템은 리더그룹(교장, 교감, 업무 및 학년부장)의 회의시스템이며 학습공동체이다. 더불어숲의 구성원은 학교를 잘 이해하고 학교의 철학에 맞게 지원할 역량이 있다고 판단되는 사람을 추천하거나 추대한다. 더불어숲은 학교에서 좋은 리더를 기르는 학습시스템으로 자리잡혀 있다. 교장, 교감 등 학교의 관리자 그룹과 구성원을 연결시키는 탁월한 시스템이다. 꾸아드네프, 독서토론, 안건 토의, 기타 토의, 사다리타기의 순으로 진행된다.

부장회의 '더불어숲'

꾸아드네프	독서토론	안건 토의	기타 토의	사다리타기
일상의 공유	철학, 지식의 공유	실천의 공유	기타 안건, 미담 알리기	유희와 기여

꾸아드네프는 프레네교육에서 따온 말로 일상을 공유하며 서로의 관계를 좀 더 따뜻하게 만드는 과정이다. 공적인 관계뿐만 아니라 사적인 관계도 소중하게 만들어가려는 의도이다. 매주 열리는 부장회의는 '지난 주말 어떻게 보내셨나요?'라는 질문으로 시작한다. 이 질문은 우리의 마음을 말랑말랑하게 만들어 따라오는 과정들의 효율성을 높여준다.

독서토론은 철학과 지식을 공유하며 실천의 공유로 나아가는 사상의 연결과정이다. 철학을 공유하는 것은 방향을 정하는 일이다. 방향이 없을 때 우리의 걸음은 가는 것이 아니라 단지 걷는 것에 불과하다.

1년에 4권 정도의 책을 함께 읽는다. 같은 책을 매주 조금씩 읽고 마음에 와닿았던 부분을 발췌하고 공유하며 그 부분을 선택한 이유를 말한다. 시간을 줄이기 위해 미리 구글 드라이브의 회의 문서에 그 내용을 올린다. 나와 생각이 다를 거로 생각했던 선생님이 나와 같은 부분에 감동하고 같은 생각을 하고 있음을 발견하며 든든해지고, 내가 미처 발견하지 못한 소중함을 다른 사람을 통해 발견하며 배움이 또 깊어진다. 우리 모두는 가두어 두었던 자기의 사상을 구성원과 공유하며 학교의 교육 사상의 성장에 기여한다. 스스로 학교를 이끌어가고 있다는 자긍심을 느낀다.

안건 토의는 임파워먼트Empowerment가 일어나는 핵심적인 과정으로 다음과 같은 절차로 진행된다.

안건은 부장이 구성원과 협의 후 상정하기도 하고, 학년에서 협의 후 상정하기도 하며 교사 개인이 올리기도 한다. 일주일 전부터 안건을 올리며, 적어도 업무지원팀 토의 및 학년별 토의가 이루어질 수 있도록 화요일 부장다모임 이전인 월요일까지 올린다. 올라온 안건에 대해 업무지원팀이 먼저 월요일에 토의를 진행하여 안건 조정 및 정리를 한다. 조정된 안건을 토대로 학년별 토의를 화요일에 진행하고 그 결과를 학년 부장이 가지고 회의에 참여한다. 필요한 경우에는 매달 한 번 전 직원이 모이는 '더불어숲 다모임'을 통해 합의 또는 창의적 의견을 도출하기도 한다. 업무지원팀이 안건을 조정하는 이유는 '더불어숲'의 안건 토의 시간을 줄이기 위한 노력이다.

안건 토의 과정

안건 상정	안건 다듬기	구성원 검토	창의적 의견 도출	공유 및 실천
누구나 온라인 회의방	업무지원팀 요점 정리	학년별 검토	더불어숲 더불어숲 다모임	회의 결과 누적 및 공유

이러한 과정은 부장그룹의 리더십을 고양하는 중요한 구조로 자리
매김하였다. 회의에서 소진되는 것이 아니라 스스로의 성장과 학교의
성장을 이끈다는 효능감으로 힐링 되기 시작했다. 회의가 즐겁고 기다
려지기도 했다. 그 속에서 대화를 나눈다는 것이 가슴 뿌듯한 일이 되
었다.

임파워먼트, 권한을 부여한다는 것은 학습의 동력을 제공하는 일이
기도 하며, 또 주체적인 존재로 공동체의 리더로 성장하는 중요한 공동
체의 문화이다. 교방초의 개인 리더십과 팀리더십은 다음과 같은 과정
으로 생성되고 강화된다.

팀리더십의 생성 및 강화 과정

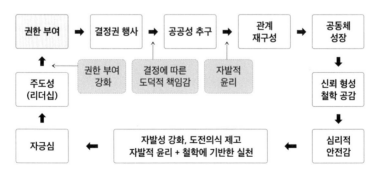

권한 부여에 따라 결정권을 행사하면 '나의 결정이 학교에 영향을 미친다.'고 생각하게 되고 그 결정에 대한 도덕적인 책임을 져야 한다고 생각하게 된다. 나의 결정이 이기적인가 공공의 이익을 위한 것인가를 생각하게 되는 것이다. 나의 이익과 다른 사람의 이익, 그리고 우리 모두의 이익을 생각하는 공공성의 추구는 자발적 윤리성을 강화한다. 이렇게 발현되는 자발적 윤리는 서로에 대한 존중감을 높이며 나와 너의 관계를 재구성하며 공동체의 성장이라는 성취감을 맛보게 한다.

이기적인 관계에서 공공성의 관계로의 전환이라는 공동체의 성취는 상호 간의 신뢰를 강화한다. 신뢰를 바탕으로 도전한 것이 아니라 도전의 성공적인 결과로 신뢰가 깊어지는 것이다. 깊어진 신뢰는 공동체의 비전과 철학에 대한 공감을 강화한다. 공동체에 대한 애착이 커지는 것이다. 이와 같은 공동체성의 강화는 구성원의 심리적 안전감을 높여 개인의 도전과 팀의 도전을 더 자극한다. 자발적 윤리와 철학에 기반한 도전의 성공은 자긍심과 팀에 대한 자부심을 높이고 개인과 팀의 리더십(주도성)을 강화한다. 자긍심 높은 개인과 팀은 권한 부여(임파워먼트)를 강화하기도 하고, 요청하기도 한다. 이러한 팀은 시너지를 발휘하며 팀의 성공 경험을 더욱 확장한다.

공동체의 성장과 성공에서 오는 성취감, 개인의 성장에서 오는 자긍심은 학교에서의 삶을 행복하게 한다. 행복한 사람은 결정권을 행사하는 공동체의 의사결정 과정에서 공공성을 더 고려하게 된다.

기타 토의(미담)에서는 구성원의 애씀도 공유한다. 미담 또한 회의록에 미리 기록하거나 사후에 기록하여 전 구성원에게 공개한다. 감사하는 마음은 행복해하는 마음에서보다 더 창의적인 아이디어를 내고 창의적인 실천을 한다고 한다. 박귀현은 그의 책 『집단의 힘』[1]에서 '행복함과 구분되는 감사함의 특징은 보답하려는 마음이다. 팀원에게 감사함을 느낀다면 경청하는 데서 한발 더 나아가 그 아이디어가 더 좋은 방향으로 발전할 수 있도록 적극적으로 도와주는 모습을 보였다.'라고 말한다.

감사한 마음을 가지는 사람의 입장에서는 더 좋은 방향을 찾고 더 적극적인 실천에 도움이 된다는 것이다. 또 한편 그 감사함을 받는 사람의 입장에서는 자신의 효능감을 일으키며 일의 만족도를 높였다. 교방초에서는 미담에 행정실의 지원에 대한 감사함을 늘 공유했다. 행정실의 한 직원이 학교 만기를 채우고 떠나며 다음과 같이 말했다.

"부탁이 하나 있습니다. 행정실에서는 행복학교 가길 꺼려합니다. 일이 많다고요. 일이 많은 것은 맞습니다. 그런데 저는 우리 학교에서 일하는 보람을 느꼈습니다. 학교가 변하는 것을 보고, 아이들이 학부모들이 좋아하는 것을 보며 뿌듯했습니다. 그래서 저는 다른 주무관들도 걱정 없이 행복학교에 와서 일해보라 하고 싶습니다. 경남의 행정실 직원에게 연수를 열어주세요. 그리고 교장 선생님께서 꼭 강의를 해주세요. 행복학교에서 일하면 행복해진다고요."

사다리타기는 더불어숲 모임에서 찻값을 내는 사람을 정하는 일이다. 회의 시작 전에 차를 주문받아 마시고 회의 마지막에 사다리를 탄다. 더불어숲은 학교의 공적인 시스템이고 공적인 일을 하는데 가장

---

1) 집단의 힘, 박귀현, 심심출판사, 2023

사적인-나의 시간과 나의 노력이 담긴- 돈을 내는 일을 추가한 것이다. 그러면서도 자랑스럽고 기쁜 일이 되었다. 찻값을 내는 일은 매우 사적인 돈으로 공동체에 기여하는 퍼포먼스이며 상징이다. 나는 너를 위해서 나는 우리를 위해서 나의 일부를 내놓을 수 있는 나와 너를 바라보며 기뻐하는 것이며, 공과 사를 넘어서는 공동체가 여기에 있는 것이다. 학교는 공적인 공간이며 그리고 사적인 공간이 되었다. 공적인 공간이 성장해야 개인이 성장하고 개인의 헌신은 다시 공동체를 성장시키며 공과 사가 함께 하는 것이다. 그 깨달음이 사다리타기에 있다. 학교의 리더라고 생각하는 교사는 그 사다리타기에서 다시 자긍심이 높아진다. 리더는 공동체를 위해 자신의 일부를 내놓으며 헌신하는 리더가 된다.

학습하는 조직을 위한 리더십

일상의 학습

일상이 학습이다. 개인의 철학과 공동체의 철학이 있고, 비전이 있고, 협력이 있고, 도전이 있는 학교는 일상이 학습이다. 무엇을 얻어서 성장하는 것이 아니라 가려져 꺼내놓지 못했던 나를 꺼내놓으며 성장하는 것이다. 교과서라는 영역으로 억압되고 분절된 각자의 꿈을 펼쳐놓으며 새로운 세상으로 나아가는 것이다. 학습(學習)의 습(習)은 '깃 우'(羽)와 '흰 백'(白)으로 이루어져 있다. 배움을 삶으로 만드는 일인 습(習)은 어린 새가 둥지의 가장자리에서 떨어지는 위험과 창공으로의 비행을 놓고 깃털이 하얗게 보이도록 온몸을 던져 도전하는 모습을 형상화하고 있다. 민주적인 문화 속에서 각자의 꿈을 향해 도전하는 학교는 그 자체로 학습하는 조직이다.

발표를 위한 세미나

학교 전체다모임(더불어숲 다모임)이나 학교 공개를 위한 발표는 사전 세미나를 연다. 다모임의 발제자는 '더불어숲'에서 사전 발표를 한다. 학교장 또한 예외가 아니다. 학교장도 더불어숲에서 사전 세미나를 거쳐야 학교 세미나에서 발제할 수 있다. 학교를 외부에 공개하는 활동에서도 사전 세미나는 필수이다. 여기서 구성원의 생각을 반영하고 자신의 생각을 가다듬는다. 개인의 일이 아니라 우리 모두의 일이라는 생각, 개인이 아니라 공동체의 대표로 나서는 일로 인식한다. 사전 세미나에서는 아이디어를 내고 방향을 가다듬기도 하지만 핵심적인 것은 감탄과 감사와 감동이다. 좋은 내용에 대한 감탄, 기꺼이 우리의 대표가 되어준 것에 대한 감사 그리고 서로 지지하고 지지받고 있다는 감동이다.

부장그룹 학습

부장그룹 전학공인 '더불어숲'은 교장의 관점으로 학교를 바라보기도 하고, 운동가의 입장에서 이 사회를 바라보기도 한다. '리더를 기르는 학교'라는 비전을 가지고 여기에 참여한다. 끊임없이 책을 읽고 토론하며, 공동체의 의견을 수렴하고 방향을 만들어가는 헌신적인 역할을 한다. 그리고 학교의 빈 공간을 메워주는 역할을 하기도 한다.

취향별 학습

'교사는 꿈꾸는 존재다. 꿈꾸는 대로 실천하시라.' 이 슬로건은 교방 초에서 하고 싶은 것이면 무엇이든 다 해보시라, 뭐든 지지하고 지원하 겠다는 학교 공동체의 철학이다.

발도르프에 관심이 있는 선생님들은 교사동아리를 만들어 자신의 교육과정에 살을 찌워갔다. 그리고 학교에서의 지속가능성을 확보하 기 위해서 학부모와 마을 사람이 참여하는 발도르프 보조교사 연수를 열었다.

발도르프 학부모 및 마을 보조교사가 준비된 후 1학년 수업에 발도 르프교육을 반영했고, 다음 해에는 2학년도 발도르프교육의 활동 내 용을 수업에 반영했다. 수업의 결과물은 아이들의 놀잇감이 되기도 했 고, 정원 나무의 옷이 되기도 했다. 예술 작품은 학교 내에 전시하기도 했고, 마을 축제에 중학교 학생과 마을 어른들의 작품들과 나란히 전시 하기도 했다. 발도르프교육은 학부모와 지역과 함께 하고 1, 2학년 교 육과정에 반영하며 학교의 전통적인 교육과정으로 자리 잡았다.

수업과 함께하는 학습

'교육의 변화는 교사의 발끝에서 시작하고 교사의 발끝에서 끝난 다.'는 슬로건은 교사의 도전을 응원하는 힘이다. 젖은 그림, 받아쓰기, 한 평 집 짓기 등 수업과 교사의 배움을 연결하며 교육이 바뀌고 교사 가 성장한다.

젖은 그림(습식 수채화)은 3, 4학년의 선생님들이 주도했다. 학교의 관 심 있는 선생님들을 모아 한시적으로 운영했으나 1년 정도의 긴 모임으로 이어졌다. 학교에 온 강사와 협력 수업을 거쳐 교사가 직접 하는 수업으로 나아갔다.

5학년에서 'ㅇㅇ나무' 공방과 함께 프로젝트 수업으로 의자를 만들었던 선생님들은 6학년 담임이 되어서는 한 평 집짓기를 도전하기로 했다. 선생님들은 조금 먼 지역까지 직접 탐방하는 등 안목을 높이는 학습을 하고, 'ㅇㅇ나무' 공방에서는 정부 기관의 프로젝트에 신청서를 넣어 선정되었다. 이 프로젝트는 2학기 내내 이어졌고 교사들은 단지 목공 작업이 아니라 민주주의의 절차와 의미, 환경과 생태에 대한 수업까지 포함하였다. 이렇게 만든 집의 개소식까지 수업으로 디자인하였고 이 행사에는 교육장이 참석하기도 했다. 이 프로젝트 수업 후 교사들은 "환대와 공존과 민주시민이 결국은 같은 말이었어요."라며 의미 있는 마무리를 했다.

1학년의 받아쓰기에 대한 토론은 짧았지만 큰 배움이 되었다. 받아쓰기를 할 필요가 없다는 측과 필요가 있다는 측의 토론은 결국 받아쓰기를 하는 것으로 방향을 잡았다. 이어진 토론은 어떻게 하는가 하는 방법이었다. '점수를 쓸 것인가?', '동그라미나 줄을 그어 맞고 틀림을 표하는 방법을 선택할 것인가?' 등의 논의였다. 받아쓰기의 목적이 잘 모르는 글자를 아는 것에 있다고 보고 비교가 되는 점수 기록이나 마음에 상처를 내는 줄 긋기보다는 틀린 글자에 동그라미 하여 고칠 기회를 주고 모두가 성공하고 격려하는 방법을 선택했다. 그러고도 문제가 남았다. 아이들에게 단지 귀에 들리는 말이 아니라 아이들의 삶이나 생활 속에서 나온 의미 있는 낱말이나 문장이었으면 좋겠다는 것이다. 그러나 그 공통된 내용을 찾기 어려웠다. 서로 머리를 맞댄 끝에 노래

가사를 쓰기로 했다. 주간 노래를 정하여 월요일부터 부르고 금요일에 노래를 부르며 그 가사를 쓰는 것이다.

9월 첫 주, 1학년에서는 받아쓰기 공책과 함께 받아쓰기에 대한 철학, 방법에 대한 안내장을 가정으로 보냈다. 그날 오후 한 통의 전화가 왔다.

"선생님, 정말 고맙습니다. 아시다시피 저희 아이가 좀 늦잖아요. 그래서 속으로 엄청 고민했습니다. 받아쓰기 점수가 나오면 저희 아이가 잘 안되는 줄 알면서도 옆집 아이와 비교하며 나무라고 닦달하며 아이의 자존감을 무너뜨리지 않을 수 없을 것 같아서요. 그런데 오늘 받아쓰기와 안내장을 보고 너무 안심되었습니다. 저와 제 아이가 불행해지지 않아도 되었어요. 너무 고맙습니다."

이렇게 전화를 받은 선생님은 이렇게 말했다.

"교방초에서 철학을 말할 때 '수업에 무슨 철학이 필요할까? 쓸데없이 힘 낭비한다.' 그렇게 생각했어요. 그런데 환대라는 철학을 통해 우리 수업을 다시 바라보고 계획하고 실천하면서 깨달았어요. '철학 없이는 가르칠 수 없겠다.'라구요."

학교를 잇는 학습

교방초에서 근무하다가 학교를 옮긴 선생님, 교방초등학교에 사정상 오지 못하고 마음만이라도 함께 하고 싶은 다른 학교의 선생님, 교방초에 근무하지만 더 깊게 배우고 싶은 선생님들의 학습 동아리 '행성-행복한 성장'은 교방의 깨달음을 이웃 학교로 전달하고 다른 학교의 깨달음을 교방으로 가져오는 시스템이다. 그리고 이 모임의 정체성을 '강한 구심력'이라 생각한다. '구심력이 견고할 때 원심력이란 확장을 가진다.'라고 생각한다. 이곳의 선생님들은 한발 앞선 실천을 고민하고 교육을 이끌어가려는 리더의 역할을 고민한다.

모임의 이야기는 기록자가 밴드에 올려 우리의 배움을 되돌리며 그 깊이를 더한다. 다음은 모임의 기록자 선생님이 밴드에 올린 기록의 일부를 발췌한 것이다.

2022년 4월 22일. 행성 두 번째 정기모임 후기 (일부 발췌)

□철○: 우리가 일반적으로 생각하는 리더는 '이끄는 사람'인데, 교방의 리더는 '받드는 사람이며 의견을 모으고 조율하는 사람'이라고 볼 수 있습니다.

□지○: 요즘 우리 학교에서는 프로젝트 수업이나 재구성 등에 있어 작년에 5학년을 했던 선생님들 중심으로 자발적으로 조금씩 확산되고 있습니다. '어? 이거 작년에 해봤는데!', '이렇게 하면 재밌어요!' 등의 움직임입니다. 이게 다 정현쌤 덕입니다. (정현쌤은 작년에 다른 학교에서 1년 근무하며 리더십을 은근히 발휘한 다음 다시 교방으로 돌아왔다.)

□희○: 오호! 정현샘의 삶이 미끼였군요. '한 번의 인생 어떻게 살 것인가? 예순여섯의 이회영이 일생으로 답했다.'가 생각납니다. 말이 아니라 삶으로 보여 주는 것이 정현샘의 리더십입니다.

전체 학습

공유할 만하면 공유하고, 소통할 만하면 소통하고, 토론할 만하면 토론하고, 결정할 만하면 결정하고, 갈등할 만하면 갈등한다. '더불어숲 다모임'은 교방 공동체가 다 모이는 전체 학습구조이다. 성장하는 학교는 공기와 비슷하다. 한 번 잠잠하면 한 번 바람이 불고, 한 번 바람이 불면 다시 잠잠해진다. 바람이 불면 춤추는 듯하고 조용하면 불안이 싹튼다. 성공한 듯하나 다시 과제가 남고 이루지 못한 듯하나 돌아보면 이룸이 있다. 사람과 사람이 존중하는 마음으로 만나면 배움이 있다. 교방은 그렇게 만나고 그렇게 학습한다. 그 성장의 복판에 '더불어숲 다모임'이 있다.

더불어숲 다모임 운영 내용

3월 생태적 교육공동체의 시작, 전학공	• 전학공에 대한 인식의 전환 • 학년별&실별 전학공 일년살이 함께 디자인하기 • 전학공 이름 선물하기
4월 뭇별 그리기	• 1학기 프로젝트 수업 계획 공유 • 팀 월드카페를 통한 1학기 프로젝트 계획 함께 디자인하기 (학급과 학년을 넘나들며 연결하기, 마을(지역)과 연계하기)
5월 더불어숲 다모임 품 넓히기 - 포스트코로나가 주는 두려움, 함께 마주하기	• 경남 도내 희망 교원 및 전문직 초청 • <더불어숲 이야기> 교육과정을 읽고 기억에 남는 말 나누기 • 현재 우리 실천의 의미 함께 찾기
6월 '꽃'을 보는 사람들의 이야기	• 평가 교육과정 '꽃'과 실천, 철학을 담아 함께 만드는 성장통지문 • 양재욱의 스케치북: 교사의 삶과 철학, 그리고 교방초에 관한 대화의 시간

7월 말랑말랑 네트워크 연대의 시간	• 새날의 교육에 대한 이야기 • 포스트코로나의 경계에서 마주하기의 회복 : 두려움 나눔 & 공동 처방 • 실천의 의미 함께 찾아보기
9월 함께, 연결	• 교육과정에서 연결의 의미는? • 2학기 프로젝트 수업 계획 공유 및 함께 디자인하기
10월 슬기로운 교방 생활 첫걸음	• 2022 학교조직 진단 및 2023 업무 분장을 위한 협의 • 학교조직 재구조화 대원칙 함께 만들기
11월 ① 학교 문화와 수업 나눔의 장 ② 출발점 협의, 대화가 필요해	• 행복나눔학교 학교 공개의 날: 홀로 주저하는 선생님들을 위해 • 학교조직 재구조화를 위한 '진솔한' 대화의 시간(서클)
12월 교방ing	• 공동체에게 주는 교방 어워즈 • 교육과정 되돌아보기 및 제안하기 (교육과정 워크숍을 겸함)

아래의 글은, 담당자인 윤희영 선생님이 12월 더불어숲 다모임을 끝내고 적어둔 소감이다. 윤희영 선생님은 기획도, 소통도, 공감도 잘했다. 더 감탄할 일은 기록하기를 멈추지 않았다는 점이다.

"제 목표는요, '방학 땐 월간 더불어숲 다모임을 왜 안 해요?'라는 말을 듣는 거예요!" (생략)

또 앞서 소개한 9월 다모임이 끝나고 연구실로 돌아온 같은 학년 선생님들은 계속해서 프로젝트 수업 이야기를 합니다. 금요일 퇴근 시간이 훌쩍 지났음에도 말입니다. 이 정도면 성공이겠죠? (생략)

다모임을 통해 학년별로 '환대-공존-민주시민'의 철학을 실천으로 풀어가는 방식에 경이로움을 느끼기도 하고, 다른 학년의 교육과정을 함께 디자인하며 연대할 방법을 생각하기도 하고, 떡볶이로도 치유되지 않는 상처를 마주하고 보듬을 방법을 함께 고민하기도 했습니다. 그것은 결국 '다른 우리가 모여 함께 빛나기' 위해 같은 철학으로 서로 간의 연결고리를 계속 만들어 공동체를 끈끈하게 묶는 것이었습니다. 그렇기 때문에 다모임은 단순한 교직원 회의가 아니라, 주체로서의 교사들이 공동체와 만나 소외를 극복하고 더불어 성장할 수 있는 하나의 자리가 되는 것은 아닐지 생각해 봅니다. (생략)

윤희영 선생님은 9번의 더불어숲 다모임의 후기를 모두 자세히 남겼다. 다음은 3월의 더불어숲 다모임을 끝내고 정리한 다모임의 개요와 후기의 일부 내용이다.

#3. "전학공 일년살이" #4. "전학공, 너의 이름은?"

정○희 선생님이 '전문적학습공동체'라는 말을 분해해서 전문적이라기보다 일상적으로, 학습보다 이야기로, 일 공동체가 아닌 벗 공동체로의 전환이 필요하다는 발제를 했다. (생략)

전학공 운영을 어떻게 할지 학년별&실별로 함께 디자인했다. 부장 혼자 일 년의 계획을 '문서로만 존재'하게 만드는 것이 아니라 모두가 주체가 되어 같이 구성하는 것이 핵심이었다. (생략)

그렇게 학년별&실별로 이름까지 가진 전학공이 디자인되었다. 3학년은 구성원의 의견을 받아 학년 전학공의 이름을 '잇GO'로 5학년은 '우아한 5학년'으로 정했다.

갈등을 다스리는 리더십

〈논어〉에 '중도를 행하는 선비와 더불어 갈 수 없다면, 변화를 추구하는 적극적인 사람과, 안정적이고 확실한 길을 찾아가려는 적극적인 사람과 갈등하며 조화를 찾아가겠다.'는 공자님의 말씀이 있다. 다른 우리임을 인정하고 그 갈등이 있어야 우리는 알맞은 길을 갈 수 있다. 갈등은 다툼이 아니라 더 나은 길을 찾는 우리의 대화이다. 그 대화로 학교는 성장한다.

회의규칙 만들기

회의와 토론에 익숙하지 않은 우리는 회의에서 자신을 감추는 일이 많았다. 그러다가 학교의 문화가 민주성을 추구하며 회의에서 각자의 발언권이 강화되었다. 그러자 이번에는 토론이 분쟁으로 변하는 일이 종종 생겨났다. 때로는 큰 소리로 싸우는 일도 있었고 울음을 터뜨리는 일도 있었다. 다른 의견에서 부드럽게 새로운 생각으로 나아가는 데 서툴렀다. 자기의 생각을 끝까지 굽히지 않는 구성원도 있어 회의의 끝을 가늠하기 어려울 때도 있었다. 회의에 참여하기를 짜증 내는 구성원도 있었다. 회의에 지각도 일쑤였다. 종종 회의가 길어져 퇴근 시간을 넘기기도 했다. 우리의 상황이 회의의 규칙을 정하도록 강요했다. 구성원 모두가 함께 모여 회의 규칙을 만들었다.

❶ 5분 일찍 회의장에 온다.

❷ 퇴근 10분 전(4시 30분)에 회의를 마친다.

❸ 존중의 말을 사용한다.

❹ 리액션 한다.

❺ 의견은 의견일 뿐, 나의 인격이 아니다.

❻ 교장의 의견을 존중하지 마시라. (학교장의 요청 사항)

　웃으면서 정한 회의 규칙이었지만 그 힘은 세었다. 회의 시간을 잘 지켜 짜증을 줄이고 효율성을 높였다. 간혹 감정이 일렁일 땐 누군가 가 나서 "회의 규칙 3조 '존중의 말을 사용한다.'가 있습니다."라며 환 기시킨다. 그 짧은 상기가 태도를 바꾸게 했다. 다툼이 확실히 줄었고 중재 또한 간단했다. 리액션은 회의를 유쾌하게 했다. "아! 멋져요!", "와! 그런 생각도 있었군요!" 이런 말들이 우리의 뇌를 말랑말랑하게 만들었다. 다른 사람의 의견을 경청하고 즐길 수 있게 되었다. 사람마 다 기질이 다르고 살아온 역사가 다르고 서로 생각이 다를 수도 있다는 것을 함께 인정하는 것도 도움이 되었다. 교장은 다음과 같이 이야기 하곤 했다. "저의 말을 너무 존중하면 제가 부담스러워 말을 할 수 없습 니다. 저도 늘 신중한 것이 아니라 바람처럼 스치는 생각을 말하고 싶 을 때가 있습니다. 즉 신중하지 않은 생각을 말하고 싶습니다. 저도 누 구나처럼 마음 편하게 생각을 말하고 싶어요. 그러니 저의 생각을 너 무 존중해주지 마세요." 교장은 자신의 의견이 채택되는 것이 아니라 공동체의 사고에 자신의 의견이 섞여 집단지성이 되기를 바랐다. 그런 생각은 의견 제시의 무거움을 덜어주는 데 도움이 되었다.

실천으로 얻은 깨달음 나누기

익숙하지 않는 것에 대한 우리의 두려움이 있다. 작년에 했던 대로, 다른 학교에서 하는 대로 하는 것은 에너지를 덜 쓰게 하고 예측할 수 있어서 두려움도 줄일 수 있다. 그러나 '환대'의 철학을 담은 생활교육 과정 '비스듬히'나 평가 교육과정 '꽃'은 교사들에게 혼란을 일으키고 갈등을 일으키며 에너지를 소모하게 했다. 감정의 소모, 두려움, 어려움을 극복하는 데는 그것 이상의 가치가 필요하다. 그 가치는 말이 아니라 실천으로 보여야 한다. 생활교육 세미나에서 김○○ 선생님의 실천 경험은 교방의 철학을 확고하게 해주었다.

> "저는 지난 2월 교육과정 워크숍에서 교방의 비전을 따르기로 마음먹고 학생들과 함께 학급의 길을 만들어가리라 결심했습니다. 하지만 뜻대로 되지 않고 힘들었습니다. 아이들은 엉망진창인 듯했고 규칙은 자리잡히지 않았습니다. 불안했습니다. 그래서 더 이상 참을 수 없었고 '내 마음대로 할 거야.'라고 결심하고 '버럭' 했습니다. 아이들은 숨을 죽였고 학급의 규칙은 쉽게 잡혔습니다. 학교에서 더 편해졌습니다. 그런데 집에 돌아가면 마음이 불편했습니다. 저의 길이 잘못되었다는 생각을 떨굴 수 없었습니다. 그리고 다시 마음을 바꾸었습니다. 힘들어도 아이들을 존중하며 함께 의논하며 우리 반의 길을 만들어가야겠다고 생각했습니다. 그러자 마음이 편해졌습니다. 교방의 길이 바른 길임을 저는 깨달았습니다."

평가도 선생님들을 혼란스럽게 한다. 객관적 평가가 아니라 주관적 평가를 말하고, 잘하고 잘못함을 드러내는 것이 아니라 학생 한 사람 한 사람을 존중하는 평가, 강점을 드러내는 방법엔 매우 낯설어했다. 한 선생님의 경험 공유는 교육과정의 철학에 정당성을 듬뿍 부여했다.

> "이번 학생성장통지문을 보내고 나서 저희 반 아이들이 부모님이 이상하다고 말했어요. 한 아이는 자기 아버지가 성장통지문을 액자에 넣어서 거실에 걸었다고 말했고 또 다른 아이도 아버지가 성장통지문을 코팅해서 냉장고에 붙였다고 했어요. 어떤 아이의 학부모는 '이런 성장통지문은 처음 본다. 선생님이 정말 훌륭하시다.'라고 말했다고 했어요. 교방의 관점으로 평가하려니 아이들이 다르게 보이는 것 같아요."

이런 선생님들의 경험 공유는 새로운 길을 가는 데 큰 힘이 된다. 동료의 경험은 그 어떤 강의보다 힘이 세다.

의견의 까닭을 살펴보기

화장실에는 들어가는 곳에 하나의 화장지가 걸려있고 화장실 각 칸에는 화장지가 설치되어 있지 않아서 불편했다. 교직원 중에도 설치를 확대하자는 의견도 있고 기존대로 하자는 의견도 있었다. 대다수의 의견은 기존대로 하기를 원했다. 그리고 학생자치회의 회의 결과도 1학기와 마찬가지로 기존대로 하는 것으로 의결되었다.

그러나 이 문제는 학생회에 대표를 내지 않는 1, 2, 3학년뿐만 아니라 우리 모두의 문제이므로 전체의 의견을 모으기로 했다. 학생자치회에서는 찬성 측 의견과 반대 측 의견을 같은 비중으로 포함한 동영상을 만들었고, 3, 4, 5, 6학년에서는 이 동영상을 보고 학급의 토론을 거쳐 학급의 의견을 정해보고 전체 토론에 참여하기로 했다.

학급의 수업을 포함한 토론의 전 과정은 학생자치회와 선생님들이 함께 의논하여 디자인했다. 720여 명의 학생들이 강당에 모였다. 사회는 학생자치회 회장이 보았다. 3, 4, 5, 6학년은 토론에 참여했고, 1, 2학년은 토론을 참관하고 투표에 참여했다. 두 시간의 토론과 투표로 의견이 결정되었다.

> 1위 : 기존 대로 한다. 추가 설치 없다.
> 2위 : 전 칸에 화장지를 설치한다.
> 3위 : 한 칸만 추가로 화장지를 설치한다.

토론의 결과 추가 설치는 없는 것으로 정해졌다. 3, 4, 5, 6학년의 표가 1위 안에 몰렸고, 1, 2학년은 2위 안에 표가 몰렸다. 1, 2학년의 의견이 좌절되었다. 1, 2학년에 대한 측은지심이 발동되었고, 질문이 나왔다.

"민주주의가 다수결인가요?"

소주의 의견마저 존중되는 것이 민주주의라는 생각에 합의하였고, 다시 이 문제를 어떻게 해결할지 학생자치회와 부장교사가 회의를 열었다.

"저희들이 걱정하는 것은 화장지를 낭비하는 것이고, 화장지로 장난치는 것이 걱정되는 것입니다. 그 문제가 해결된다면 다른 안을 받아들일 수 있습니다."

"그럼, 학생자치회에서 규칙을 제정하고 알리는 활동을 하면 그 문제를 해결할 수 있지 않을까요?"

"그럼 그렇게 해볼게요."

"우선 한 칸에만 먼저 설치하고, 우리가 규칙을 잘 지키면 매년 한 칸씩 늘려가면 어떨까요?"

학생자치회는 규칙을 정하고 전 학급에서 홍보 활동을 벌였다. 그리고 화장실 한 칸에 규칙을 손으로 써서 붙였다. 행정실에서는 그 한 칸에 화장지를 설치했다. 그리고 아무 일도 없었다. 지금은 화장실 칸마다 화장지가 설치되어 있다. 의견은 까닭을 가지고 있다. 그 까닭을 살펴보면 모두의 의견을 존중할 수 있다. 이 일은 우리의 자존감을 다시 높여주었고 신뢰를 더 깊게 했다.

조직 진단과 성찰의 리더십

조직 진단이나 성찰은 다양한 평가지를 활용하기보다 학교에 맞는 가장 간단하고 간편한 양식을 활용했다. 단지 활동을 하는 것이 아니라 그 활동의 결과는 반드시 실행으로 옮겼다. 할 수 없는 것을 요청하는 것이 아니라 구성원이 함께 할 수 있는 것을 공유하고, 그리고 함께 실천한다. 그렇게 학교는 조금씩 조금씩 새로워진다. 다음은 12월 교육과정 워크숍(더불어숲 다모임)에서 진단하고 제안한 내용이다.

교육활동 되돌아보기 사례

□ 학년 수준

P (잘된 것)	M (없앨 것 또는 반영할 것)
• 전문 강사를 활용한 프로젝트 수업 • 교육과정과 관련된 온책 읽기 수업	• 학년에서도 학교에서도 통일된 기본 생활 교육 약속을 정하고 함께 지키면 좋겠습니다. • 다른 학년과 연계된 프로젝트를 할 때 사전에 좀 더 충분한 협의의 시간을 가지면 (생략)

□ 학교 수준(제안할 점)

제안할 점	• 교사 위기(학생 사고, 학부모 민원 등) 해결에 도움을 줄 수 있는 시스템과 체계적인 매뉴얼 작성 및 실제적인 활용이 가능하면 좋겠습니다. • (생략) 생활교육 약속(뛰지 않고 걷기 등)을 정하고 함께 지키면 좋겠습니다. • 2월 워크숍 기간에 전입교사를 위한 학교 사용 설명에 대한 간단한 안내가 있으면 적응하는 데 도움이 될 것 같습니다. (생략)
제안 이유	• (생략) 전문적으로 교사 위기 상황에 대응할 수 있는 시스템과 매뉴얼이 마련되고 실제로 활용할 수 있다면 교사 위기 상황을 더불어 극복하는 데 도움이 될 것으로 기대됩니다. (생략)

교육과정 리더십

교육은 세상을 만들고 바꾸어 가는 인간이 가진 가장 핵심적인 장치이다. 그 교육의 길이 곧 미래가 된다. 세상을 바꾸는 힘, 그것이 교육이다. 그 교육을 움직이는 존재, 그가 교사이다. 단지 사회에서 맡긴 인재를 기르는 역할을 수행하는 수동적인 존재가 아니라, 사람을 사람답게 기르는, 세상을 세상답게 만들어가는 큰 그림을 그리는 자가 교사이다. 교육은 정치이다.

나의 철학이 새로운 세상의 길이 되기 위해선 연대가 필요하다. 단순한 협력이 아니라 철학을 바탕으로 한 사상의 연대, 협력을 바탕으로 한 실천의 연대, 성찰의 공유를 통한 지식의 연대로 학교 하나를 가꾸어가는 공동체의 주인으로 한 걸음 앞서 나아가고 새로운 세상으로 공동체를 이끌어간다. 그러하기에 교사는 함께 하는 학습을 멈출 수 없다.

교육과정에 있어서 교사의 주도성을 보장하기 위해 교방초는 교육과정을 '후불제 교육과정' 또는 '역사로서의 교육과정'으로 이해하고 있다. 계획을 실천하는 교사가 아니라 교방의 역사를 읽고 그 역사의 끝에서 각자의 꿈을 펼치는 것이다. 그 역사의 끝에서 각자의 역사를 살고 그 역사는 다시 교방의 역사가 되어 새로운 역사의 시작이 된다. 그 과정에서 교사는 확립된다. 확립된 존재가 새 세상을 만들고 바꾸는 교육의 본질을 수행한다.

역사로서의 교육과정 제작과 활용

생성 과정	내용
교육과정 읽기	• 전년도 교육과정 읽고 이야기 나누기
교육과정 1	• 교육과정 함께 만들어가기(교사, 학생, 학부모 협력) • 실천: 계획의 실천이 아니라 흐르는 대로 계획하기
사고의 과정	• 실천 속에 담긴 의미, 개념 형성 • 의미, 개념 나누기
교육과정 제작	• 철학을 바탕으로 교육과정 기록 • 학교의 도덕적 성장과 지식 축적
교육과정 읽기	• 전년도 교육과정 읽고 이야기 나누기
교육과정 2	• 인간의 본능적 독창성 발휘 • 교육과정의 여백, 도전의 공간 최대화 • 좋은 교육과정의 지속보다 교사의 성장에 무게 중심

다음은 각 학년이 학교의 철학이나 비전을 바탕으로 어떻게 살아왔는지, 실천 속에서 어떤 의미와 개념을 형성했는지를 공유하기 위해 만든 학년교육과정의 일부이다. 이 교육과정은 모두에게 공개되는 자료이다. 이 밖에도 구체적인 수업의 내용은 '더불어숲 이야기'라는 교육과정 책에 담아 공유한다. 그 책은 철학뿐만 아니라 수업의 계획이나과정과 결과도 자세히 담겨 있다. 다만 아이들의 얼굴(개인정보) 등 민감한 부분이 포함되어 있어 학교 구성원의 공유자료로만 활용한다. 다음은 6학년의 '후불제 교육과정'의 앞부분이다. 이 부분은 주로 교사의 회고와 성찰을 담는다.

[6학년 교육과정]

끝(END)이 아닌 또 다른 시작(AND)을 마주하며

시민이란 역사를 해석하는 것을 통해 그저 옛날이야기를 외우는 것이 아니라 지금 내 정체성을 형성하는 '종적 연결'을 이해하는 사람이다. 그래서 동학에서부터 시작되고 민주 성지, 우리 지역 마산에서의 의기, 얼마 전 마주했던 광장에서의 촛불까지 과정에 몰입하며 민주주의의 가치를 오롯이 느낄 수 있게 수업하는 것에 방점을 찍었다.

또한 민주주의는 광장에서만 이루어지는 것이 아니다. 지금 누리고 있는 민주주의가 결코 쉽게 얻어진 게 아닌 많은 분들의 의로움과 희생 덕분임을 깨닫는 것과 동시에, 이를 우리 삶에서 타인과 함께 '횡적 연결'을 만들어 직접 발끝으로 살아내는 경험을 해봄으로써 민주주의가 무엇이며 어떻게 실천하는 것인지 내면화하는 것이 중요하다고 생각한다.

이에 우리 삶의 다양한 장면(역사, 정치, 경제, 세계, 평화·통일)에서 민주시민으로 어떻게 생각하고 살아가야 하는지가 교실에서 교사 철학과 아이들의 삶이 어우러져 여러 모습으로 실천됨으로써 아이들 역시 온전한 민주시민으로 존재하길 기대한다.

민주시민, 과거와 현재의 정치로부터 '우리 정치'를 해보다

'3월의 의기, 4월의 선혈, 5월의 희생이 6월에 이르러
자유와 정의로 푸르게 빛났던

- 생략 -

처음은 시민이라고 하면 가장 먼저 떠오르는 '정치'였다.

- 생략 -

어떻게 하면 아이들이 정치란 정치인들의 전유물이 아니라 BTS의 RM이 이야기했던 것처럼, '우리 삶에서 정치가 아닌 것이 있을까요? 오늘 점심으로 무엇을 먹을지 정하는 것부터 정치입니다.'를 깨달을 수 있을까? 지루하고도 치열한 회의 끝에 '공간 혁신'이라는 주제를 선택했다.

- 생략 -

길의 끝은 문이라고 했다. 1학기 프로젝트가 끝났지만 2학기에 실제로 공간을 혁신해야 한다는 큰 문이 모두의 앞에 닫혀있음을 알았다. 하지만 걱정하지 않았다. 프로젝트를 하면서 아이들의 무한한 가능성과 서로 다른, 그래서 서로를 채우는 선생님들의 시너지를 보았기 때문이다. 함께 이 문을 연다면 우리는 해낼 수 있을 것이다.

민주시민이 쏘아 올린 아주 큰 공?

"우리 학교는 학교를 어떻게 바꿀지 학생들이 직접 디자인하고 만들 수 있어서 너무 좋아요!"

2학기 첫 프로젝트 수업은 1학기의 〈푸르른 민주주의로 가는 길〉 프로젝트 수업 중 '학교에 필요한 공간은 무엇이며 어떻게 바꾸면 좋을까?'라는 정치 문제를 민주적 의사결정 과정을 통해 정한 것을 바탕으로, 직접 학교 공간을 변화시켜 나가며 실천해 보는 과정이 되었다.

- 생략 -

올해 초에 우리가 이렇게 집을 지을 거라고 누가 상상이나 했을까? 선생님들과 아이들이 함께 한 작은 수업이 모이고 모여 큰 공을 굴려낸 것 같다. '망치는 누구에게 가느냐에 따라 다른 일을 하게 된다. 목수에게 가면 누군가의 집을 짓는 망치로, 판사에게 가면 정의로운 세상을 만드는 판사봉으로, 토르에게 가면 세계를 구하는 망치로!' 목공 선생님께서 해주신 말씀이다. 이번에는 아이들이 망치로 집을 지어 공동체에 기여하는 경험을 했다. 아이들이 내가 가진 망치로는 무엇을 할 수 있을지 조금씩 조금씩 발견해갔으면 한다. 서로 다른 우리가 자신만의 망치로 함께 세상을 빛낼 수 있길!

민주시민, 평화를 만나다

"1년 동안 우리가 끊임없이 이야기했던 '민주주의'와 '평화'는 'End'가 없잖아요. 상상하고 노력하는 만큼 발끝이 더 나아갈 수 있으니까요. 그래서 'And' 랄까요!"

- 생략 -

일 년 동안 거대한 프로젝트 수업의 여파인지, '평화'에 대한 생각과 철학이 달라서 그런지 몰라도 프로젝트 수업의 활동 아이디어만 공중에 둥둥 떠다닐 뿐 구체화 되지 않았다. 그래서 이번에는 '연결'하되 아주 많은 '여백'을 가지고 선생님 나름대로 풀어가 보기로 한 것이다.

- 생략 -

'평화는 아무 일도 일어나지 않는 개인적이며 조용한 것이 아니라, 끊임없이 더 나은 삶의 조건을 만들어가는 꿈틀거리는 생명과 같다.'

수업 중 함께 한 많은 활동이 아이들 마음속에 꿈틀거리는 생명처럼 남아 평화를 만드는 사람, 피스메이커 Peace Maker 가 되길 바란다.

민주시민, 우리 또한 그렇게 존재한다

- 생략 -

"각자 스타일로 풀어보고 메시지를 담아 평화 페스티벌에서 만나요!"

- 생략 -

더욱이 같은 종착점을 향해 걸어가지만 서로 다른 길로, 서로 다른 방법으로 걸어갔다. 함께 만들었지만 각자의 눈높이에서 나름의 방법으로 자기가 하고 싶은 대로 풀어갔다.

수업에서 각자의 철학과 삶을 녹여 주체로 존재했고, 수업을 매개로 그렇게 우리는 연결되었다. 그렇게 수업은 '나'였고 '우리'였다

교방초등학교의 시사점

　교방초는 모두가 리더가 되기 위해 주어진 지식을 전달하는 '교민'이 아니라 너의 생각이 무엇인지 묻는 '회인'의 교육을 선택했다.[2] 교육과정의 수행은 주어진 계획을 실천하는 것이 아니라 나와 우리가 함께 계획을 만들어가며 실천한다. 주지 않고 늘 창조하라 요청한다. 받지 않고 늘 창조하려 한다.

　리더는 공동체를 위해 헌신하는 자이다. 교방초는 리더십을 학습하고 실천하며 모범이 되는 '더불어숲'을 운영한다. 리더를 기르는 비전과 슬로건과 전략이 있다.

　모두가 모이는 '더불어숲 다모임'은 리더가 리더를 만드는 과정이다. 문제를 제시하지 않고 문제가 무엇인지 묻는다. 해결책을 제시하지 않고 해결책이 무엇인지 묻는다. 문제를 찾아내고 해결책을 찾아 전체 구조를 생각하며 구성원은 리더십을 발휘한다. 그리고 리더의 덕성, 곧 사람을 아끼는 행동을 함께하도록 모임을 구성한다.

　다른 우리가 함께 빛나기 위해서 적극적으로 임파워먼트한다. 그것

---

2) 교민은 지배자가 백성 또는 피지배자들에게 사회적 규범이나 질서, 또는 정답과 같은 것을 강제로 가르치는 일을 뜻한다. 회인은 말을 통해서 또는 대화에 의해서 군주나 지배자를 스스로 깨닫도록 하는 일을 뜻한다.(서근원, 2012)

을 지속하기 위해 내부형 공모교장 제도를 활용하고 준비한다. 그리고 권한분산의 효용성을 높이는 부장그룹 협력시스템 '더불이숲'과 전 구성원 협력시스템 '더불어숲 다모임'에 정성을 들인다. 그리고 '한 사람보다 우리가 더 현명함'을 늘 보여준다.

무엇보다 교방초의 구성원은 철학에 대한 관심이 높다. 학교의 철학에 대한 자부심이 있고 자신의 철학에 대한 탐구가 있다. 철학이 있는 사람은 지배받지 않는다. 철학이 있는 실천은 지향점이 분명하기에 늘 나아감이 있다. 교방초는 서로의 철학을 공유하며 더 나은 세상을 향한다.

교육은 학습이며, 철학이며, 세상을 바꾸는 정치이다. 교사는 학습하는 자이며, 철학하는 자이며, 정치하는 자임을 교방초의 교사들은 깨닫고 있다.

팀리더십,
이상과 현실 사이의
질문들

과연 팀리더십이
현실적으로 구현 가능한가?

팀리더십이 학교 공동체를 만들기 위해 꼭 필요하다는 것은 알겠습니다. 그리고, 그런 팀리더십이 어떤 요소로 만들어지는지도 납득할 만합니다. 하지만, 실제로 이런 팀리더십이 구현되는 학교가 과연 있을까요? 너무나 이상적인 이야기 아닐까요?

이상적인 이야기일 수 있습니다. 앞에서 이야기한 팀리더십을 구현하려면 구성원들의 열의와 꾸준한 노력, 그리고 체계적인 전략과 실행이 필요합니다. 온 우주가 팀리더십의 실현을 도와 요행 그러한 공동체를 구축했다 하더라도 구성원이 바뀌거나, 교육 정책이 바뀌거나, 시대적 정황이 달라지면 또 다른 어려움이 생겨나고 팀리더십의 실행을 방해하기도 합니다. 그런 이유로 "우리 학교는 팀리더십이 잘 발휘되고 있다!"라고 말할 수 있는 사례를 발견하기 어려운 것이 사실입니다.

하지만 세상을 바꾼 것은 '과연 그게 가능하겠어?'라고 묻는 비관주의자가 아니라, '그래도 꿈을 꾸겠어!'라고 말하는 이상주의자들이 아니었을까요. 앞서 제시한 일곱 가지 핵심 요소를 모두 구체화하며 높은 수준의 팀리더십을 발휘하는 학교가 현실적으로 존재하지 않을 수 있습니다만, 그런 학교를 준거점으로 잡고 노력해 가는 학교 공동체는 그렇지 않은 학교와 크게 다를 수밖에 없습니다. 완전체로서의 이상적 학교는 존재하지 않을지도 모릅니다만, 교방초의 사례에서 볼 수 있듯, 또 수많은 학교들이 그러하듯 팀리더십을 만들어가기 위해 애쓰는 학교들은 이미 별처럼 이곳저곳에 존재합니다. 그리고 그런 학교들은 희망을 잃고 관성의 힘으로 굴러가는 다른 학교들에 비해 팀리더십을 잘 발현할 기회를 훨씬 더 많이 갖게 될 것입니다. '세상에 없는 곳'이라는 뜻을 지닌 '유토피아'라는 개념이 오래도록, 또 앞으로 계속 사람들의 마음과 생각과 문학 작품들 속에서 회자되고 그려지는 것은, 유토피아를 거울삼아 현실의 문제 상황들을 비추어 보고 유토피아를 향해 행동할 수 있는 힘을 주기 때문이 아닐까요. 이 책에서 이야기하고 있는 팀리더십에 대한 논의들이 학교 혹은 그와 연관된 자리에서 살아가며 좋은 학교, 더 나은 교육을 꿈꾸는 독자들에게 그와 비슷한 역할을 할 수 있기를 기대해 봅니다.

리더십을 가진 누군가가 없다면?

팀리더십이 리더 한 사람의 리더십이 아니라 팀을 이루는 구성원 모두의 리더십이라고 하지만, 누군가 첫 시작을 열고 구심점이 되어 줄 사람이 필요한 것 아닐까요? 우리 학교에는 그런 사람이 없어요.

강력하고 유능한 누군가가 있어 이 어려움을 타개해 주면 좋으련만…. 간혹 해결하기 어려운 공동체의 난제 앞에 서면 이런 공상을 하게 되기도 합니다. 또 때로는 실제로 그러한 누군가가 나타나 공동체의 누추한 현실을 지적하고 새롭고 창의적인 대안을 제시하며 구성원들의 마음을 움직이는 리더십을 발휘하기도 합니다. 그런 리더를 닮아 가는 구성원들이 많아지고 공동체가 프랙탈 구조처럼 리더의 역량을 나누어 가지면서 각자의 영역을 힘 있게 관할하게 되면 그야말로 이상적이고 효율적인 팀이 될 수도 있겠지요.

그러나 많은 경우 유능한 한 명의 리더가 이끄는 공동체는 오래 지속되기 어렵습니다. 그의 역능을 다른 이들이 나누어 가지기가 어렵기 때문일 것입니다. 그가 없는 곳에서 다른 구성원들이 리더로서의 역량을 발휘하지 못한다면 공동체 전체의 활발한 역동을 기대하기 어렵습니다. 그리고 그가 공동체에서 사라지는 순간 그가 발휘했던 공동체의 힘도 함께 사라져 버리는 경우가 많습니다.

그래서 '유능한 한 사람'보다는 '리더십이 발휘될 수 있는 체계적인 구조'의 구축이 더 긴요합니다. 구심점이 되어 줄 강력한 누군가가 당장 큰 힘을 발휘할 수 있겠지만, 그렇지 않은 상황이라면 그런 마음을 품고 있는 '나', 그리고 비슷한 마음을 가진 '또 다른 한두 사람' 정도가 훌륭한 구심점이 되어 줄 수 있습니다. 두세 사람이 모여 회의나 만남, 협력의 형식을 만들고 거기에 부지런히 일상과 경험과 실행과 시행착오들을 쌓아 올리면서 '어떻게 하면 팀리더십이 발현될 수 있는 구조를 만들어 낼까?'를 고민하며 나아가는 발걸음들이 '이끌어 줄 누군가'를 기다리는 것보다 훨씬 더 빨리 우리가 원하는 학교를 만들어 줄 수 있을 것입니다.

개인이 집단에 묻히는 것은 아닌가?

한 팀이 되어야 한다는 말은 어쩐지 교사 개인의 자율성이나 고유성보다는 집단의 논리를 더 강조하는 것처럼 들립니다. 결국 '학교 전체의 목표를 위해 힘을 합치라.' 는 것은 각자 나름의 생각이나 논리가 있겠지만 집단의 목표를 우선순위로 하라는 이야기가 아닌가요? 팀리더십의 강조는 개인의 역량 발휘를 막고 교사의 주체성이나 자율성을 저해할 우려가 있다고 생각합니다.

"우리 학교는 이렇게 하기로 했으니 모두 그렇게 해 주셔야 합니다!" 라는 식으로 집단의 논리로 개인을 억압하는 조직에서는 팀리더십이 발현되고 있다고 말하기 어렵습니다. 그렇다고 해서 교사 개인들이 각자 자기의 교육적 비전에 따라 자신의 길을 걷고 공유 지점을 갖지 않는다면 학교 공동체가 하나의 큰 방향으로 나아가기 어렵겠지요.

개인과 집단 간의 관계는 꽤나 복잡하고 흥미롭습니다. 주체가 된다는 것은 무한정 자유로운 선택의 상황에 놓이는 것을 말하지 않습니다. 교육철학자인 비에스타^{Gert J. J. Biesta}는 주체가 되려면 다른 이와 관계없이 고립되어 존재해서는 안 되고, 다른 이들과 연관된 '대화의 상태'에 놓여 있어야 한다고 말합니다. 주체로서 존재하려면 우리가 원하는 것이 우리 자신에게뿐 아니라 다른 사람들과 함께하는 상황 속에서도 바람직한지에 대한 질문에 관여해야 하고, 이를 통해 주체는 세계 속에서 타자와 더불어 '성숙한 방식으로 존재'할 수 있게 된다는 것입니다.

'팀'이 된다는 것은 그렇게 타자와 더불어 성숙한 방식으로 함께 존재하게 된다는 것이 아닐지요. 나의 자율성만큼이나 타자들의 독자성과 고유성에 대한 존중과 환대를 할 수 있는 성숙한 개인들의 연대, 여기에서 제대로 된 팀리더십이 발현될 수 있을 것입니다. 그런 공동체에서라면 교사의 자율성은 오히려 공동체의 지지를 기반으로 활짝 피어날 수 있지 않을까요?

교사가 무엇을 더 해야 하는 것인가?

그동안의 교육 개혁들이 교사들에게 많은 부분을 의존해 온 것이 사실입니다. '교사들이여 변하라!', '교사들은 연수를 더 받아라!', '교사들은 더 성장하라!' 라는 구호들이 이름과 형식을 달리하여 계속해서 요구되어 왔습니다. 그런데 정말로 교사들이 충분히 노력하지 않아서 교육적 변화나 성과가 미미했던 것일까요? 물론 모든 교사들이 다 그렇지는 않겠지만, 많은 교사들이 자신의 자리에서 있는 힘껏 교사로서의 최선을 다해왔다고 생각합니다. 그런데 '팀리더십을 발현하라.' 라는 이 책의 논지는 또다시 교사들에게 '더 최선을 다하라.' 라고 짐을 부여하고 있는 것이 아닌지요. 정말 교사들만의, 우리 학교만의 노력으로, 우리 학교에 팀리더십에 기반한 공동체를 구축하는 것으로 좋은 교육을 향한 성장과 발전이 이루어질 수 있는 것일까요?

이 책은 주로 교사들을 대상으로 하여 왜 팀리더십이 중요하고, 어떻게 하면 학교 안에서 팀리더십을 가진 공동체를 구축할 수 있을 것인가를 보여 주고 제안하고자 하고 있습니다. 그러므로 '교사들이여 더 ○○하라.'라는 구호의 연장선상에 있다고 생각될 수도 있을 것입니다. 하지만 그것은 그간 교사의 노력이 부족했기 때문에 더 독려해야 한다는 의미가 아니라, 우리 스스로 노력의 방향을 재설정하고 우리가 원하는 방향으로 학교 공동체의 역동을 만들어 내도록 하려면, 그런 일을 할 사람들은 교육의 최전선에 서 있는 교육 당사자인 우리, 교사일 뿐이기 때문입니다.

때로 의미 없는 일이라 생각되는 일에 몸과 마음의 기를 다 빨리는 듯한 느낌이 들 때도 있습니다. 모두가 열심히 노력하지만, 그 방향을 우리 스스로 만들어내지 못했을 때에는 '난 그저 학교의 부품일 뿐인가?'하는 생각을 하게 되기도 합니다. 이 책에서 저자들이 말하고자 하는 것은 '학교 공동체의 방향타를 우리 스스로가 잡자.'라는 것이고, 그때 '우리'란 누군가 한 사람이 아니라, 또는 몇몇 '주최 측'이 아니라 공동체 모두일 수 있어야 한다는 것입니다.

우리 학교의 노력만으로 되는 것인가?

저는 우리 학교에서 협력적인 교육공동체를 구축하기 위해 열심히 애써 왔고 어느 정도는 실현했다고 생각합니다. 하지만 교육 정책과 사회적 동향이 바뀌면 우리 학교가 쌓아 왔던 교육적 성과와 노력들이 한 번에 훅 무너질 수도 있다는 것을 목격했습니다. 학교가 아무리 자체적으로 좋은 교육을 하고 좋은 공동체를 만들어간다 해도, 바깥의 현실 맥락이 도와주지 않으면 찻잔 속의 태풍일 뿐이라는 생각이 듭니다.

팀리더십을 구축하는 데에 있어 여러 상황 맥락들이 필요하고, 정책이나 제도, 사회적 여론이나 지원 체제 등 외부적 요인들이 매우 중요하게 작동하는 것은 사실입니다. 팀리더십은 앞서 말했듯 교육의 방향타를 함께 잡고자 하는 것인데, 학교라는 배는 진공 속을 떠다니는 것이 아니라 동시대의 들끓는 현안과 문제들의 바다를 헤쳐가야 하는 것이므로, 때로 외부의 맥락에 크게 영향을 받을 수밖에 없습니다.

외부의 태풍이 몰아칠 때에, 학교라는 배의 힘은 나약하게만 느껴지기도 합니다. 하지만 그렇기 때문에 거기에 대응하는 내적인 힘을 비축하고, 때로는 바람을 타기도 하고, 돛을 내려 한 군데에 머무르기도 하지만, 순풍을 만나면 나는 듯이 물살을 가르고 나아갈 수 있도록 단단한 공동체를 만들고 스스로 힘을 길러 두는 것이 너무나 필요합니다. 어려운 때일수록 '그러므로 우리는 여기서 할 수 있는 일을 지금 한다.'는 마음이 간절히 요청됩니다.

어둠을 저주하고 있어서는 아무 소용이 없습니다.
촛불을 켜는 것이 더 낫습니다.

우리는 정부와 교육기관과 영혼을 갖고 있지 않는 거대한 학교를
계속 비판할 수 있습니다.
그런들 무슨 소용이 있습니까?
아무 일도 일어나지 않습니다.

- 사티쉬 쿠마르, 『작은 학교가 아름답다』 중

우리가 선 학교의 자리에서 촛불을 켜고, 그 촛불만큼의 어둠이 물러나는 것을 바라보며 조용히 더 큰 꿈을 만들어가는 것이, 우리가 할 수 있는 오늘의 최선이 아닐까요. 이 책을 읽는 당신 역시 팀리더십이라는 이름으로든 또 다른 이름으로든, 이미 무수한 어둠을 물리치며 할 수 있는 한 최선을 다해 촛불을 켜 왔을 것입니다.

지금 여기서, 당신과 함께 오늘의 촛불을 켜 봅니다.

김 명 희 ─────── 새로운학교네트워크 회원으로서 혁신교육에
오랜 시간 열정을 가지고 활동하였으며, 새로운학교운동의 10가지 원리와
맞닿아 있는 팀리더십 구축 방안에 관심을 가지고 연구하고 있다. 또한
운산초등학교 공모교장으로서 이 책에서 이야기하는 팀리더십 7개의 핵심
키워드를 실천하고 지원하는 일에 힘쓰고 있다. 모두의 리더십이 발현될 수
있도록 학교문화와 시스템을 개선해 나갈 때 삶을 위한 교육, 미래를 여는
교육을 꽃피울 수 있음을 깊이 실감하고 있다.

김 미 영 ─────── 지금보다 조금이라도 나은 세상이 가능한 이유를
학교와 교육에서 찾는다. 함께 하는 연대가 희망을 현실화한다는 낭만적인
꿈을 품고, 학교와 교사 그리고 학생의 성장을 돕는 길을 꾸준히 걷고 있다.
새로운학교네트워크 선생님들을 만나 좋은 삶, 좋은 사회, 좋은 교육에 대한
꿈을 꾸게 되었고, 평범한 교사가 이들 덕분에 이전과는 다른 삶을 살고
있다. 혁신학교 역사를 잇는 장곡중에서 좋은 사람, 좋은 교사이기를 바라며
동료와 아이들과 함께 일상을 일구어가고 있다.

문 숙 정 ─────── 2011년 혁신학교 선생님들과의 만남은
교사로서뿐만 아니라 인간 문숙정의 시간을 다르게 채우기 시작했다. 인간과
교육에 대한 갈증은 어느덧 우리의 고민이 되어갔고, 이 과정에서 상처도
좌절도 있었지만 10년을 훌쩍 넘긴 시간 속 나는 감사와 기쁨의 마음이
더 가득하다. 신규교사가 대부분인 고산별빛초에서 좌충우돌하는 매일을
기꺼이 살아가며 멋진 선배의 뒷모습을 보여주려 최선을 다하고 있다.

박 연 주 ─────── 사람들은 모두 무언가 말하고 싶다. 아무
곳, 아무에게나 말하지 않을 뿐! 그래서 어떻게 서로의 이야기를 나눌
수 있을까 고민한다. 이 고민을 함께 나누는 새로운학교네트워크와
화성오산미래교육실천연구회 선생님들 덕분에 모임과 회의가 활기차졌다.
한울초 선생님들과 새로운 교육과정과 수업을 모색하며 서로의 도전을
응원하고 격려하며 살고 있다.

박 혜 진 —————— 학생과 교사와 토론하는 것을 좋아하고, 모두가 성장하는 행복한 학교를 만들고 싶다는 꿈을 간직하고 있다. 경기도교육청 정책기획관, 경기도교육연구원, 국가교육회의에서 장학사로 근무하면서 학교 현장에 맞는 교육정책, 교육과정을 고민하였고 현재는 성남여자중학교 교감으로 근무하고 있다.

양 재 욱 —————— 작은학교교육연대 회원으로 공동체성과 교육과정의 혁신으로 작은 학교를 살리는 활동을 꾸준히 해오고 있다. 2023년부터 2024년까지 이 연대체의 대표를 맡고 있다. 교방초등학교의 교장이 되어서는 교사의 철학과 그 사상적 연대로 만들어가는 큰 학교의 혁신을 실행했다. 교사의 리더십을 중심으로 혁신이 지속 가능한 공동체를 지향했다. 지금은 양산 동면초등학교의 교장으로 마을교육공동체를 실현하고 있다. 교육자의 철학이 마을의 구체적인 삶을 변화시킬 수 있다는 희망을 만들고 있다.

오 윤 주 —————— 2011년 혁신학교를 만나고 교사로서의 인생 2막이 열렸다. 스스로 질문을 던지고 함께 답을 찾아가는 즐거움을 알게 되었다. 어려운 문제 앞에서 하나하나의 인간은 작고 연약할 따름이지만, 그래서 서로가 서로에게 소중한 존재임을 알게 되었다. 풀꽃과 나무와 사람이 아름다운 학교 수일여중에서 내일은 또 어떤 재미난 일을 할까 궁리하며 살아가고 있다.

이 수 희 —————— 운산초에서 교사, 학생, 학부모가 존중과 협력 속에서 함께 성장하는 경험을 하고 있다. 동료 교원들과 전문적학습공동체를 통해 배움과 성장의 기쁨을 나누며, 학교조직문화가 학교의 지속 가능한 발전을 이끄는 밑바탕임을 실감하고 있다. 교사의 리더십은 개인의 전문성을 넘어, 학교가 교육공동체로서 진정한 조직으로 거듭나게 하는 힘이 될 수 있음을 믿으며 오늘도 새로운 배움과 협력을 꿈꾸고 있다.

허 승 대 —————— 교사들이 서로 협력하면서 함께 만들어 가는 학교공동체에 관심이 많으며, 이를 실현하기 위해서 새로운학교네트워크에서 여러 선생님들과 함께 공부하고 있다. 보평초등학교에서 근무하면서 서로 존중하고 신뢰하는 학교, 함께하는 학교문화가 어떻게 만들어지는지 경험하였으며, 지금은 죽백초에서 교사들과 함께 학교공동체를 만들기 위해 노력하고 있다.

훌륭한 학교는
어떻게
팀이 되는가

팀리더십으로 탄생하는 새로운학교

초판 1쇄 발행 2025년 1월 10일
2쇄 발행 2025년 3월 1일

지은이 새로운학교네트워크
_김명희 김미영 문숙정 박연주 박혜진 양재옥 오윤주 이수희 허승대

발행인 김병주
편집위원회 김춘성 한민호
디자인 정진주   **마케팅** 진영숙
에듀니티교육연구소 이문주 백헌탁

펴낸 곳 (주)에듀니티
도서문의 1644-5798
일원화 구입처 031-407-6368 (주)태양서적
등록 2009년 1월 6일 제300-2011-51호
주소 서울특별시 중구 남대문로 117, 동아빌딩 11층
출판 이메일 book@eduniety.net
홈페이지 www.eduniety.net
페이스북 www.facebook.com/eduniety
인스타그램 www.instagram.com/eduniety/
www.instagram.com/eduniety_books/
포스트 post.naver.com/eduniety

문의하기

투고안내

ISBN 979-11-6425-174-2

값은 뒤표지에 있습니다.